U0835530

马窝寨的变迁

广西壮族自治区贺县
土瑶社会文化概况追踪研究

罗宗志　何彩秋　程　晖◎著

群言出版社
QUNYAN PRESS
·北 京·

图书在版编目（CIP）数据

马窝寨的变迁 :《广西壮族自治区贺县土瑶社会文化概况》追踪研究 / 罗宗志，何彩秋，程晖著 . -- 北京 : 群言出版社，2021.10

ISBN 978-7-5193-0654-0

Ⅰ. ①马… Ⅱ. ①罗… ②何… ③程… Ⅲ. ①瑶族—民族文化—研究—广西 Ⅳ. ①K285.1

中国版本图书馆 CIP 数据核字（2021）第 087654 号

责任编辑：谭 伟 云 霄
封面设计：逸品书装设计

出版发行：群言出版社
地　　址：北京市东城区东厂胡同北巷 1 号（100006）
网　　址：www.qypublish.com（官网书城）
电子信箱：qunyancbs@126.com
联系电话：010-65267783　65263836
经　　销：全国新华书店

印　　刷：北京虎彩文化传播有限公司
版　　次：2021 年 10 月第 1 版　2021 年 10 月第 1 次印刷
开　　本：710mm × 1000mm　1/16
印　　张：17
字　　数：276 千字
书　　号：ISBN 978-7-5193-0654-0
定　　价：68.00 元

前　言

土瑶是瑶族众多支群中的一支。自称“投勉”(thou-mjan，意为土人)，2010年有7087人，主要分布在广西壮族自治区贺州市沙田、鹅塘两镇交界处，大桂山脉东端余脉深处的明梅、大明、槽碓、金竹、新民、狮东六个行政村的二十七个山寨。土瑶山寨山高谷深，群山环抱，交通极其闭塞。这支被周边民族称为“山瑶佬”的土瑶人，长期居住在高山密林中，过去他们除了赶圩之外，平时很少走出深山。除了他们周边的族群外，很少有人了解这支生活在深山里的瑶族群体。1988年7月，中山大学人类学家黄淑娉、龚佩华两位先生徒步进入广西贺县(今贺州市)土瑶地区进行调查访问，同年8月写成调查报告——《广西壮族自治区贺县土瑶社会文化概况》。报告以马窝寨土瑶为主，首次全面、系统、深入地向外界展示了土瑶的地理环境、人口与分布、来源与迁徙、社会经济、政治形态、物质文化、婚姻与家庭、宗教信仰和文化教育，并用人类学观点来解释土瑶的社会结构和生存情况以及他们的特殊文化习俗和民族心理，并说明其形成的原因，同时还从土瑶人的内部眼界对土瑶的今后发展规划提出了建议。报告真实反映了20世纪80年代土瑶的社会文化状况，成为研究土瑶社会文化的宝贵资料。

本书追随黄淑娉和龚佩华两位先行调查者的脚步，遵循人类学文化变迁理论范式的思路，运用追踪研究法，对广西贺州市马窝寨土瑶20世纪80年代以来社会经济、婚姻家庭、宗教信仰、文化教育和民族关系的变迁进行了描述与分析，揭示了土瑶在力图融入现代主流社会、分享现代化社会的权利与成果的同时，试图保存自己的传统文化的两难困境，并从人类学的立场上给予意义上的解释。

作者

2021年1月

目录

“民族学家认为，对一个民族或一个地区的社会文化进行历时的追踪调查是一种重要的研究方法。对于处在特定的社会历史条件下发生文化加速现象，使得社会文化猝生巨变的民族和地区进行追踪调查就更有意义。因为当今世界上的各个民族，哪怕它是处在天涯海角，也无不面临着一个受到现代技术的挑战，因而要大幅度地调整自身的文化系统以适应时代要求的问题。一个民族学家如果既能把握住社会文化变迁的脉搏，又能设身处地地为自己的研究对象着想，帮助自己的研究对象探索出一条成功地进行社会文化调整，并且借助现代技术的力量加速其经济文化繁荣的道路，那他的工作成果就一定会令人瞩目。我认为民族学界同行的肩上都负有这种使命。”

——林耀华《三上凉山》(1986：312)

第一章　导论

人类学研究都有一个或多个田野调查点，而这造成了人类学异常独特的现象——“追踪研究”。尽管人类学“追踪研究”存在多种提法，如“重访”“回访”“再研究”“追踪研究”“追踪调查”“回访调查”等，但学者们倾向于将追踪研究分成“追踪研究”与“再研究”两种类型[①]。关于人类学“追踪研究”，国内与国外在做法上存在巨大的差异。国内学者倾向于比较过去与现在发生在同一个田野工作点的事情，尤其是社会文化的变迁；国外学者则更多地关注不同思想方法对于同一田野工作点的认识产生的影响。国内称对旧田野点的再次研究为“追踪研究”，而海外则称之为“再研究”。[②] 本书属于人类学“追踪研究”的范畴，本书将遵循文化人类学文化变迁理论范式

① 参见兰林友《人类学再研究及其方法论意义》,《民族研究》2005年第1期，第36-46页；张宏明:《土地象征：禄村再研究》，北京：社会科学文献出版社2005年版，第1-2页。

② 王铭铭:《继承与反思：记云南三个人类学田野工作地点的“再研究”》,《社会学研究》2005年第2期，第132-154页。

的思路，运用人类学追踪研究法，对黄淑娉、龚佩华两位先生1988年的田野调查地——广西贺县（今贺州市）马窝寨进行追踪回访，探寻两位先行者调查之后马窝寨土瑶社会文化的发展与变化，从一个微观的视角探寻广西改革开放二十多年来瑶族社会文化变迁的历程。

第一节　研究缘起

瑶族居住分散，来源复杂，语言分歧。瑶族自称有96种，他称达456种之多。[①] 土瑶是瑶族众多支群中的一支。"土瑶"是他称，他们自称"投勉"，主要居住在广西贺州市沙田和鹅塘两镇交界处，大桂山脉东端余脉深处的明梅、大明、槽碓、金竹、新民、狮东六个行政村的二十四条山冲里[②]。有关土瑶研究成果，最瞩目的当属时为香港中文大学人类学系博士研究生的袁同凯对土瑶学校教育的民族志研究。从2000年7月至2002年1月，袁同凯走访了贺州市沙田镇和鹅塘镇的所有土瑶村寨，对不同人群做深入访谈，得出影响土瑶学校教育发展的各种不同因素。另外，还有一些学者在贺州市土瑶地区做过调查之后所撰写的论文及调查报告，也是研究土瑶社会文化的重要资料。1988年7月，中山大学人类学家黄淑娉、龚佩华两位先生在广西壮族自治区贺县对土瑶社区开展调查，这是两位学者第一次到瑶族地区调查，之后写成调查报告《广西壮族自治区贺县土瑶社会文化概况》，报告的部分内容由龚佩华执笔写成《广西贺县土瑶的社会和文化》[③] 一文，于1990年在《广西民族研究》第3期上发表。

一、选题缘由

我们对土瑶的初步了解，主要来自袁同凯的《走进竹篱教室：土瑶学

① 黄钰、黄方平：《国际瑶族概述》，南宁：广西民族出版社1993年版，第12页。

② 袁同凯：《走进竹篱教室：土瑶学校教育的民族志研究》，天津：天津人民出版社2004年版。

③ 龚佩华：《广西贺县土瑶的社会和文化》，《广西民族研究》1990年第3期，第94-102页。

校教育的民族志研究》一书。我们借由此书开始了解土瑶的相关知识，发现最早对土瑶进行人类学研究的是黄淑娉和龚佩华两位人类学家，她们曾于1988年来到广西贺县沙田镇马窝土瑶山寨进行调查，后来写成调查报告《广西壮族自治区贺县土瑶社会文化概况》，成为民族学、人类学研究土瑶社会文化最早的资料。“由于地理环境、社会经济、文化教育等方面的限制，土瑶的社会生活与瑶族其他支系相比要封闭得多，在各方面受外界的影响较小，至今仍沿袭着古朴的耕作方式和生活习俗。”[①] 带着对土瑶社会的好奇，2014年7月的一天，我们背上行装，满怀信心与期待，踏上了前往广西贺州市沙田镇新民村马窝土瑶寨的考察之旅。

抵达马窝寨之后，我们住在黄淑娉、龚佩华两位学者1988年所住的东家盘绍明之子盘孝荣的家里。盘孝荣1955年生，初中毕业，曾是马窝寨小学教师，后来还当过大队支书，1986年被聘为乡林业干事，退休后回到马窝居住，现在是村里唯一的道公。我们在与他交谈中意外收获了一份珍贵的资料，即黄淑娉、龚佩华两位学者在马窝寨调查时写就的调查报告，虽然这份调查报告的主要内容已于2003年收录在《龚佩华人类学民族学文集》中出版，但我们收获的是珍贵的手抄版。盘孝荣的父亲盘绍明是当时两位学者的向导和报道人之一，所以她们回到中山大学之后，把一份手抄本的调查报告寄回来。盘绍明去世后一直由其子盘孝荣保管，我们在他家里借住期间得以把整本资料拍照留存。收获这份宝贵的资料后，更加坚定了我们进一步研究土瑶社会文化的决心，但要从哪个角度去做研究，这又是一个问题。好在此前，中山大学刘昭瑞教授建议我们做土瑶社会的追踪研究，运用文化变迁理论来阐释土瑶社会，而追踪对象是马窝寨的土瑶。

黄淑娉、龚佩华两位学者于1988年7月3日至7月11日在广西贺县对土瑶地区进行调查访问，了解土瑶的社会文化。她们在沙田镇政府的安排下，住进了村干部盘绍明的家里。调查主题是土瑶的社会文化。调查对象包括村干部、师公、妇女、儿童等群体。调查内容主要是土瑶的地理与气候、人口及分布、迁徙历史、族源传说、经济生活、政治体制、服饰文化、饮食习惯、房屋建筑、婚姻家庭、亲属关系、宗教信仰、文化教育以及土瑶与周边民族的关系等方面。调查结束后，由龚佩华负责文字整理、黄淑娉补充

---

① 袁同凯：《走进竹篱教室：土瑶学校教育的民族志研究》，天津：天津人民出版社2004年版，第57页。

和修正后整理成调查报告。调查期间居住土瑶村寨马窝 4 天，调查报告以马窝寨为主，兼顾其他土瑶村寨的情况。调查报告为手抄本，共 81 页，约 5000 字，有手绘的生产工具图 2 幅、服饰图 8 幅、房屋 3 幅，内容比较翔实。正如两位学者在报告中提到的，不足之处是由于调查访问的时间较为短促，了解的情况尚不深入。这份报告是了解当时土瑶社会文化历史的宝贵资料，具有很高的资料价值。本书在两位学者调查的基础上，从婚姻家庭、宗教信仰、学校教育、族群关系的变化来窥探马窝寨土瑶的社会发展轨迹。从 1988 年黄淑娉和龚佩华两位学者的调查资料所呈现的土瑶社会到今天的土瑶社会，他们的文化是如何表达，在这个过程中土瑶的婚姻家庭、宗教信仰、学校教育、族群关系等方面的变迁又受到哪些因素的影响。

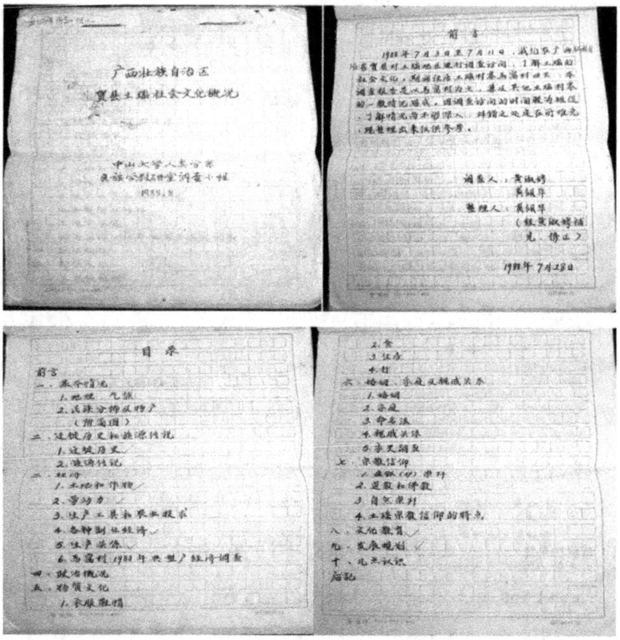

图 1—1　黄淑娉和龚佩华的马窝寨土瑶调查手稿

当今世界，各民族文化的变迁是不可避免的。土瑶文化也不例外。黄淑娉、龚佩华两位先行者对土瑶社会文化的调查研究已经完成了二十多年，在这二十多年的时间里，土瑶社会发生了巨大的变化。因此，选择黄淑娉、龚佩华两位学者二十多年前的调研点进行跟踪调查，我们不仅能够对他们的学术理论和研究内容进行重新学习，而且能够比较完整地把握调查点的旧面貌和新变化。同时，对旧有田野调查点的跟踪调查，也可以提供深度的资料来支撑与先行研究者进行对话，为后续的土瑶研究补充翔实的田野资料。

二、研究意义

追踪研究是在先行者调查的基础上对某一个族群或某一个社区所做的重新调查研究，因而其研究取向具有社会文化变迁的重要视角。本书追踪调查的对象是马窝寨土瑶，追踪他们二十多年来的社会文化变迁。虽然在时间跨度上不是很长，但对于土瑶研究和人类学追踪研究却有着重要的学术意义和现实价值。

（1）从研究内容上看，在两位先行者调查的基础上，对他们 1988 年的调查地——马窝寨土瑶进行重新调查研究，收集马窝寨土瑶跨度二十多年的后续资料，记录、分析、研究马窝寨土瑶的社会文化变迁，在丰富瑶族研究资料的同时，也提升外界对土瑶社区的关注度，为政府相关部门开展扶贫帮困提供背景资料。

（2）从研究方法上看，对一个民族或一个地区的社会文化进行追踪调查是一种重要的研究方法。两位先行调查者是我国著名民族学、人类学家，她们的成果与方法非常值得接续研究者参考和借鉴。本书通过对两位先行者旧田野调查地点的再调查研究，一方面可以进一步了解她们的学术之路，另一方面可以延续她们田野调查地点的学术生命以及秉承她们的治学传统。这是人类学者肩负的使命之一。

（3）从研究视角上看，对两位先行者旧田野调查点的重新调查，属于人类学“追踪调查”的范畴，这种调查研究取向具有社会文化变迁的重要视角。本书通过搜集跨度二十多年的后续资料，并与两位先行研究者原有的资料进行比较、分析，以反映两位先行研究者调查之后二十多年来马窝寨土瑶社会文化的发展与变化，从一个微观的视角探寻广西改革开放二十多年来土瑶社会文化变迁的历程。

（4）从研究个案上看，遵循人类学文化变迁理论范式的思路，运用人类学追踪研究法，研究马窝土瑶村落社会文化变迁的原委，洞悉土瑶社会转型期的实质，对处于传统与现代之间的广西土瑶村落社会提供一场生动的人类学个案解说。

第二节　研究回顾

本书研究属于人类学“追踪研究”的范畴，研究的主要目的是用人类学的追踪研究法对一个土瑶村落进行研究，阐述土瑶社会经济、婚姻家庭、宗教信仰、学校教育、族群关系等方面的变迁，以揭示土瑶二十多年来的社会发展轨迹。因此，本书的研究回顾主要立足于研究主旨，所进行之文献回顾主要包括以下三个面向：一是人类学追踪研究现状；二是瑶族研究述评；三是土瑶族研究综述。

一、追踪研究现状

“追踪研究是对同一组对象在多个不同的时间点上进行调查，然后通过对前后几次调查所得资料的统计分析来探索社会现象随时间变化而发生的变化及其不同现象之间因果关系的一种研究方式”[①]。追踪研究是人类学一个重要的研究路径，也是认识文化变迁的一个重要视角，在人类学研究中占据着重要地位。人类学追踪研究包括田野工作者对自身田野工作点的回访以及对他人调研点的重新调查研究。追踪研究存在两种现成的模式，即国内的“追踪研究”与国外的“再研究”[②]。人类学追踪研究，无论是在国内还是国外，都有着非常丰富的成果。

（一）再研究的国外人类学传统

人类学再研究是一位人类学者对另一位人类学者先前的田野工作点展开的重新研究[③]。国外人类学再研究“强调反思前人的研究方法及理论框架，不重视资料的接续，极端者会因为研究框架以及方法的改变而全盘否定前人

① 风笑天：《追踪研究：方法论意义及其实施》，《华中师范大学学报》2006 年第 6 期，第 43-47 页。

② 张宏明：《土地象征：禄村再研究》，北京：社会科学文献出版社 2005 年版，第 1-2 页。

③ 兰林友：《人类学再研究及其方法论意义》，《民族研究》2005 年第 1 期，第 36-46 页。

的研究”[①]。

1. 对特波茨兰的再研究

1926 年，美国人类学家罗伯特·雷德菲尔德（Robert Redfield）开始在距离墨西哥城不远的一个叫特波茨兰（Tepotzlan）的村庄从事田野调查工作，并以此撰写了他的博士论文。1928 年他完成答辩，并在 1930 年出版了《特波茨兰：一个墨西哥村落——民俗生活研究》一书。在书中将特波茨兰描述为一个充满宗教精神和家族伦理的社会，其村社规范特别强调协调与合作，村中一派田园风光。

1941 年，曾与雷德菲尔德共同创建伊利诺伊大学人类学系的奥斯卡·刘易斯（Oscar Lewis）重访特波茨兰时，他所看到的情景与雷德菲尔德在书中所描绘的完全不同。刘易斯根据自己收集到的资料于 1951 年出版《一个墨西哥村落的生活：重访特波茨兰》一书。在刘易斯看来，特波茨兰是被敌对情绪、嫉妒和竞争搅得四分五裂的村落，自我利益甚至撕裂了血缘亲属关系的纽带。

经过 15 年后，特波茨兰的文化并未发生过巨变，且两人都是经验丰富的人类学者，但他们得出的结论却截然不同。根据罗伯特·F·墨菲（Robert. F.Murphy）的看法，其主要原因在于两人的社会背景和接受理论观点的不同。雷德菲尔德的理论训练强调韦伯及其同时代人的观点，认为亲属关系和村社连带以及神圣价值是传统社会的核心。而且，他在田野工作中把这些要素都找了出来。刘易斯关注人格的研究，强调社会冲突和经济斗争的主题，他也在田野中找出了所有这些证据。实际上，两人的田野工作报告都非常精确，但涉及的是不同类别的资料。他们的田野工作受到各自人格、亚文化、世界观、理论素养等方面的深刻影响。[②]

2. 对特罗布里恩德岛的再研究

1914 年在大洋洲民族学专家查尔斯·塞利格曼（Charles Seligman）的引荐下，任教于伦敦政治经济学院的马林诺夫斯基（Malinowski）取得奖助金得以到澳大利亚研究图腾制度。然而在 7 月抵达澳大利亚，辗转于雪梨、墨尔本之际，第一次世界大战爆发了。由于当时的澳大利亚仍属于英国，而马

① 张宏明：《土地象征：禄村再研究》，北京：社会科学文献出版社 2005 年版，第 2 页。

② 夏建中：《文化人类学理论流派：文化研究的历史》，北京：中国人民大学出版社 1997 年版，第 192-193 页。

林诺夫斯基的国籍是波兰（当时波兰被德国、奥地利和俄国瓜分），他因而被视为敌对国国民而无法返回英国。马林诺夫斯基与澳大利亚政府斡旋，最终获得研究的许可，而走上自身一人做田野调查的路。于是从 1914 年 9 月到 1918 年 5 月，马林诺夫斯基独自在新几内亚从事研究，其中有 2 年零 10 个月待在特罗布里恩德群岛上。他学会了土著语言，调查了各种风俗，写成了《西太平洋的航海者》《原始社会的犯罪与习俗》《野蛮人的性生活》《珊瑚园艺与巫术》等多部经典著作，其中《西太平洋的航海者》一书影响最大。马林诺夫斯基在传世名作《西太平洋的航海者》一书中，记述了日后成为经济人类学经典案例的库拉交易活动①。马林诺夫斯基对库拉交易圈这一将数个岛屿紧密相连的复杂网络，进行了生动的描述和精彩的分析。在库拉圈中，来自不同岛屿上的男子交换包括食品和当地人极为珍视的贝壳和臂饰，从而建立起有别于商品经济社会中以市场机制为特征的人际纽带。②

1971 年，即马林诺夫斯基研究特罗布里恩德群岛近 60 年之后，人类学者韦娜（Annette Weiner）五次重返马林诺夫斯基当年进行田野研究的特罗布里恩德群岛，对岛上妇女的活动和交易模式进行调查，1976 年出版《有价女人，男人有名》③一书，勾勒出被马林诺夫斯基完全忽略了的由女性主导的一个生产、交换和社会网络的地方文化景观。根据马林诺夫斯基的记述，岛上的男子交换贝壳、番薯和生猪。而韦娜却发现，岛上的经济活动还应加入妇女交换芭蕉叶和制作精致的草裙，才真正还原实地生活图景。韦娜的回访研究最重要的贡献在于她重新发现女性的田野视角。她在调查中发现，由于受到母系继嗣的作用影响，在特罗布里恩德群岛的男性主义之下，妇女其实拥有较高的社会地位，但马林诺夫斯基忽视了妇女在政治经济与交换体系上所起的作用。④从民族志的角度看，韦娜和马林诺夫斯基二人的调查资料没有什么不同，只是时空变化后的理论、视角与性别关注不同。在马林诺夫斯基的描述中，岛上妇女是生活在男性的阴影下，而韦娜的调查认为岛上妇女

---

① ［英］马凌诺斯基（Malinowski）著：《西太平洋的航海者》，梁永佳、李绍明译，北京：华夏出版社 2002 年版。

② 潘天舒：《“男性偏见”与发展实践中的性别问题》，《广西民族大学学报》2009 年第 6 期，第 37-42 页。

③ Weiner, Annette B. *Women of Value, Men of Renown*. University of Texas Press, 1976.

④ 庄孔韶：《行旅悟道——人类学的思路与表现实践》，北京：北京大学出版社 2009 年版，第 6-7 页。

也在其阴影以外起着重要的作用。这就告诉我们，在当今人类学的田野调查中性别角色不应忽视，尤其是人类学家以男性偏多的情况下，于是韦娜的回访研究的学术意义便在于重新发现女性的田野视角。[①] 韦娜的这部作品不仅是“经典重访”更是对马林诺夫斯基田野发现的验证、勘误和补正。

3. 对萨摩亚人的再研究

1925 年，年仅 24 岁的玛格丽特·米德（Margaret Mead）只身奔赴美属萨摩亚，开始其第一次人类学田野调查。这一次调查，是带着其导师博厄斯（Franz Baos）的期望而来的：“使我们的青少年骚动不宁的青春期危机青春期究竟归咎于青春期本身的特殊性，还是归咎于我们西方的文明？”[②] 米德从遥远的异域社会里带回了翔实的调查资料，并采用跨文化并置法对萨摩亚和美国人的青春期进行对比研究。1928 年米德将其研究成果以《萨摩亚人的成年：为西方文明所作的原始人类的青年心理研究》为题出版，将萨摩亚人的青春期与美国人做了比较，发现萨摩亚人的青春期并不像美国人那样处于紧张状态。米德还发现，萨摩亚文化不仅在态度上对儿童更为温和，而且萨摩亚人的性行为与那时的美国人相比是比较随便的。她认为，正是宽松的家庭结构和轻松的性模式使萨摩亚人能够顺利地克服青春期所遭遇的各种困难。米德从而得出这样的结论：美国青少年的情感波动是因文化而导致的，而非生物性所决定的。[③] 这一研究成果为其赢得了很多光环，奠定了米德的学术地位，同时也使其成为美国知名度最高的人类学家。

从 1940 年开始，澳大利亚国立大学的德里克·弗里曼（Derek Freeman）不定期地在萨摩亚做田野调查。在米德过世 5 年之后，弗里曼根据他 20 世纪 40 年代到 60 年代在萨摩亚所做的长时段田野调查和档案资料收集，于 1983 年出版了充满争议的著作《米德与萨摩亚人：一个人类学神话的形成与破灭》。在书中，弗里曼以翔实的田野材料、档案材料结合前人研究成果，批判了米德的研究，认为萨摩亚社会有着严格的基于血统的等级制度，有着对少女童贞的极度崇拜……在弗里曼看来，米德研究结论的严重错误有必然性，因为她着眼于“意识形态”的成功，一心寻求能够证明文化决定论的

① 庄孔韶：《回访的非人类学视角和人类学传统》，《西南民族大学学报》2004 年第 1 期，第 1-3 页。

② [美] 玛格丽特·米德（Margaret Mead）著：《萨摩亚人的成年——为西方文明所作的原始人类的青年心理研究》，周晓虹、李姚军译，北京：商务印书馆 2014 年版，第 25 页。

③ 兰林友：《人类学再研究及其方法论意义》，《民族研究》2005 年第 1 期，第 36-46 页。

解释，从一开始就违背了科学的立场与方法①。除此之外，米德在萨摩亚调查的时间过短，没有熟悉掌握当地语言，而且没有住在马努阿人的村落，对萨摩亚文化并没有什么了解，而是天真地相信了萨摩亚人有关私生活的谎话等，也使其研究结果的客观性遭到质疑②。在弗里曼看来，萨摩亚人的青春期不像米德所断言的那样“没有压力”，而事实上，萨摩亚的青少年在青春时期也和美国、欧洲一样是犯罪发生率较高的阶段。

米德—弗里曼之争的实质，反映了学科内关于自然与教化的争议。米德的《萨摩亚人的成年》一书，尽管存在缺失而受到批评，但仍然是一个里程碑。这本书不仅是对西方心理学假说的有意验证，而且也向心理学家表明修改智力测试以便适合所研究人群的重要性。米德对人类学理论的贡献在于证明文化条件而非生物学条件的重要性。③ 关于米德—弗里曼之争的意义，并不是要人们在米德和弗里曼的观点之间做选择，而是对双方的力量、弱点以及局限性有一个认识。④ 米德—弗里曼之争给人们的经验性启示，就在于后现代人类学者所倡导的一种实践——对被并置的两种文化进行辩证的、互惠式的民族志个案探究。这样，一部文化批评作品就将包含和追踪两种民族志，并将异文化与本课题化放在一起进行批评性的研究。⑤ 显而易见，这类研究正是人类学再研究所进行的那种学术实践。

（二）人类学追踪研究的国内实践

国内人类学追踪研究成果相当丰富。国内人类学追踪研究大致分为两种类型：第一种是对自己原先的田野工作点的再次回访，通过收集较长时间跨度的后续资料，与原有的资料形成一个时间上连贯的社会事实，由此来探讨社会文化变迁或本人心境的前后变化；第二种是对他人的田野工作点进行重新调查研究，以期达到与先行者进行学术对话的目的。国内人类学追踪研究

---

① 张丽梅、胡鸿保：《米德·弗里曼·萨摩亚：兼论人类学田野调查与民族志写作》，《北方民族大学学报》2009 年第 2 期，第 76-79 页。

② 徐德信：《西方人类学再研究的争论和启示》，《民族论坛》2017 年第 1 期，第 88-95 页。

③ 兰林友：《人类学再研究及其方法论意义》，《民族研究》2005 年第 1 期，第 36-46 页。

④ Paul S. hankman. “*Mead -Freeman Controversy*” in David Levinson and Melvin Ember (eds.), Encyclopedia of Cultural Anthropology, New York : Henry Holt and Company, 1996. p.759.

⑤ [美]马尔库斯、费彻尔著：《作为文化批判的人类学：一个人文学科的实验时代》，王铭铭、蓝达居译，北京：三联书店 1998 年版，第 218 -220 页。

以后一种类型居多。对国内先行者田野工作点进行追踪研究者，不仅有国内的学者也有国外的学者。

1. 对江村的追踪研究

1935 年夏天，费孝通偕同新婚的妻子王同惠赴广西大瑶山从事实地调查，在进入大瑶山调查了约两个月之后，在转移调查地点的途中遭遇不幸，费孝通误踏虎阱，腰腿受伤，王同惠出外寻求支援，因失足而不幸溺水身亡。1936 年夏天，还在养伤期间的费孝通来到了姐姐费达生的工作地——江苏省吴江县开弦弓村养伤。在这里，受过新式教育的费达生当时正在从事农村蚕桑推广的工作，费孝通也因此对开始起步的中国乡村工业产生了兴趣，在养伤期间顺便对开弦弓村做了一个多月的实地调查，并给这个小村起了一个“学名”，叫“江村”。当年 10 月，费孝通携带了瑶山调查与江村调查两份资料赴伦敦经济学院攻读博士学位，在与弗思（Raymond Firth）交谈之后，弗思当即建议费孝通使用江村的资料来撰写其博士学位论文，从外地归来的著名人类学家马林诺夫斯基也决定由他亲自指导费孝通撰写博士学位论文。两年之后，在马林诺夫斯基的悉心指导下，费孝通以他在开弦弓村收集到的田野材料为素材写就博士学位论文，并于 1939 年出版 *Peasant Life in China*（《中国农民的生活》）①，中文称《江村经济》，深入描述了中国江南一带农民的消费、生产、分配和交易等体系在地方上如何体现出来的，同时也是作为在当时历史背景下中国大部分农村变迁的真实描述。

二十一年后，即 1957 年 4 月底到 5 月初，费孝通重访江村，居住了 20 天。从 1957 年开始，费孝通本人多次回到江村探亲或从事短期的调查。1981 年 10 月，费孝通在去英国接受英国皇家人类学会授予的赫胥黎纪念奖章之前，又三访江村。这也是他在伦敦经济政治学院的老师雷蒙德·弗思爵士所建议的，他希望费孝通能够对江村几十年来所发生的变化提供解释。此后，费孝通几乎每年都回访江村。自 1936 年到 2002 年，费孝通已 26 次访问江村。特别是在 1981 年后，费孝通带领他的学生沈关宝等人到开弦弓村进行连续性的回访研究，调查结果写成论文集《江村五十年》，从某个侧面或概要的形式反映半个世纪以来江村的变化发展。同时在一定程度上可以说是代表中国农村走向现代化模式的例子。

一直以来，江村人生活的发展变化持续受到国内外学界的关注，中外

① 费孝通：《江村经济》，上海：上海人民出版社 2006 年版。

人类学、社会学者都不远万里来此进行调查，并试图以费孝通或他人的研究为基础进行再研究，总的来说成果不算太少[①]。1956年5月，时任澳大利亚悉尼大学人类学系主任的葛迪斯（W. R. Geddes）来到江村开始为期4天的访问，并根据费孝通的《江村经济》和他本人调查到的资料于1963年出版 *Peasant Life in Communist China*（《共产党领导下的中国农民生活》）一书，后来收录到费孝通所著的《江村农民生活及其变迁》一书中。葛迪斯对比了1936年和1956年的江村，描述村子的前后变化，肯定了在当时共产党制度下的合作化给农村带来的希望和生机[②]。在江村调查八十年后，王莎莎以人类学田野民族志的方式考察江村的社会生活，2017年出版《江村八十年：费孝通与一个江南村落的民族志追溯》，以跨越时空的视野，国际学术对话的表述，以及对“文化自觉”的追求，勾勒了以费孝通先生为主帅的人类学中国乡村人类学派的起点——江村研究兴起和发展的路线图，内容涉及江村的婚姻家庭与亲属关系、生计方式的变迁、习俗与信仰的延续、江村记忆的空间表达等方面，尝试提出一种场所追溯的民族志实践，进而通过时间人类学的讨论去理解社会变迁。[③]2017年11月，彭兆荣一行六人再次到江苏省吴江县，走访费孝通曾经28次调研、走访的江村[④]。2018年是实施乡村振兴战略的第一年。为落实好党的十九大精神，实现乡村振兴开好局、起好步，需要深入调研，统筹谋划。农业农村部部长兼中央农办主任韩长赋对江村进行了专题调研，开展了百乡万户调查活动，组织干部驻村调研，全面摸清我国乡村发展的实际情况，并撰写调研报告《从江村看中国乡村的变迁与振兴》于2018年6月5日在经济日报上发表。[⑤]然而，《重访江村》《三访江村》《九访江村》和《江村五十年》等文章都是从某个侧面或概要的形式反映江村的变化发展，还没有出版与《江村经济》一书相对应的全面反映江村经济变

① 刘豪兴：《社会学人类学研究的新开拓：费孝通的江村追踪研究》，《中共福建省委党校学报》1999年第3期，第67-70页。

② 费孝通：《江村农民生活及其变迁》，兰州：敦煌文艺出版社2000年版。

③ 王莎莎：《江村八十年：费孝通与一个江南村落的民族志追溯》，北京：学苑出版社2017年版。

④ 彭兆荣：《魂之归兮，乡土中国：费孝通的乡土情结》，《西北民族研究》2018年第3期，第105-113页。

⑤ 韩长赋：《从江村看中中国乡村的变迁与振兴》，经济日报2018年6月15日。

迁的专门性著作[①]。

2. 对大瑶山的追踪研究

1935 年 10 月，刚从燕京大学毕业的费孝通、王同惠夫妇，应广西省政府的邀请研究“特种民族”，前往广西大瑶山进行考察。费孝通主要负责瑶民体质测量工作，王同惠专门进行瑶族社会组织研究。他们在大瑶山走村串寨，收集了花蓝瑶、坳瑶、山子瑶和茶山瑶等瑶族支系的相关资料。同年 12 月，在完成了花蓝瑶的调查工作后，16 日从坳瑶居住地向茶山瑶居住地转移的途中迷路，费孝通误踏虎阱，腰腿受伤，王同惠出外寻求支援，因失足而不幸溺水身亡，不得不停止调查。费孝通在养伤期间，把王同惠所遗材料进行整理，1936 年以王同惠的名义出版《花蓝瑶的社会组织》。书中从家庭、亲属、村落、族团与族团间的关系层层深入，展现一个完整的花蓝瑶社会结构。[②] 中华人民共和国成立后，费孝通十分关心民族调查工作，又于 1951 年、1978 年、1981 年、1982 年、1988 年五上大瑶山，关注瑶族同胞的生活状况，对发展当地民族经济提出了自己的见解和思考。费孝通前后五次再上瑶山，极大地推动了广西大瑶山的调查研究工作。

2001 年 12 月，广西民族学院的李远龙带领 1998 级民族学专业本科生 23 人走进广西大瑶山，以六巷村为中心，选择六巷乡下辖的古陈、帮家、架梯、朗冲共 5 个瑶族村寨做了 40 天的调查，收集了丰富的田野资料。2001 年 12 月，李远龙在综合田野考察的基础上，将调查报告汇编成《传统与变迁：大瑶山瑶族历史人类学考察》书稿出版。全书除总论外，共分为坳瑶、花蓝瑶、山子瑶、盘瑶、茶山瑶五个篇章，从经济发展、社会组织、信仰仪式、生活习俗、婚姻家庭、服饰文化、民间文艺、文化教育、农业生产等方面，描述了五个瑶族支系的社会文化概况[③]。2005 年 7 月，费孝通的大弟子徐平带领妻子和自己的 3 位研究生第一次到广西大瑶山开展调查。2006 年 1 月，徐平带领 9 个学生组成调查组第二次到广西大瑶山开展为期 42 天的实地调查。调查过后，徐平根据调查组收集的资料写成《大瑶山七十年变迁》一书。全书主要是在费孝通、王同惠在广西大瑶山调查成果的基础上，

① 刘豪兴：《社会学人类学研究的新开拓：费孝通的江村追踪研究》，《中共福建省委党校学报》1999 年第 3 期，第 67-70 页。

② 费孝通、王同惠：《花篮瑶的社会组织》，南京：江苏人民出版社 1988 年版。

③ 李远龙主编：《传统与变迁：大瑶山瑶族历史人类学考察》，南宁：广西民族出版社 2001 年版。

巧妙地把五个瑶族支系作为不同案例，分别围绕花篮瑶、坳瑶、山子瑶、茶山瑶、盘瑶的社会文化变化，详细论述了70年来大瑶山五个瑶族支系的社会文化现状，并且增加了对大瑶山瑶族社会进行定量的研究。① 徐平等人对大瑶山的再研究主要关注婚姻家庭、社会组织、经济发展方式和产业结构等因素的变化对大瑶山的瑶族同胞在社会生活和经济生活上所带来的影响。

3. 对义序的追踪研究

1934年1月底，在燕京大学读研的林耀华到福建省福州市近郊义序乡进行为期3个多月的田野调查，1935年写成15万字的硕士论文《义序的宗族研究》，2000年出版《义序的宗族研究》一书。这是中国人类学者以参与观察法研究中国汉族的家族、宗族而写的第一部人类学专著。全书建立在全面深入的实地考察基础上，以盛行一时的人类学功能论为研究指导思想，反映的是20世纪30年代的中国宗族社会情况，内容涵盖了宗族的组织、经济、政治等方面。② 同时，在叙述过程中，一方面表现出明显的功能学派的影响，另一方面又大量引证中国的典籍，而且结合得较为平顺，显示了老一代学者深厚的功底。不过，由于特殊的时代背景和学术背景，林耀华将重点放在宗族的组织、功能、家庭结构、亲属关系以及与个人生命史相关的各种仪式等方面。林耀华带有参与观察的宗族研究成果《义序的宗族研究》无疑是中国宗族研究的第一部重要的人类学作品。③

从1995年开始，阮云星对林耀华调查过的义序进行追踪调查，并以此调查资料为基础撰写了博士论文，同时发表或出版《宗族研究中的“义序”与“义序研究”中的宗族》④《宗族风土的地域与心性》⑤《义序：昔日“宗族乡村”的民俗节庆》⑥《中国の宗族と政治文化——现代「义序」郷村の政治

---

① 徐平：《大瑶山七十年变迁》，北京：中央民族大学出版社2006年版。

② 林耀华：《义序的宗族研究》，北京：三联书店2000年版，第225页。

③ 庄孔韶：《回访和人类学再研究的专题述评：回访和人类学再研究的意义之二》，《西南民族大学学报》2004年第2期，第3-9页。

④ 阮云星：《宗族研究中的“义序”与“义序研究”中的宗族》，《福建论坛》2001年第3期，第60-65页。

⑤ 阮云星：《宗族风土的地域与心性》，《中国社会历史评论》2008年第9卷，第1-33页。

⑥ 阮云星：《义序：昔日“宗族乡村”的民俗节庆》，《广西民族学院学报》2000年第3期，第20-26页。

人类学的考察》[①] 等论文与著作。林耀华从功能学派的理论出发，注重的是对义序黄氏宗族现存状态的研究，包括宗族的组织、经济、政治等方面；而阮云星从历史人类学的视角，勾勒义序黄氏宗族的发展史，提出宗族研究的新理念：宗族风土论。

4. 对黄村的追踪研究

1935 年，林耀华以《义序的宗族研究》获得燕京大学硕士学位，并留校任教。1937 年，林耀华赴美国哈佛大学人类学系攻读博士学位。读博期间，他以小说笔法，用英文撰写了《金翼：中国家族制度的社会学研究》一书，以自己的家族为背景，全面地反映了闽中山区一个大家族的兴衰荣辱。此书内容翔实，文笔生动，1944 年在美国纽约出版后曾畅销一时，并被译成 8 种文字在海外发行。《金翼》至今仍是国外学者研究中国社会文化的重要参考读物。《金翼》是一本自传体小说形式的人类学著作，以福建省古田县黄村两个家族（东林家和芬洲家）的兴衰为线索，从农业、船运、商业、政治、法律、教育、民俗信仰等多重角度，深入描写和分析 19 世纪末至 20 世纪 40 年代的中国乡村社会文化生活[②]。

半个世纪以后的 1986 年，林耀华的弟子庄孔韶回到黄村，先后 5 次访问《金翼》一书描写的同一县镇，追踪金翼之家的后裔和书中的尚存者，讨论金翼之家及黄村的宗族组织、社区结构、家族变迁、村落信仰等方面的内容，最后写就了《银翅：中国的地方社会与文化变迁》一书。《银翅》一书并不是作为《金翼》一书的故事性续本，而是成为了一部标准的民族志，并且是从新的角度分析和论证了新的社会现象和结构，构成了人类学回访研究的经典之作。此类追踪研究在关注社会变迁的同时还根据实地调查所得，提出新的角度解读当地文化。[③]

5. 对凉山的回访研究

抗日战争爆发以后，林耀华正辗转川滇从事任教，于是有机缘前往凉山彝区考察。1943 年 7 月 2 日至 9 月 26 日，林耀华带领燕京大学边区考察团深入凉山腹地，对彝族社会文化进行为期 87 天的实地调查，1944 年出版了

① 阮云星：《中国の宗族と政治文化——现代「义序」鄉村の政治人类学的考察》，东京：创文社 2005 年版。

② 林耀华著：《金翼：中国家族制度的社会学研究》，庄孔韶、林宗成译，北京：三联书店 2008 年版。

③ 庄孔韶：《银翅：中国的地方社会与文化变迁》，北京：三联书店 2000 年版。

《凉山彝家》这部实地考察报告。报告以凉山彝族的一个家族为叙事主线，标明了考察的地理范围，叙述了社会组织和民族内部关系，继而详尽地描写了彝家经济、阶级、语言、冤家与巫术等几方面主要的生活枢纽，堪称当时最为详尽的实地考察报告。[①]

1975年，在初访凉山33年之后，林耀华二上凉山，试图探讨凉山彝家从奴隶制向社会主义过渡的问题。殊不知当时的中国十年动乱未息，凉山虽然天荒地远，也属在劫难逃之列，严肃的调查工作无从开展。林耀华此行带回了一些材料，也带来了更多的惆怅。面对这次调查结果，林耀华苦苦思索7年。直到1982年才补进一些新的材料以《凉山彝族今昔》为题，写成文章发表，并于同年4月9日在美国美洲民族学会140届年会上宣读。这篇文章不能算严格意义上的民族学调查报告，倒更像一篇介绍凉山地区的变化，进而论证民族政策正确性的长篇报道。文中只有一小部分讲述了凉山从奴隶制向社会主义过渡的问题。[②]1984年，与1943年初上凉山时间隔41年之后，为推动凉山彝族的现代化问题研究，林耀华三上凉山，回京后写成《三上凉山：探索凉山彝族现代化中的新课题及其展望》一文，总结凉山巨变的过程，分析了彝族传统文化与现代化互动的现状并提出对策建议[③]。1992年，受商务印书馆之约，完成一部《凉山彝家的巨变》的著作，林耀华因年迈不能再上凉山，特委托他的博士生潘蛟赴凉山2个月，集中调查了彝族的政权发展、生产关系、社会经济、等级观念和家支活动等五个方面的问题，师徒俩据调查材料合写成《半个世纪以来凉山彝家的巨变》一文[④]，对1956年以来彝族社会发展做了系统深刻的描述与分析。1995年，《凉山彝家的巨变》[⑤]出版，与《凉山彝家》一起构成凉山彝族社会文化变迁的宏大画卷。

---

① 孙庆忠：《林耀华教授和他的凉山彝族研究》，《中央民族大学学报》2000年第6期，第8-11页。

② 林耀华：《凉山彝族今昔》，《社会科学战线》1984年第2期，第235-244页。

③ 林耀华：《三上凉山：探索凉山彝族现代化中的新课题及展望》(上)，《社会科学战线》1986年第4期，第311-326页；《三上凉山：探索凉山彝族现代化中的新课题及展望》(下)，《社会科学战线》1987年第1期，第290-297页。

④ 孙庆忠：《林耀华教授和他的凉山彝族研究》，《中央民族大学学报》2000年第6期，第8-11页。

⑤ 林耀华：《凉山彝家的巨变》，北京：商务印书馆1995年版。

6. 对林村的追踪研究

1984 年 11 月至 1985 年 6 月，黄树民在美中学术交流委员会的资助下，带领石奕龙、郭志超等人，到福建省厦门市郊的林村[①]从事实地调查。黄树民返回美国后，根据自己的调查和石奕龙、郭志超等人提供的资料，撰写了《曲折的道：一位村支书眼中的中国农村变革》(*The Spiral Road: Change in Chinese Village through the Eyes of A Communist Party Leader*)一书，并于 1989 年由美国西景出版社出版。此后，台湾的素兰女士将该书译成中文，由台湾张老师出版社于 1994 年出版，书名为《林村的故事：一九四九年后的中国农村变革》。[②]这是一本关于 1949 年后林村和林村人的民族志著作。全书以福建省厦门农村党支部书记叶文德富于戏剧性的生命史为主轴，展现铺陈出一幅幅贯穿时空背景的社会文化变迁图像。在此书中，黄树民想要揭示的是，在中国农民的生活普遍得到改善的情形下，一种全国性文化抬头，传统上小型、半自治而独立的农村社区，逐渐被以中央政府为主的大众文化所取代，然而某些传统的信仰与习俗仍得以延续。[③]

1996 年冬天，黄树民在美中学术交流委员会的资助下再访林村，用一个月左右的时间进行追踪调查。在此基础上，出版了该书的第二版。该版增加了黄树民撰写的序言以及《1990 年的变化》和《林村何去何从》两章。黄树民在序言中简要介绍了他 1996 年进行追踪调查的经过，新增补的两章则叙述了林村 12 年来的变迁。2000 年 7 月，国际人类学与民族学联合会在北京召开中期会议期间，三联书店与黄树民接洽出版该书第二版的中文简字版。该书的前十章仍使用素兰女士的版本，只是做了细微的修正；新增加的两章和黄树民写的第二版序言等，则请中国社会科学院民族研究研究员纳日碧力戈博士翻译。该书于 2003 年出版，仍以中文第一版的书名《林村的故事：一九四九年后的中国农村变革》为名。《林村的故事：一九四九年后的中国农村变革》是一本关于中国农村社会生活变迁的民族志。正如黄树民所说的，他是通过叙述林村一位共产党村支书的个人生活史的方式，来揭示

① “林村”是黄树民在书中为田野调查所在地起的代名，本书沿用此一名称。

② 石奕龙：《书写文化与真实〈林村的故事〉读后》，《民族研究》2003 年第 1 期，第 99-101 页。

③ 黄树民著：《林村的故事：一九四九年后的中国农村变革》，素兰、纳日碧力戈译，北京：三联书店 2003 年版。

1949 年以来中国农村社会生活的变迁历程。①

7. 对凤凰村的追踪研究

美国社会学家葛学溥（D. H. Kulp）约在 1913 年来到中国，在上海的沪江大学社会学系做主任和教授。在上海时，他经常利用学生暑期回乡做调查。② 1918—1919 年的暑假期间，葛学溥借助当时部分肄业沪大部分潮州籍学生回乡度假之便，让他们前往凤凰村依照调查表格进行调查，收集包括地理环境、经济生活、族群关系、人口卫生、政治组织、社会组织、文化教育、社会问题、宗教信仰等诸方面资料。1923 年，葛学溥亲自到凤凰村作更深入的实地观察，并根据初步调查所得对学生们的调查结果进行了检验和补充。③ 1925 年遂将研究结果，交由哥伦比亚大学出版，印成《华南的乡村生活：广东凤凰村的家族主义社会学研究》一书。在这本书里，作者围绕家族这一核心概念，全景式地展示了凤凰村的人口、经济、政治、教育、婚姻家庭、宗教信仰和社会控制等方面的内容。这是社会学、人类学对中国村落的第一次田野调查，也是第一本华南汉人乡村社区研究的著作，对汉学人类学研究具有开拓性的意义。④

在葛学溥的《华南的乡村生活》一书出版 69 年后，中山大学的周大鸣于 1994 年 10 月寻找到凤凰村以后，又于 1995 年 1 月、12 月，1996 年 8 月，1997 年 3 月、5 月和 7 月前往凤凰村进行追踪调查，1998 年完成了博士论文《凤凰村的变迁：广东潮州凤凰村的追踪研究》，2001 年、2003 年又两次重返凤凰村进行考察，在多次凤凰村田野工作基础之上于 2006 年出版《凤凰村的变迁：〈华南的乡村生活〉追踪研究》一书。⑤ 周大鸣根据葛学溥的著作《华南的乡村生活》一书，与自己调查所得的资料进行比较，由此阐述凤凰村历时 70 年后的变迁，内容包括经济生活、人口结构、婚姻家庭、信仰习俗、宗族制度、文化教育、政治制度、村落关系等方面的历史变迁与发展

① 石奕龙：《书写文化与真实：〈林村的故事〉读后》，《民族研究》2003 年第 1 期，第 99-101 页。

② 周大鸣：《凤凰村的追踪研究》，《广西民族学院学报》2004 年第 1 期，第 33-38 页。

③ 周大鸣：《凤凰村的变迁：〈华南的乡村生活〉追踪研究》，北京：社会科学文献出版社 2006 年版，第 5 页。

④ 周大鸣：《“凤凰村” 与 “江村” 之比较及其对人类学村落研究的贡献》，《社会学评论》2018 年第 3 期，第 3-11 页。

⑤ 周大鸣：《凤凰村的追踪研究》，《广西民族学院学报》2004 年第 1 期，第 33-38 页。

现状，特别是对凤凰村的“轮火头”与老人赡养作了详细的记录与分析，并对凤凰村的未来做出一些预期，同时还提出了中国乡村教育发展的建议，也回应了葛学溥以来华南汉人社会研究的一些关键问题，如宗族、民间信仰、国家与村落关系等[①]。

8. 对南景村的追踪研究

华裔美国社会学家杨庆堃 1932 年毕业于燕京大学社会学系，1934 年获燕京大学硕士学位后赴美国留学，1939 年获美国密执安大学社会学博士学位。1948—1951 年间，担任岭南大学副教授兼社会学系主任。1948 年，在对岭南大学附近 7 个村子的“粗查和观察”后，杨庆堃决意在南景村（今鹭江村）设立研究站，作为实地社区研究的开始。在历时两年多的时间里，杨庆堃带领岭南大学的学生对南景村进行了全面的调查，直至 1951 年因政治原因被迫终止。然而，由杨庆堃率领团队在南景村安营扎寨式的研究，为名著的诞生奠定了基础。1959 年，杨庆堃《向共产主义转化前期的中国村落》[②]一书出版，全面而细致地记录了广东南景这个城市边缘乡村社区的文化形貌，内容涉及人口结构、土地利用、生产消费、亲属制度、权力结构、阶级的稳定性和流动性，以及新政权的建立、土地改革、乡村经济与文化娱乐的变迁、《婚姻法》为乡村社会带来的“家庭革命”等诸多方面，成为西方借以了解中国社会的少数作品之一。[③]1981 年，杨庆堃曾回国重访南景村，并希望中山大学社会学系能够继续对南景村进行再研究。

从 1984 年到 1992 年，在何肇发和丘士杰两位老师的指导下，中大 6 名硕士研究生采用问卷调查为主，辅之以抽样访问及实地观察的方法，从农民家庭构成和家庭消费（郝令昕 1985）；人口的社会流动（郑德本 1991）；社会分化（路学仁 1991）；郊区的城市化进程（任高玉 1991）；以及生产力与生产关系的动作（黄明 1992，杨英铂 1992）等主题入手，探讨了南景村的

---

① 周大鸣：《凤凰村的变迁：〈华南的乡村生活〉追踪研究》，北京：社会科学文献出版社 2006 年版。

② C.K Yang. *A Chinese Village in Early Communist Transition*. Mass: The M.I.T Press, 1959.

③ 孙庆忠：《都市村庄：南景——一个学术名村的人类学追踪研究》，《广西民族学院学报》2004 年第 1 期，第 62-68 页。

社会变迁。[①] 1999 年 12 月至 2000 年 12 月，孙庆忠充分利用南景村与中大的地利之便，穿行于村内的大街小巷对南景村进行了再研究，从人口结构、土地制度、经济生产、亲属制度以及在国家新政权建立后的权力关系和阶级流动等方面，记录了处于城市边缘的南景村在历史和大环境的影响下，如何发展成为一个富有现代化气息的村庄。[②]

9. 对茶山镇的追踪研究

美国学者波特夫妇（S.H.Potter and J.M.Potter）在 1979 年至 1985 年之间，四度访问广东茶山。首次于 1979 年 7 月 6 日到达，住了半年多，1980 年 2 月（春节前）离去；第二次访问茶山是 1981 年夏，住了一个月；第三次是在 1982 年秋天，住了 15 天；第四次是 1985 年 6 月 22 日至 7 月 9 日。波特夫妇结合四次调查材料和收集的文献资料写成《中国农民：革命的人类学》[③] 一书，并于 1990 年在剑桥大学出版。这是 1949 年后由国外人类学家著述的一部关于广东农村社会生活的长时段实地调查研究专著。波特夫妇以茶山调查为基础，在纵横交织的叙事体式中多侧面地揭示中国社会变革的历史根源，展示了 20 世纪 80 年代以前中国社会的运行机制以及走向改革开放的进程。对于西方人士比较关心的毛泽东时代的基层社会运作机制、中国人的情感文化建构、婚姻与家庭、计划生育政策、共产党的组织原则与道德原则、社会分层、城乡差别、集体经济的瓦解与联产承包责任制的实施，都做了深入浅出的阐述。[④] 这本书问世后成为西方世界了解中国农村，特别是中国农村从 1949 年前后到改革开放初期的一个重要窗口 [⑤]。

1997 年 10 月至 1998 年 5 月之间，在中山大学攻读博士学位的覃德清三度来到十几年前波特夫妇做过研究的茶山镇进行调查，写成《波特夫妇华

① 孙庆忠:《都市村庄：南景——一个学术名村的人类学追踪研究》,《广西民族学院学报》2004 年第 1 期，第 62-68 页；兰林友:《人类学再研究及其方法论意义》,《民族研究》2005 年第 1 期，第 36-46 页。

② 孙庆忠:《都市化与农民的终结：广州南景村经济变迁研究》,《中国农业大学学报》2003 年第 2 期，第 15-22 页。

③ S.H.Potter and J.M.Potter. *China's Peasants: The Anthropology of a Revolution*. Cambridge University Press, 1990.

④ 覃德清:《波特夫妇华南茶山调查的追踪研究》,《广西民族学院学报》2004 年第 1 期，第 56-61 页。

⑤ 刘志扬、骆腾:《从革命到改革：循着人类学家波特夫妇的足迹》,《社会科学战线》2011 年第 9 期，第 118-125 页。

南茶山调查的追踪研究》《变迁中的华南茶山社会经济与文化——波特茶山镇调查的追踪与方法论反思》《东莞市茶山镇工业发展情况调查》3 份报告。波特夫妇关于茶山的学术成果《中国农民——革命的人类学》的叙事起点是1949 年以前止于 1985 年，覃德清的追踪研究是对比波特夫妇关于茶山的作品——人类学文本，以及茶山地方文化人及其领导人的作品不同角度讨论所呈现的不同的茶山文化意象[①]。覃德清从村落社区、社会制度、文化意象和人情关系的角度分析了 20 世纪 80 年代以来茶山镇的村落变化和文化意象的营建，展现了华南乡村社会自 1949 年以来所发生的巨变，以及乡村文化的意象如何进行多重建构，以及村落共同体和族群认同对当地社会的整合作用。[②] 覃德清想通过对波特夫妇茶山调查的追踪，努力实现 1985 年至 1997 年间新资料的连续，参照耳闻目睹的实证材料，力图更为真切的感悟茶山社会的真情实貌，同时就波特夫妇提出的一些理论问题作出回应。遗憾的是，文中直接反映当时社会经济状况的田野调查资料所选不多。[③]

2005 年夏天，在周大鸣教授的具体指导下，中山大学人类学系一个研究生和两个本科生对茶山镇进行了为期一个多月的调查，并依据调查报告写成了 5 篇学年论文，内容涉及茶山的都市化过程、村民自治与乡村权力结构、土地被征用后村民的生存状况、外来工等。从 2007 年 5 月开始，在周大鸣教授的建议下，在中山大学攻读博士学位的骆腾开始了对茶山镇增埗村的田野调查，调查重点在对《中国农民：革命的人类学》一书的回访中。骆腾根据波特夫妇当年的调查研究与自己的田野材料，于 2009 年写成博士论文《增埗三十年：从革命到改革》[④]。骆腾沿着波特夫妇当年的田野调查线索追踪增埗 30 年的变迁，对增埗的社会、经济、文化进行了跟踪调查，以反映在波特夫妇调查之后三十年来增埗的发展与变化，从一个微观的视角探寻广东改革开放三十年来社会变迁的历程。

10. 对华北诸村的追踪研究

1935—1942 年日本侵华期间，由日本南满铁道株式会社（简称“满铁”）

① 庄孔韶：《南部中国乡村都市过程及动力：回访和人类学再研究的意义之三》，《西南民族大学学报》2004 年第 3 期，第 1-4 页。

② 覃德清：《波特夫妇华南茶山调查的追踪研究》，《广西民族学院学报》2004 年第 1 期，第 56-61 页。

③ 骆腾：《增埗三十年：从革命到改革》，博士论文，中山大学，2009 年。

④ 骆腾：《增埗三十年：从革命到改革》，博士论文，中山大学，2009 年。

调查部北支经济调查所以及东亚研究所组织对华北一些村落进行了数次调查，主要探讨农民分层与村落共同体问题。其中，在 1940 年 11 月至 1942 年 12 月间，“满铁”调查人员、东京大学法学系、京都大学经济系合作对河北、山东的 6 个村庄进行多次调查，主要围绕村落历史、社会结构、经济活动等专题进行实地调查，而且还详细绘制了村落地图，调查结果最后汇编为六卷本的《中国农村惯行调查》。这六个“满铁”调查村落分别为：河北省良乡县（今北京房山区）的吴店村、顺义县（今北京顺义区）的沙井村、昌黎县的侯家营、栾城县的寺北柴；山东省历城县（今济南历城区）的冷水沟、恩县（今山东省平原县）的后夏寨。[①]

进入 20 世纪 80 年代，日本学者仍然对华北表现出极大的兴趣。中生胜美在自己进行农村调查的基础上，对战前“满铁”的调查资料加以批判地利用，重点对山东济南的历城区冷水沟村进行了再调查，主要调查社会组织、通过礼仪、政治变革等方面的内容，探讨新时期农村权力结构的变迁与社会主义建设的内在关联，于 1990 年出版著作《中国村落的权力结构与社会变化》。[②] 1986 年冬至 1990 年春，中日两国学者联合对山东、河北两省及北京、天津两市所属的农村、城镇进行了联合调查，主要调查内容为村落制度、家族制度、农业、宗教、民众运动等颇多争议的问题，1990 年由路遥、佐佐木卫编辑出版了《中国的家、村、社神》。稍后，在日本一桥大学三谷孝的主持下，一些日本学者（包括在日本的美国学者顾琳 Linda Grove）与南开大学历史系合作，自 1988 年起（主要调查时间是在 1993—1994 年）对“满铁”调查所涉及的华北 6 个村落进行追踪调查，考察最近 50 年来华北农村的家族、宗教、社会结构等，由三谷孝于 1999 年主编出版了两卷本的《中国农村变革中的家族、村落和国家》，对华北农村的变革进行了详细地描述与分析。[③] 本次中国农村惯行调查的动机不是为日本军国主义服务，而是在和平的环境下，中日两国学者共同寻找中国乡村聚落发展的轨迹。

20 世纪 80 年代中期，华裔学者黄宗智从经济史的角度，利用“满铁”材料，对华北村落进行研究，探究村落与国家的关系，著有《华北的小农

① 兰林友：《满铁调查村落的历史与现状透视》，《中央民族大学学报》2012 年第 1 期，第 65-71 页。

② 兰林友：《华北村落的人类学研究方法》，《中央民族大学学报》2002 年第 6 期，第 18-23 页。

③ 兰林友：《华北村落的人类学研究方法》，《中央民族大学学报》2002 年第 6 期，第 18-23 页。

经济与社会变迁》。美籍印度裔学者杜赞奇（Prasenjit Duara）没有到华北做调查，而是利用"满铁"在山东后夏寨的调查材料，在旗田巍、黄宗智的基础上，写成《文化、权力与国家：1900-1942年的华北农村》[①]，对华北村落的内聚质、宗族结构、国家代理人等话题作了分析，提出了"权力的文化网络"与"国家政权内卷化"的分析性概念，以将帝国政权、绅士文化与乡民社会纳入一个共同框架，并将权力、统治等抽象概念与中国社会特有的文化体系连接起来，进而揭示地方权威的产生过程及其表现。由于杜赞奇的华北村落研究充满后现代主义和解构分析的意味，对弗里德曼的宗族研究范式发起挑战，所以在中国学术界有着广泛的影响。

中央民族大学的兰林友接受庄孔韶的建议，于1998年和2001年先后对"满铁"调查涉及的山东后夏寨进行再研究，并与以"满铁"资料做研究的黄宗智、杜赞奇进行对话，2002年撰写博士论文《庙无寻处：华北村落的人类学研究》，2012年出版《莲花落：华北满铁调查村落的人类学再研究》[②]，结合"满铁"调查资料和田野调查资料，对历史情境下的华北宗族组织和村落政治进行解读。

11. 对台头村的回访研究

杨懋春1924年考入山东省黄县崇实中学，1927年因成绩优异保送入齐鲁大学攻读社会学，1930年考入燕京大学研究生院专修乡村社会学。毕业后杨懋春先后担任青岛市文德女子中学教师和山东省即墨县信义中学校长，1937年受聘于齐鲁大学社会学系。1937年抗日战争爆发，山东旋即被日本占领。幸而得到教会协助，杨懋春于1939年赴美留学，1941年和1942年于康奈尔大学先后获得科学硕士和哲学博士学位。在康奈尔完成学业后，因国内战争尚未停止，杨懋春应哥伦比亚大学之聘，1944年参与著名人类学家林顿（Ralph Linton）教授领导下的"中国乡村文化"研究工作，1945年将研究成果整理出版为《一个中国乡村：山东台头》[③]，主要描述其家乡山东台头村20世纪30—40年代生活场景的基本特点，包括自然环境、风土人情、

① [美]杜赞奇著：《文化、权力与国家：1900-1942年的华北农村》，王福明译，南京：江苏人民出版社2003年版。

② 兰林友：《莲花落：华北满铁调查村落的人类学再研究》，北京：社会科学文献出版社2012年版。

③ Martin C. Yang. *A Chinese Village: Taitou, Shantung Province*. New York: Cambridge University Press, 1945.

农业生产、生活水平、家庭构成、家庭关系、祭祀活动、婚姻状况、儿童养育、村内关系及村落组织与领导等方面的内容，特别是从家庭关系和村落关系这两个角度分析了村内家族之间的关系和市镇对村庄的影响。这部民族志作品出版后在国际人类学界随即产生重要影响，当年就得以再版，后又连续出版数次，并被多所西方大学相关科系列为中国社会研究的必要参考书[①]。杨懋春的导师、当时的哥伦比亚大学人类学系主任、著名人类学家林顿亲自为之撰写序言，并给予了较高的评价，认为该书代表了“社区研究”的某种趋势：本土人类学时代的来临。《一个中国乡村：山东台头》和早它出版的费孝通的《江村经济》(1939)，以及晚它出版的林耀华的《金翼》(1947)和许火良光的《祖荫下》(1949)等，并列为早期中国人类学的里程碑作品。[②]

台头村的研究并没有在杨懋春之后结束。1979年至1985年间，美国密西根大学人类学教授戴瑙玛(Norma Diamond)重访了台头村。她关注到当时中国正处于“文革”结束初期，到处在建设“红色中国”的模范村，于是就对当时的模范村产生浓厚的兴趣。由于所处的特殊历史条件，虽然她观察到了那个时期中国乡村的一些特殊面貌，但是没有能够深入到村民生活之中，不过还是以三次重访的材料为基础撰写了一篇反映20世纪70年代华北乡村社会状况的长文《模范村与乡村真实》[③]。1998年，在林耀华教授的指导下，潘守永对台头村进行了重访，记述了20世纪末台头村的生活面貌，并据此撰写出他的博士论文《重访抬头：中国基层社会文化变迁的田野研究》[④]。2000年之后，山东省社科院的李善峰、山东大学的林聚仁、上海大学的王静、中共青岛市委党校的徐文涛等人重访台头村。他们希望能经过时代变化后，寻找如今的台头与过去存在的任何维系，将过去与现在接续起来，探讨不同时代台头村的变迁。可举出的代表性成果有高思峰的《台头村的文

① 刘绍唐主编，孙希宗撰稿：《民国人物小传(杨懋春)》(277)，台北《传记文学》第27卷6期，1998年，第131-133页。

② 潘守永：《重返中国人类学的“古典时代”：重访台头》，《中央民族大学学报》2000年第2期，第20-26页。

③ Norma Diamond. Model Villages and Village Realities[J]. Modern China, 1983, Vol. 9 No 2: 163-181.

④ 潘守永：《重访台头：中国基层社会文化变迁的田野研究》，博士论文，中央民族大学，1999年。

化转型研究：20 世纪30 年代至今》[①]、李秀杰的《开发区村庄的社会变迁研究：以山东省台头村为例》[②]、王静的《家庭、社区与国家：二十世纪山东台头福利实践》[③]、徐文涛的《一个村庄的七十年变迁》[④] 等。

12. 对禄村的追踪研究

20 世纪 30—40 年代，中国处于受外敌入侵的苦难时期，国家的经济、政治和文化中心被迫向西南转移，与此同时大批学者云集西南。1938 年费孝通在伦敦经济学院完成博士学位论文后，乘坐海轮，取道越南[⑤]，沿滇越铁路径入昆明，任教于云南大学社会学系。1939 年云南大学成了社会学系与燕京大学合作成立社会学研究室。1940 年昆明遭到日本大轰炸，社会学研究室不得不疏散到昆明附近呈贡县的农村，租得一个三层楼的魁星阁作为工作基地。因此，社会学研究室也就从此被称为“魁阁”。[⑥] 直到 1945 年日本投降才回到昆明，前后有六年。

1938 年 11 月 15 日至 12 月 23 日，费孝通在李有义的协助下第一次到禄村调查；1939 年 8 月至 10 月，费孝通又偕同张之毅、张宗颖第二次调查禄村，1940 年 1 月费孝通写成《禄村农田》，同年底于吴文藻主编的《社会学丛刊》乙集出版。

1988 年云南大学历史系学生到禄村进行乡一级的经济调查，英国伦敦经济学院的思荣（Sigrun Hardardottir）也到禄村调查，但调查结果未见出版。1990 年，费孝通在时隔 50 年后再次到禄村做短期调查。1995 年，钱成润、史岳灵、杜晋宏等 3 人完成了对禄村断断续续近 10 年的跟踪调查，出版了《费孝通禄村农田五十年》一书，重点描述十一届三中全会以来的经济发展和村民的生活状况。1995 年，钱成润、史岳灵、杜晋宏完成了对禄村

---

① 高思峰：《台头村的文化转型研究：20 世纪 30 年代至今》，硕士论文，山东大学，2008 年。

② 李秀杰：《开发区村庄的社会变迁研究：以山东省台头村为例》，硕士论文，山东大学，2009 年。

③ 王静：《家庭、社区与国家：二十世纪山东台头福利实践》，博士论文，上海大学，2014 年。

④ 徐文涛：《一个村庄的七十年变迁》，《中共青岛市委党校 青岛行政学院学报》2017 年第 1 期，第 82-95 页。

⑤ 王铭铭：《继承与反思：反思云南三个人类学田野工作地点的“再研究”》，《社会学研究》2005 年第 2 期，第 132-154 页。

⑥ 费孝通、张之毅：《云南三村》，北京：社会科学文献出版社 2006 年版，第 4 页。

断断续续近10年的跟踪调查，出版了《禄村农田成本研究》一书，书中专注经济发展，重点描述了十一届三中全会以来的经济发展和村民的生活状况。对禄村的研究同样断断续续拖了10多年的还有加拿大麦吉尔大学的鲍森（Laurel Bossen），她于1989年首次到达禄村，研究成果于2000年出版。鲍森从国外颇为盛行的社会性别的角度来研究妇女与农村发展的关系，在一定程度上弥补了原有禄村研究中不重视女性视角的缺憾。[①] 2001—2002年，北京大学社会学人类学研究所的博士研究生张宏明3次前往禄村进行了为期5个月的田野调查，2001年2月上旬、2001年5月至8月及2002年1月至2月对禄村作了三次的补充调查，2006年出版《土地象征：禄村再研究》。作者在田野调查的基础上，通过对禄村土地与仪式的研究，从文化的角度揭示土地的象征意义，指出正是土地具有"不可让渡"的性质之上，国家与地方社会才得以建立。这本书对人们了解中国的土地制度提供了新的视角，对了解云南民间宗教的历史演变，对经济人类学与宗教人类学的沟通做出了极为有益的尝试。[②]

13. 对那目寨的追踪研究

1940年底至1941年5月间，田汝康到云南芒市那目寨从事5个多月的田野调查，后来又零星地到芒市那目寨进行了3个月左右的进一步考察。田汝康克服了各种困难，写出了优秀的田野考察民族志《摆夷的摆》。后来，这本书被收入吴文藻主编的《社会学丛刊》乙集第四种，于1946年出版时改名为《芒市边民的摆》[③]，通过对芒市傣族的"摆"这一宗教仪式的描述，将其与当地的非"摆"仪式进行比较分析，描述宗教仪式与有形的社会制度和结构的相互配合关系[④]。

2002年3月29日至2002年11月6日，北京大学社会学人类学研究所博士研究生褚建芳来到云南芒市那目寨进行了为期7个多月的追踪调查，2003年写成博士学位论文《人神之间：云南芒市一个傣族村寨的仪式生活与等级秩序》。2004年1月10日至2月1日，褚建芳又来到芒市那目寨调查，之后又以电话的方式询问一些以前没有弄清楚的问题以及当地最近所发生

① 张宏明：《土地象征：禄村再研究》，北京：社会科学文献出版社2005年版，第6-7页。

② 张宏明：《土地象征：禄村再研究》，北京：社会科学文献出版社2005年版。

③ 白兴发：《关于云南著名人类学田野调查地点的再研究》，《学术探索》2008年第6期，第75-79页。

④ 田汝康：《芒市边民的摆》，昆明：云南人民出版社2008年版。

的一些变化，2005年出版《人神之间：云南芒市一个傣族村寨的仪式生活、经济伦理与等级秩序》一书，对云南芒市那目傣族村寨的仪式生活进行了全面、细致、深入地考察，分析了傣族社会文化的经济伦理与等级秩序。作者将研究视角限定在“摆”这一仪式背后的观念和信仰体系，从仪式背后所表现出来的人神互动关系来进一步阐释人神之间存在的等级秩序，认为在一个存在分化与分层的社会，有一种根据交往双方所处等级地位及其相应的需要、权利、责任与义务而界定的不同的施报内容与施报规范。这种内容与规范构成了人类社会生活的核心道德与基本伦理，即作者所称的“道义互惠”[①]，而透过这一新的视角看待田汝康关于“摆”与非“摆”的区分，实质上是进一步理解那目寨傣族固有文化与外来文化之间的互动关系。

14. 对喜洲的追踪研究

1941年，许烺光从伦敦经济学院获得博士学位后来到云南，在云南大学组建与燕京大学协作的社会学研究室工作。1941年至1943年，许烺光到大理“西镇”进行人类学研究。许烺光研究的西镇，也就是大理喜洲，即今日白族聚居的村镇。许烺光把在“西镇”考察14个月的田野资料于1947以英文发表研究成果《祖荫下：中国文化与人格》，对西镇农民的家庭生活、家族组织和祭祖活动做了非常详细的说明与分析。他的结论是中国人的生活方式——即文化模式，即使受了外在政治、经济因素的影响而会有所改变，但改变并不大。1967年再版时更名为《祖荫下》，对1949年后发生在中国大陆的大变革而在序论中提出问题，在原书的内容上亦有针对性的增补。《祖荫下》是关于中国家族及祖先崇拜，成为西方知识界认识汉人家族文化的经典著作，在国内外人类学界产生了巨大影响。

1989年、1994年，日本学者横山广子进入喜洲以北的周城进行田野调查，并发表了一些论文，开始探讨白族的族性，特别是白族的本主崇拜。1994-1995年间，美国密歇根大学人类学系博士候选人贝斯·诺塔尔（Beth Notar）在喜洲东北的3个村落进行了一年的田野作业，于1999年完成博士论文《野史：中国西南的流行文化、地方与历史》。1999年段伟菊调查“西镇”，2002年完成硕士论文《西镇的家与祭祖》，主要关注“西镇”的家庭和

① 褚建芳：《人神之间：云南芒市一个傣族村寨的仪式生活与等级秩序》，北京：社会科学文献出版社2005年版。

祭祖仪式的变迁。[①] 2002 年，在庄孔韶的指导下，张志华对“西镇”做了回访调查，2003 年完成了博士论文《西镇的家族企业》，对西镇家族企业的内部结构、发展模式、产业所有权和继承权以及由此形成的民间信贷的相关问题进行详细描述和分析，并扩展到整个中国的家族企业发展形式和历史轨迹。[②] 2002 年 3 月至 8 月，北京大学社会学人类学研究所的博士研究生梁永佳到云南大理喜洲做田野调查，2003 年基于田野调查收集到的资料写成博士学位论文《地域崇拜的等级结构：大理喜洲仪式与文化的田野考察》，描述了大理喜洲的庙宇及其组织和仪式活动，记录了当地的男女交往习俗和节日习俗，为读者呈现了一幅大理白族宗教生活的图景。[③] 2005 年出版《地域的等级：一个大理村镇的仪式与文化》一书，是对许烺光《祖荫之下》的研究点——云南大理“西镇”的再研究成果。作者在深入田野工作的基础上，采用结构主义的视角，展现了大理喜洲地域崇拜现象的等级结构。[④] 梁永佳注意到许烺光对“西镇”进行研究时，主要关注点在于家族和社区内部的仪式形态，而别的回访研究者对“西镇”研究时，主要注重社区与外部世界之间的联系，因而他在研究方法上体现了历史学与人类学的综合，所采用的分析框架在时间与空间上都较之前人的研究有所拓展和延伸。在内部观察的基础上，加入外部的视角，采用一种从“非”喜洲看喜洲的方法，将研究的空间从当地延伸出来。

15. 对玉村的追踪研究

1938 年出于吴文藻的擘画，云南大学成了社会学系，1939 年与燕京大学合作成立社会学研究室。费孝通接受了管理中英庚款董事会科学工作人员的津贴（1939-1941 年），以云南大学教授的名义主持社会学研究室工作，开展社会学调查。[⑤] 1939 年 10 月 18 日，费孝通偕同张之毅前往云南玉溪县寻找一个手工业发达的农村来为以农田为主的禄村做比较研究。他们走了 6 天才找到易村，即今玉溪市城区州城的中卫村。“玉村”是张之毅给中卫村

---

① 段伟菊：《大树底下同乘凉：〈祖荫下〉重访与西镇人族群认同的变迁》，《广西民族学院学报》2004 年第 1 期，第 39-55 页。

② 庄孔韶：《时空穿行：中国乡村人类学世纪回访》，北京：中国人民大学出版社 2000 年版。

③ 潘乃谷、王铭铭编：《重归“魁阁”》，北京：社会科学文献出版社 2005 年版。

④ 梁永佳：《地域的等级：一个大理村镇的仪式与文化》，北京：社会科学文献出版社 2005 年版。

⑤ 费孝通、张之毅：《云南三村》，北京：社会科学文献出版社 2006 年版，第 3-4 页。

取的学名。1939 年 11 月 17 日，张之毅单独进入易村进行调查。1940 年至 1943 年，张之毅多次只身深入易村调查，写出了《玉村农业和商业》研究报告。1943 年至 1944 年费孝通在访美期间，将《禄村农田》《易村手工业》和《玉村的农业和商业》三部调查报告整理成册，以英文的形式在美国出版，书名为 *Earthbound China*。20 世纪 80 年代中期，张之毅抱病重新审阅《玉村农业和商业》，但未及完成即辞世。之后，费孝通亲自校阅，将《禄村农田》《易村手工业》和《玉村农业和商业》翻译成汉语，书名为《云南三村》。《玉村农业和商业》首次以中文版面世，翔实地描述了当时“玉村”的经济结构、生产生活情况，是了解“玉村”和内地农村的珍贵文献。①

1943 年张之毅在玉村完成复查后，没有再回去调查，也没有社会学者进行追踪调查。费孝通在 1987 年将《云南三村》编成后，常想到云南追踪调查，但因公务繁忙及课题研究难以分身，直到 1990 年他才抽出 20 天时间重访“云南三村”。因张之毅在《玉村农业和商业》中没有说明“玉村”实名，玉溪撤县建市后变化巨大，无法查证，费孝通在《重访云南三村》中对未能进入玉村访问深感可惜，但“希望今后还有机会在玉溪市和它周围的农村里做一次调查，比较深入地了解内地工业的发展对农村的影响。现在我只能提出这个课题，即使我此生得不到这个调查机会，相信会后继有人的。”② 为了落实费孝通在《重访云南三村》中提出调查“玉村”的要求。2004 年 4 月，费孝通的学生复旦大学教授刘豪兴走进了“玉村”——中卫村。随后组织玉溪籍复旦大学和上海交通大学学生曾蓉、李娟、李春丽、陈浩 4 人组成“玉村”调查组，利用寒暑假前往“玉村”进行追踪调查，重点调查了张之毅当年“玉村”5 个家庭的变化，并通过 5 个家庭的变化看“玉村”半个多世纪的发展变迁，窥视“玉村”经济社会变迁的轨迹③。

16. 对方洞的追踪研究

1936 年 11 月，中山大学文科研究所的杨成志由中山大学生物系的黄季庄作向导，带领研究生江应樑、王兴瑞及本科生李秋云、罗比宁、刘伟宁、

① 白兴发：《关于云南著名人类学田野调查地点的再研究》，《学术探索》2008 年第 6 期，第 75-79 页。

② 费孝通：《重访三村》，载潘乃谷、王铭铭主编《重归“魁阁”》，北京：社会科学文献出版社 2005 年版，第 151 页。

③ 白兴发：《关于云南著名人类学田野调查地点的再研究》，《学术探索》2008 年第 6 期，第 75-79 页。

宋兆联等人，以及广州市博物馆两位技佐等10人前往广西乳源荒洞（今“方洞”）对当地瑶族的体质、历史、社会、经济、房屋、工具、衣饰、婚姻、家庭、信仰、传说、歌谣等作了全面调查，1938年编辑调查报告印成《广东北江瑶人调查报告》。

中山大学博士生何海狮，以杨成志先生早年的调查地——方洞为田野点进行追踪调查与再研究，2015年在博士论文的基础上出版《家屋与家先：粤北过山瑶的家观念与实践》一书对杨成志先生早期在乳源瑶山田野点进行了追踪研究，从家的空间、结构、观念及信仰等角度对过山瑶的家进行了文化与社会结构两方面的细致分析[①]。认为家是认识过山瑶社会的重要视角之一。强调以夫妻为主轴的家的纵向延续理想，通过日常生活的多维度展演，在构建过山瑶的亲属制度、社会结构、族群文化、历史记忆、民族认同及国家想象等过程中扮演了不可忽视的角色。[②]

二、瑶族研究现状

瑶族是一个起源于中国南方的民族，同时又是一个跨国境的民族。自20世纪20年代后期以来，国内外众多学者积极利用文献考释、实地调查等方法对瑶族进行了相应地探讨和研究。时至今日，已取得了十分丰硕的研究成果。为了更好地把握瑶族研究的学术脉络，有必要对已有瑶族研究成果进行概述性地回顾。

（一）中国瑶族研究综述

瑶族起源于中国，瑶族研究亦发端于中国。世人对瑶族的了解可溯至隋朝以前。南朝宋人范晔所著《后汉书》已有瑶族先民“长沙武陵蛮”活动的记载。南朝以后，瑶族先民以“莫徭”之名见于史书。至宋代，瑶族始以单一的族称见于史籍[③]。宋代以后的历代正史、野史、方志、游记、私人笔记也都有关于瑶族活动的著录。清代开始出现些许关于瑶族的专门著述，如诸

① 麻国庆:《家的传承与民族认同：方洞瑶族追踪调查与再研究——〈家屋与家先：粤北过山瑶的家观念与实践〉序》,《西南边疆民族研究》2015年第3期，第1-6页。

② 何海狮:《家屋与家先：粤北过山瑶的家观念与实践》，社会科学文献出版社2015年版。

③ 吴永章:《瑶族史》，成都：四川民族出版社1993年版。

匡鼎的《瑶壮传》、李来章的《连阳八排瑶风土记》、姚柬之的《连山绥瑶厅志》、周存义的《评瑶述略》、魏祝亭的《两粤瑶俗记》等对两广瑶族的人口分布、语言文字、生活习俗、宗教信仰、社会组织、战事等作了辑录。但这些都不能算是学术著作，因为有些著作只是根据间接的传闻写作，往往记载失实；有些虽是作者亲身经历，而当时又由于理论与方法落后，对瑶族许多社会历史现象不得其解，且多歪曲事实。[①]

清末民初，随着西方民族学人类学的兴起和传入中国，学者们开始用新的理论与方法研究瑶族。20世纪初叶，国内一些受民族学影响的学者已开始到瑶族地区从事社会、历史与文化的调查。1928年5月至7月，中山大学生物系的辛树帜、石声汉、任国荣、黄季庄等人进入广西大瑶山采集生物标本，队员任国荣兼作民俗调查，调查结果写《广西瑶山两月观察记》，对大瑶山瑶族的生活、宗教与歌谣作了辑录[②]。1928年7月至8月，中央研究院的颜复礼、商承祖到广西凌云县调查瑶族，翌年出版《广西凌云瑶人调查报告》，对凌云瑶族的居住、经济、服饰、婚姻、宗教等作了描述[③]，"是为近代中国瑶族的民族学田野考察之开始"[④]。

1930年3月至5月及1931年春，中山大学生物系庞新民等人与中央研究院历史语言研究所的李方桂对曲江县、乳源县、乐昌县和大瑶山瑶族的社会生产、生活习俗、宗教信仰进行调查，先后形成调查报告《广东北江瑶山杂记》和《广西瑶山杂记》。庞新民综合两次调查资料整理成《两广瑶山调查》[⑤]。1935年夏天，金陵大学徐益棠趁到南宁参加学术团体年会的便利，赴广西象平瑶族聚居区进行调查，广泛涉及了瑶族的宗教、法律、社会生活等方面的内容。调查结束后，他陆续将调查结果整理成文发表，主要成果

① 张有隽:《瑶族研究史略说》，载张有隽《张有隽人类学民族学文集》，北京：民族出版社2011年版，第756-759页。

② 任国荣:《广西瑶山两月观察记》,《国立中山大学语言历史研究所周刊》,《瑶山调查专号》第4集第46-47期，1928年9月19日。

③ 颜复礼、商承祖:《广西凌云瑶人调查报告》,《中央研究院社会科学研究所专刊》第2号，1929年。

④ 张有隽:《瑶族研究史略说》，载张有隽《张有隽人类学民族学文集》，北京：民族出版社2011年版，第756-759页。

⑤ 庞新民:《两广瑶山调查》，上海：中华书局1935年。

有:《广西象平间瑶民之占卜符咒与禁忌》①《广西象平间瑶民之法律》②《广西象平间瑶民之宗教与其宗教的文献》③《广西象平间瑶民之村落》④《广西象平间瑶民之饮食起居》⑤ 等。1935 年 10 月，应广西省政府的邀请，燕京大学费孝通携新婚妻子王同惠到广西象县进行瑶族调查。费孝通不幸误踏捕猎陷阱，王同惠在呼救中溺水身亡。费孝通在广州养伤期间，整理王同惠的调查资料，于1936年出版《广西省象县东南乡花蓝瑶社会组织》⑥。1936年11月，中山大学文科研究所的杨成志率领研究生江应樑、王兴瑞及本科生李秋云、罗比宁、刘伟宁、宋兆联等人，由中山大学生物系的黄季庄作向导，广州市博物馆 2 位技佐等 10 人对粤北瑶族的体质、历史、社会、经济、房屋、工具、衣饰、婚姻、家庭、信仰、传说、歌谣等作了全面调查，1938 年编辑调查报告印成《广东北江瑶人调查报告》。1938 年夏，外籍教师霍真（R. F. Fortune）带领岭南大学社会研究所的部分学生到连县一带调查瑶族生活。1939 年,《岭南科学杂志》刊登了霍真率团考察广东连州八排瑶的 6 篇研究论文。

1940 年 9 月，胡耐安出版《粤北之山排住民》，内容包括历史、人口、宗教、习俗与语言。1941 年 4 月 25 日至 5 月 4 日，杨成志趁中山大学从云南澄江迁回粤北坪石之便，与助手顾铁符率领梁钊韬、王启澍等人到乳源瑶山考察，杨成志撰写《粤北乳源瑶人调查报告》⑦。1943年9月，岑家梧来到贵州省最南端的荔波县开展瑶族考察，写出了最早的一篇贵州瑶族研究文章《瑶麓社会》⑧，对瑶族的村落构成、经济生活、氏族组织、婚姻与家庭、宗教习俗、民族关系等方面进行了详尽的记述。1943 年 11 月，国立中山大学社会学系利用国民教育部拨出的边胞民俗调查专款到郴县调查，对郴县瑶族

① 徐益棠:《广西象平间瑶民之占卜符咒与禁忌》,《中国文化研究集刊》第二卷，1941 年。

② 徐益棠:《广西象平间瑶民之法律》,《边政公论》，创刊号 1941 年。

③ 徐益棠:《广西象平间瑶民之宗教与其宗教的文献》,《边疆研究论丛》，1942 年。

④ 徐益棠:《广西象平间瑶民之村落》,《边政公论》第三卷第二期。

⑤ 徐益棠:《广西象平间瑶民之饮食起居》,《边疆研究论丛》，1943-1945 年。

⑥ 王同惠:《广西省象县东南乡花蓝瑶社会组织》,《广西省政府特约研究专刊》，1936 年。

⑦ 杨成志:《粤北乳源瑶人调查报告》，广州：中山大学研究院文科研究所 1943 年印。

⑧ 岑家梧:《瑶麓社会》,《岑家梧民族研究文集》，北京：民族出版社 1992 年版，第 247-267 页。

的传说、历史、经济、语言、宗教、婚姻等作了详细考察[①]。20世纪30—40年代，廖炯然在广东连南担任局长职务期间经常进入瑶山考察，1948年出版《瑶民概况》，对连南排瑶的历史、地理、政治、文化、风俗习惯、社会状况及其生活以及妇女问题作了相当深入地描述。[②]广西省教育厅职员唐兆民曾于1934—1939年间，数次进入广西大瑶山调查瑶族，1948年出版《瑶山散记》[③]，对大瑶山瑶族的社会制度、生产方式、经济生活、居住饮食、宗教信仰、医药卫生、民族关系、历史事件等都有翔实深入的论述。此外，还有不少论文也都涉及瑶族的历史、经济、生产、生活、习俗、宗教等方面，为后人开展瑶族研究提供了重要的线索和可供比较的资料。

中华人民共和国成立后，中央人民政府派中央访问团到广西、广东、云南等包括瑶族在内的少数民族地区进行调查访问。20世纪50年代开始的中国少数民族识别调查、少数民族社会历史调查、少数民族语言调查，其中也包括对瑶族社会历史情况的调查。调查搜集到大量的文献资料、访谈资料、实物资料，全面记录了瑶族当时的社会生活和文化现象。调查结束后，即对资料进行整理编写民族问题丛书，到20世纪80年代陆续出齐，包括《瑶族语言简志》[④]《瑶族简史》[⑤]《广西瑶族社会历史调查》[⑥]（一至九册）《云南苗族瑶族社会历史调查》[⑦]《湖南瑶族社会历史调查》[⑧]《连南瑶族自治县社会调

① 中山大学：《社会学系边胞民族考察团郴县归来》，《国立中山大学日报》1943年11月19日。

② 廖炯然：《瑶民概况》，上海：中华书局1948年版。

③ 唐兆民：《瑶山散记》，桂林：文化供应社1948年版。

④ 毛宗武编：《瑶族语言简志》，北京：民族出版社1992年版。

⑤《瑶族简史》编写组编：《瑶族简史》，南宁：广西人民出版社1983年版。

⑥ 广西区编辑组：《广西瑶族社会历史调查》（第一册），南宁：广西民族出版社1984年版；
广西区编辑组：《广西瑶族社会历史调查》（第二册），南宁：广西民族出版社1984年版；
广西区编辑组：《广西瑶族社会历史调查》（第三册），南宁：广西民族出版社1985年版；
广西区编辑组：《广西瑶族社会历史调查》（第四册），南宁：广西民族出版社1986年版；
广西区编辑组：《广西瑶族社会历史调查》（第五册），南宁：广西民族出版社1986年版；
广西区编辑组：《广西瑶族社会历史调查》（第六册），南宁：广西民族出版社1987年版；
广西区编辑组：《广西瑶族社会历史调查》（第七册），南宁：广西民族出版社1986年版；
广西区编辑组：《广西瑶族社会历史调查》（第八册），南宁：广西民族出版社1985年版；
广西区编辑组：《广西瑶族社会历史调查》（第九册），南宁：广西民族出版社1987年版。

⑦ 云南省编辑委员会编：《云南苗族瑶族社会历史调查》，四川人民出版社1982年版。

⑧ 广西区编辑组：《湖南瑶族社会历史调查》，南宁：广西民族出版社1986年版。

查》[①]《瑶族〈过山榜〉选编》[②] 等，翔实地记录了广西、广东、云南、湖南瑶族的社会历史、经济生活、婚姻家庭、语言文字、信仰习俗、文化艺术等方面的情况。然而由于当时政治背景和意识形态等原因，调查侧重于社会形态及阶级构成，对其他方面的调查显得十分粗疏。其后不久，由于文化大革命的影响，瑶族研究基本上处于停滞的状态。

20 世纪 80 年代，随着民族学人类学在中国得以恢复，瑶族研究也进入了一个新的历史阶段。研究者们继续深入瑶族地区进行考察，发表了大量的研究成果。1980 年胡起望、范宏贵在费孝通的指导和倡议下到广西大瑶山进行考察，1983 年写成《盘村瑶族——从游耕到定居的研究》[③] 一书。作者通过微型研究方法，以从游耕到定居为线索，探讨了瑶族村落从封闭到开放过程中社会文化变迁的规律。1988 年黄淑娉、龚佩华到广西贺州土瑶地区进行考察，后由龚佩华写成《广西贺州土瑶的社会和文化》[④] 一文发表，全面展示这支几乎为世人遗忘的瑶族群体的社会与文化。黄钰、黄方平的《瑶族》一书，介绍了瑶族发展的简要历史，在新中国成立初期的经济社会形态，文化特点和风俗习惯以及目前的发展状况等内容 [⑤] 。胡起望的《瑶族研究论文集》[⑥] 、黄钰的《瑶族研究论文集》[⑦] 从不同侧面讨论了瑶族的历史与文化。张有隽的《瑶族宗教论集》指出，瑶族的宗教信仰经历了自然崇拜、图腾崇拜、鬼魂崇拜、祖先崇拜，之后又受到佛教、天主教、基督教，尤其是道教的深刻影响，从而形成具有本民族特色的宗教信仰 [⑧] 。这一时期比较有价值的著作还有《瑶族简史》[⑨]《妇女文字和瑶族千家峒》[⑩]《瑶族民歌》[⑪]《瑶

① 广东省编辑组:《连南瑶族自治县社会调查》，广州：广东人民出版社 1987 年版。
② 《过山榜》编辑组:《瑶族〈过山榜〉选编》，长沙：湖南人民出版社 1984 年版。
③ 胡起望、范宏贵:《盘村瑶族——从游耕到定居的研究》，北京：民族出版社 1983 年版。
④ 龚佩华:《广西贺州土瑶的社会和文化》，《广西民族研究》1990 年第 3 期，第 94-102 页。
⑤ 黄钰、黄方平:《瑶族》，北京：民族出版社 1990 年版。
⑥ 胡起望、华祖根主编:《瑶族研究论文集》，武汉：中南民族学院民族研究所 1985 年印。
⑦ 黄钰主编:《瑶族研究论文集》，南宁：广西民族研究所 1986 年印。
⑧ 张有隽主编:《瑶族宗教论集》，南宁：广西瑶族研究学会 1986 年印。
⑨ 《瑶族简史》编写组编:《瑶族简史》，南宁：广西人民出版社 1983 年版。
⑩ 宫哲兵主编:《妇女文字和瑶族千家峒》，北京：中国展望出版社 1986 年版。
⑪ 何芸等编:《瑶族民歌》，北京：文化艺术出版社 1987 年版。

族研究论文集》[①]《瑶族歌堂诗述论》[②]《白裤瑶社会》[③] 等。

20 世纪 90 年代以后，瑶族研究呈现出空前的发展态势，涌现出一大批瑶族研究学者，出版了大量的研究成果。黄钰的《评皇券牒集编》收集、整理了 101 篇券牒文献，同时对牒文进行了订正和解释[④]。杨鹤书等人的《八排文化：八排瑶的文化人类学考察》一书，论述了八排瑶文化及其变化问题，内容涉及物质文化、制度文化和精神文化的各个层面[⑤]。赵廷光的《论瑶族传统文化》从族源、宗教、婚俗等方面论述瑶族的传统文化[⑥]。广西民族学院赴泰国考察组的《泰国瑶族考察》介绍了泰国瑶族的来源与迁徙、经济生活、文教卫生、语言文学、村寨与房屋、服饰、婚姻、丧葬、宗教信仰，并将泰国瑶族与中国瑶族做了比较，从动态的角度介绍了泰国瑶族社会文化变迁的历程[⑦]。陈斌的《瑶族文化论》从族源与迁徙、游耕文化、制度文化、神话、鬼神世界、民俗、民间文学等方面论述了瑶族的历史和文化[⑧]。黄钰、黄方平的《国际瑶族概述》对中国及移居越南、老挝、缅甸、泰国、美国、加拿大、法国等国家瑶族的历史与现状分别做了详细介绍[⑨]。刘保元的《瑶族文化概论》除追述瑶族的历史脉络，更多地展示了瑶族的语言文字、文学艺术、宗教信仰[⑩]。吴永章的《瑶族史》对先秦至清代的瑶族历史进行了论述[⑪]。彭兆荣等的《文化特例——黔南瑶麓社区的人类学研究》从生态环境、人口变化、婚姻家庭、社会组织、宗教信仰等方面探讨荔波瑶麓瑶族社会结构的变迁[⑫]。这一时期比较有学术价值的著作还有《贵州瑶族》[⑬]《瑶

① 广西瑶族研究学会编：《瑶族研究论文集》，南宁：广西民族出版社 1987 年版。
② 蓝怀昌、李荣贞：《瑶族歌堂诗述论》，南宁：广西人民出版社 1988 年版。
③ 玉时阶：《白裤瑶社会》，桂林：广西师范大学出版社 1989 年版。
④ 黄钰：《评皇券牒集编》，南宁：广西人民出版社 1990 年版。
⑤ 杨鹤书、李安民、陈淑濂：《八排文化》，广州：中山大学出版社 1990 年版。
⑥ 赵廷光：《论瑶族传统文化》，昆明：云南民族出版社 1990 年版。
⑦ 广西民族学院赴泰国考察组：《泰国瑶族考察》，南宁：广西人民出版社 1992 年版。
⑧ 陈斌：《瑶族文化论》，昆明：云南人民出版社 1993 年版。
⑨ 黄钰、黄方平：《国际瑶族概述》，南宁：广西人民出版社 1993 年版。
⑩ 刘保元：《瑶族文化概论》，南宁：广西民族出版社 1993 年版。
⑪ 吴永章：《瑶族史》，成都：四川民族出版社 1993 年版。
⑫ 彭兆荣、牟小垒、刘朝辉：《文化特例——黔南瑶麓社区的人类学研究》，贵阳：贵州人民出版社 1997 年版。
⑬ 柏果成：《贵州瑶族》，贵阳：贵州民族出版社 1990 年版。

族民俗》[①]《中国瑶族婚恋风俗》[②]《瑶族传统文化变迁论》[③]《排瑶历史文化》[④]《中国瑶族风土志》[⑤]《中国白裤瑶》[⑥]《瑶族文化概论》[⑦]《瑶族农民起义史》[⑧]《西双版纳瑶族》[⑨]《瑶族〈评皇卷牒〉研究》[⑩]《瑶山研究》[⑪]《中国各民族原始宗教资料集成·土家族、瑶族、壮族、黎族卷》[⑫]《瑶麓婚碑的变迁》[⑬] 等。

进入21世纪以后，瑶族研究达到了顶峰，研究成果层出不穷。谢明学、玉时阶的《瑶族传统文化》对瑶族的生产生活习俗、民间艺术文化、服饰、传统社会组织、节庆、宗教信仰等做了详细地描述[⑭]。张有隽的《瑶族历史与文化》系统地阐述了瑶族的来源与迁徙、唐宋以来至20世纪80年代社会变迁的历程[⑮]。赵廷光的《瑶族祖先崇拜与瑶族文化》对瑶族起源的神话传说、度戒与道教、传统道德观念及其演变进行了探讨[⑯]。袁同凯的《走进竹篱教室——土瑶学校教育的民族志研究》以贺州土瑶为例，探讨地方政府对少数民族学校教育发展的态度及地方权力关系网络的不均衡性分布对少数民族学校教育发展的影响[⑰]。玉时阶的《瑶族文化变迁》对瑶族文化变迁进行了系统论述[⑱]。徐祖祥的《瑶族的宗教与社会》对瑶族道教及其与云南瑶族关

① 姚舜安:《瑶族民俗》，长春：吉林教育出版社1991年版。

② 李肇隆、过竹:《中国瑶族婚恋风俗》，桂林：漓江出版社1991年版。

③ 张有隽:《瑶族传统文化变迁论》，南宁：广西民族出版社1992年版。

④ 练铭志、马建钊、朱洪:《排瑶历史文化》，广州：广东人民出版社1992年版。

⑤ 蒲朝军、过竹主编:《中国瑶族风土志》，北京：北京大学出版社1992年版。

⑥ 朱荣等:《中国白裤瑶》，南宁：广西民族出版社1992年版。

⑦ 刘保元:《瑶族文化概论》，南宁：广西民族出版社1993年版。

⑧ 邓有铭、盘福东:《瑶族农民起义史》，桂林：漓江出版社1993年版。

⑨ 邓富昌:《西双版纳瑶族》，昆明：云南民族出版社1994年版。

⑩ 李本高:《瑶族〈评皇卷牒〉研究》，长沙：岳麓书社1995年版。

⑪ 黄海:《瑶山研究》，贵阳：贵州人民出版社1997年版。

⑫ 吕大吉主编:《中国各民族原始宗教资料集成·土家族、瑶族、壮族、黎族卷》，北京：中国社会科学出版社1998年版。

⑬ 黄海:《瑶麓婚碑的变迁》，贵阳：贵州民族出版社1998年版。

⑭ 谢明学、玉时阶:《瑶族传统文化》，南宁：广西民族出版社2000年版。

⑮ 张有隽:《瑶族历史与文化》，南宁：广西民族出版社2001年版。

⑯ 赵廷光:《瑶族祖先崇拜与瑶族文化》，北京：中央民族大学出版社2002年版。

⑰ 袁同凯:《走进竹篱教室——土瑶学校教育的民族志研究》，天津：天津人民出版社2004年版。

⑱ 玉时阶:《瑶族文化变迁》，北京：民族出版社2005年版。

系做了深入地探讨[①]。奉恒高主编的《瑶族通史》以瑶族内部社会形态的发展为主线，系统地阐述了瑶族的社会经济、政治和文化的发展历程[②]。高其才的《瑶族习惯法》对瑶族习惯法进行了记录和整理[③]。罗宗志的《信仰治疗：广西盘瑶巫医研究》深入探讨了广西瑶族山寨盘瑶巫医形成的历史渊源，分析了盘瑶巫医与现代医学医术的异同、矛盾和冲突，论述了盘瑶巫医在瑶族社会所处的地位、对瑶族人生产生活的影响，以及在传承瑶族文化中所扮演的角色，同时指出在没有完全找到可以完全替代巫医的医疗手段之前，不能凭借行政命令强行取消巫医，否则会造成巫医信仰者的反对与社会秩序的混乱[④]。胡铁强、陈敬胜的《族群记忆与文化认同——瑶族史诗〈盘王大歌〉的文化解读》以"族群记忆与文化认同"为主题，对《盘王大歌》中的几个母题神话——盘古神话、盘瓠传说、渡海神话、千家峒传说进行文化学解读，思考对瑶族传统文化的传承与保护问题[⑤]。李庆福的《瑶族审美文化》是有关瑶族文化的美学探讨，包括神话传说、居住环境、服饰、音乐、舞蹈、建筑、节庆等各个方面[⑥]。米莉的《花瑶民族的历史、文化与社会》对花瑶的称谓、历史、文化、宗族、宗教、婚姻、禁忌等进行了梳理和研究[⑦]。黄勇军的《瑶山上的中国——花瑶民族的生存境遇考察》描述了一个不一样的大瑶山与花瑶史，内容包括传说、历史、地理、生存状况、族群心理、文化认同等方面[⑧]。谷家荣的《旅游业与滇越跨境民族贫困问题研究：云南麻栗坡小坪寨蓝靛瑶个案》在对中越边境麻栗坡小坪寨田野调查的基础上，对当地蓝靛瑶的贫困问题及贫困问题产生的根源进行了分析和研究，对当地民众如何走出贫困，走向富裕，发展当地经济进行了初步的探讨，描述了当地发展旅

① 徐祖祥：《瑶族的宗教与社会》，昆明：云南人民出版社 2006 年版。

② 奉恒高主编：《瑶族通史》，北京：民族出版社 2007 年版。

③ 高其才：《瑶族习惯法》，北京：清华大学出版社 2008 年版。

④ 罗宗志：《信仰治疗：广西盘瑶巫医研究》，北京：中国社会科学出版社 2012 年版。

⑤ 胡铁强、陈敬胜：《族群记忆与文化认同——瑶族史诗〈盘王大歌〉的文化解读》，湘潭：湘潭大学出版社 2012 年版。

⑥ 李庆福编：《瑶族审美文化》，北京：中国社会科学出版社 2013 年版。

⑦ 米莉：《花瑶民族的历史、文化与社会》，北京：中国社会科学出版社 2014 年版。

⑧ 黄勇军：《瑶山上的中国——花瑶民族的生存境遇考察》，北京：中国社会科学出版社 2014 年版。

游业的现状和前景[①]。杨建银的《亲族、瑶老制与社会——变迁中的瑶族乡村秩序》对背陇瑶的父系亲族、瑶老及其制度、革命时代的村落社会、村落生活的变迁、村落中的多重权威与权力制衡等进行了探讨[②]。冯智明的《广西红瑶——身体象征与生命体系》以身体研究理论为依托，在田野调查的基础上，展开对广西龙胜县红瑶族的身体人类学研究，为相关研究提供一个有参考意义的实例[③]。何海狮的《家屋与家先粤北过山瑶的家观念与实践》从家的空间、结构、观念及信仰等角度探讨粤北过山瑶的家与社会结构[④]。罗宗志的《信仰之手——广西盘瑶巫师群体权力研究》在田野调查的基础上，通过多达80余位盘瑶巫师的叙述与讨论，侧重以广西盘瑶巫师群体作为考察对象，通过盘瑶巫师仪式活动的记录分析，对盘瑶巫师在瑶族社会宗教活动中如何获取权力、如何行使权力、如何保持权力、权力如何得以体现，以及巫师权力与国家权力的互动关系，进行了多侧面、多角度、深层次的探讨[⑤]。这一时期出版的瑶族研究著作还有：

1. 瑶族历史文化研究

这方面的研究成果主要有：《湖南瑶族百年》[⑥]《瑶族历史文化与现代化》[⑦]《千家峒运动与瑶族发祥地》[⑧]《湖南瑶族源流》[⑨]《瑶族——河口瑶山乡水槽村》[⑩]《传统与变迁——大瑶山瑶族历史人类学考察》[⑪]《瑶族文化史》[⑫]

---

① 谷家荣：《旅游业与滇越跨境民族贫困问题研究——云南麻栗坡小坪寨蓝靛瑶个案》，北京：民族出版社2014年版。

② 杨建银：《亲族、瑶老制与社会——变迁中的瑶族乡村秩序》，广州：广东人民出版社2014年版。

③ 冯智明：《广西红瑶——身体象征与生命体系》，北京：三联书店2015年版。

④ 何海狮：《家屋与家先粤北过山瑶的家观念与实践》，北京：社会科学文献出版社2015年版。

⑤ 罗宗志：《信仰之手——广西盘瑶巫师群体权力研究》，北京：中国社会科学出版社2016年版。

⑥ 湖南省政协文史委员会编：《湖南瑶族百年》，长沙：岳麓书社2000年版。

⑦ 毛殊凡：《瑶族历史文化与现代化》，北京：中国戏剧出版社2000年版。

⑧ 宫哲兵：《千家峒运动与瑶族发祥地》，武汉：武汉出版社2001年版。

⑨ 李本高：《湖南瑶族源流》，长沙：岳麓书社2001年版。

⑩ 匡自明主编：《瑶族——河口瑶山乡水槽村》，昆明：云南大学出版社2001年版。

⑪ 李远龙主编：《传统与变迁——大瑶山瑶族历史人类学考察》，南宁：广西民族出版社2001年版。

⑫ 徐祖祥：《瑶族文化史》，昆明：云南民族出版社2001年版。

《茶山瑶文化》[①]《人类学与瑶族》[②]《东山瑶社会》[③]《畲族与瑶苗比较研究》[④]《金秀大瑶山瑶族史》[⑤]《本土中民族学视野中的靛村瑶族：那洪村蓝靛瑶文化的调查与研究》[⑥]《布努瑶历史文化研究文集》[⑦]《韶州瑶人：粤北瑶族社会发展跟踪调查》[⑧]《瑶案沉思录》[⑨]《江华瑶族》[⑩]《瑶族历史览要》[⑪]《瑶族传统文化变迁》[⑫]《巴马瑶族历史与文化》[⑬]《大瑶山七十年变迁》[⑭]《金秀大瑶山：瑶族文化的中心》[⑮]《走进大瑶山：广西金秀瑶族文化考察札记》[⑯]《石头山上有人家：广西南丹白裤瑶文化考察札记》[⑰]《瑶族风俗志》[⑱]《盘村变迁》[⑲]《大石山区的祥和村落：广西布努语社会经济文化变迁》[⑳]《苗族瑶族与长江

---

① 刘保元、莫义明：《茶山瑶文化》，南宁：广西人民出版社 2002 年版。

② 张有隽：《人类学与瑶族》，南宁：广西民族出版社 2002 年版。

③ 盘福东：《东山瑶社会》，南宁：广西民族出版社 2002 年版。

④ 吴永章：《畲族与瑶苗比较研究》，福州：福建人民出版社 2002 年版。

⑤ 金秀大瑶山瑶族史编纂委员会编：《金秀大瑶山瑶族史》，南宁：广西民族出版社 2002 年版。

⑥ 黄贵权：《本土中民族学视野中的靛村瑶族：那洪村蓝靛瑶文化的调查与研究》，昆明：云南民族出版社 2003 年版。

⑦ 韦标亮主编：《布努瑶历史文化研究文集》，贵阳：贵州民族出版社 2003 年版。

⑧ 李默：《韶州瑶人：粤北瑶族社会发展跟踪调查》，广州：中山大学出版社 2004 年版。

⑨ 莫金山：《瑶案沉思录》，香港：香港展望出版社 2005 年版。

⑩ 李祥红、任涛主编：《江华瑶族》，北京：民族出版社 2005 年版。

⑪ 王明生、王施力：《瑶族历史览要》，北京：民族出版社 2005 年版。

⑫ 玉时阶：《瑶族文化变迁》，北京：民族出版社 2005 年版。

⑬ 蓝美凤等：《巴马瑶族历史与文化》，南宁：广西民族出版社 2006 年版。

⑭ 徐平等：《大瑶山七十年变迁》，北京：中央民族大学出版社 2006 年版。

⑮ 莫金山主编：《金秀大瑶山：瑶族文化的中心》，南宁：广西民族出版社 2006 年版。

⑯ 李远龙：《走进大瑶山：广西金秀瑶族文化考察札记》，南宁：广西人民出版社 2006 年版。

⑰ 廖明君：《石头山上有人家：广西南丹白裤瑶文化考察札记》，南宁：广西人民出版社 2006 年版。

⑱ 刘保元：《瑶族风俗志》，北京：中央民族出版社 2007 年版。

⑲ 郭维利、陆进强、潘怿晗、向开、何文钜：《盘村变迁》，北京：民族出版社 2007 年版。

⑳ 覃主元：《大石山区的祥和村落：广西布努语社会经济文化变迁》，北京：民族出版社 2007 年版。

文化》[①]《三水瑶区变迁的描述与探索：以改革开放前后为中心》[②]《瑶族村寨的生计转型与文化变迁》[③]《跨越族群边界：社会学视野下的大瑶山族群关系》[④]《瑶族双寨：广西凌云县背陇瑶和蓝靛瑶的调查与研究》[⑤]《瑶族文明发展历程》[⑥]《红瑶历史与文化》[⑦]《广南阿科：云南广南县阿科乡经济发展与社会文化调查与研究》[⑧]《瑶族研究五十年》[⑨]《湖南瑶族风情》[⑩]《瑶族志·香碗：云南瑶族文化与民族认同》[⑪]《新寨村调查·瑶族》[⑫]《穷则思变：粤北必背瑶寨变迁记》[⑬]《瑶族盘王节文化研究》[⑭]《坳瑶社会变迁：广西金秀大瑶山下古陈村调查》[⑮]《走进花瑶：花瑶民俗文化研究》[⑯]《布努瑶社会历史》[⑰]《湖南瑶族》[⑱]《都安瑶族史》[⑲]《茶山瑶历史与文化》[⑳]《接触与变迁：广西金秀花蓝瑶

---

① 吴永章、田敏：《苗族瑶族与长江文化》，武汉：湖北教育出版社 2007 年版。

② 张振江：《三水瑶区变迁的描述与探索：以改革开放前后为中心》，广州：广东人民出版社 2008 年版。

③ 秦红增、韦茂繁：《瑶族村寨的生计转型与文化变迁》，北京：民族出版社 2008 年版。

④ 梁茂春：《跨越族群边界：社会学视野下的大瑶山族群关系》，北京：社会科学文献出版社 2008 年版。

⑤ 周大鸣主编：《瑶族双寨：广西凌云县背陇瑶和蓝靛瑶的调查与研究》，北京：知识产权出版社 2008 年版。

⑥ 邓群、盘福东：《瑶族文明发展历程》，南宁：广西人民出版社 2008 年版。

⑦ 粟卫红：《红瑶历史与文化》，北京：民族出版社 2008 年版。

⑧ 王建新主编：《广南阿科：云南广南县阿科乡经济发展与社会文化调查与研究》，北京：知识产权出版社 2009 年版。

⑨ 胡起望：《瑶族研究五十年》，北京：中央民族大学出版社 2009 年版。

⑩ 郑德宏、任涛、郑艳琼主编：《湖南瑶族风情》，长沙：岳麓书社 2009 年版。

⑪ 黄贵权编：《瑶族志·香碗：云南瑶族文化与民族认同》，昆明：云南大学出版社 2009 年版。

⑫ 谢丽霜主编：《新寨村调查·瑶族》，北京：中国经济出版社 2010 年版。

⑬ 吴国富：《穷则思变：粤北必背瑶寨变迁记》，广州：广东人民出版社 2010 年版。

⑭ 李筱文、莫自省主编：《瑶族盘王节文化研究》，广州：广东人民出版社 2010 年版。

⑮ 谷家荣：《坳瑶社会变迁：广西金秀大瑶山下古陈村调查》，昆明：云南人民出版社 2010 年版。

⑯ 禹明华：《走进花瑶：花瑶民俗文化研究》，郑州：河南人民出版社 2010 年版。

⑰ 韦标亮主编：《布努瑶社会历史》，南宁：广西民族出版社 2010 年版。

⑱《湖南瑶族》编写组编：《湖南瑶族》，北京：民族出版社 2011 年版。

⑲ 罗炳高、罗松编：《都安瑶族史》，南宁：广西民族出版社 2011 年版。

⑳ 吴学东编：《茶山瑶历史与文化》，北京：民族出版社 2011 年版。

人类学考察》[①]《蓝靛瑶的甜蜜生活：广西百色市右江区龙川镇六能村六能屯调查报告》[②]《蓝靛瑶村寨调查：云南河口县老范寨乡斑鸠河小牛场村调查报告》[③]《花蓝瑶社会变迁》[④]《南岭走廊瑶族乡村和谐文化建设研究》[⑤]《瑶族民俗风情》[⑥]《当代云南瑶族简史》[⑦]《茶山瑶》[⑧]《坳瑶》[⑨]《花蓝瑶》[⑩]《盘瑶》[⑪]《山子瑶》[⑫]《桂瑶头人盘振武》[⑬]《瑶族盘王节》[⑭]《塘坊村调查·瑶族》[⑮]《河口瑶族》[⑯]《南岭瑶族的民俗与文化》[⑰]《中越边境线上的蓝靛瑶：云南河口瑶族自治县瑶山乡蓝靛瑶调查研究》[⑱]《果布地区瑶族发展史》[⑲]《国家、传统与性

---

① 覃锐钧、徐杰舜、张劲夫：《接触与变迁：广西金秀花蓝瑶人类学考察》，北京：民族出版社 2011 年版。

② 周建新、雷韵：《蓝靛瑶的甜蜜生活：广西百色市右江区龙川镇六能村六能屯调查报告》，北京：社会科学文献出版社 2011 年版。

③ 金少萍、唐晓云：《蓝靛瑶村寨调查：云南河口县老范寨乡斑鸠河小牛场村调查报告》，北京：社会科学文献出版社 2012 年版。

④ 玉时阶编：《花蓝瑶社会变迁》，北京：民族出版社 2012 年版。

⑤ 李晓明：《南岭走廊瑶族乡村和谐文化建设研究》，兰州：甘肃人民出版社 2012 年版。

⑥ 李肇隆：《瑶族民俗风情》，南宁：广西民族出版社 2012 年版。

⑦ 盘艳阳：《当代云南瑶族简史》，昆明：云南人民出版社 2012 年版。

⑧ 中共金秀瑶族自治县委员会、金秀瑶族自治县人民政府编：《茶山瑶》，芒市：德宏民族出版社 2012 年版。

⑨ 中共金秀瑶族自治县委员会、金秀瑶族自治县人民政府编：《坳瑶》，芒市：德宏民族出版社 2012 年版。

⑩ 中共金秀瑶族自治县委员会、金秀瑶族自治县人民政府编：《花蓝瑶》，芒市：德宏民族出版社 2012 年版。

⑪ 中共金秀瑶族自治县委员会、金秀瑶族自治县人民政府编：《盘瑶》，芒市：德宏民族出版社 2012 年版。

⑫ 中共金秀瑶族自治县委员会、金秀瑶族自治县人民政府编：《山子瑶》，芒市：德宏民族出版社 2012 年版。

⑬ 高其才：《桂瑶头人盘振武》，北京：中国政法大学出版社 2013 年版。

⑭ 奉恒高：《瑶族盘王节》，北京：北京科学技术出版社 2013 年版。

⑮ 李书锋主编：《塘坊村调查·瑶族》，北京：中国经济出版社 2014 年版。

⑯ 河口瑶族自治县瑶族协会编：《河口瑶族》，昆明：云南民族出版社 2014 年版。

⑰ 覃德清：《南岭瑶族的民俗与文化》，桂林：广西师范大学出版社 2014 年版。

⑱ 玉时阶、李明香等：《中越边境线上的蓝靛瑶：云南河口瑶族自治县瑶山乡蓝靛瑶调查研究》，北京：民族出版社 2014 年版。

⑲ 赵廷光、赵廷龙：《果布地区瑶族发展史》，昆明：云南人民出版社 2014 年版。

别：现代化进程中花瑶民族的社会发展与制度变迁》[①]《他拼之灵——越南北部边境瑶族社会的形构与型质阐释》[②]《瑶族历史探究》[③]《坳瑶历史与文化》[④]《龙窖山千家峒》[⑤]《历史的记忆——瑶族传统文化研究》[⑥]《科技进步视角下瑶族生活的历史变迁》[⑦]《瑶族归侨社会研究：以广西十万山华侨林场为个案》[⑧] 等。

2. 瑶族语言文字研究

这方面的研究成果主要有：《瑶族布努语方言研究》[⑨]《炯奈语研究》[⑩]《瑶族勉语方言研究》[⑪]《藻敏瑶语语言研究》[⑫]《优诺语研究》[⑬]《中国广东乳源瑶族与瑶语》[⑭]《瑶族拉珈语简志》[⑮]《瑶族布努语简志》[⑯]《瑶语研究》[⑰]《语言接触与语言演变：湘南瑶族江永勉语个案研究》[⑱]《湘南勉语和汉语方言的接触与影响研究：以衡阳常宁塔山瑶族乡为个案》[⑲]《泰国优勉（瑶）族及其语

---

① 米莉：《国家、传统与性别：现代化进程中花瑶民族的社会发展与制度变迁》，北京：中国社会科学出版社 2014 年版。

② 谷家荣、马燕坤：《他拼之灵——越南北部边境瑶族社会的形构与型质阐释》，北京：中国社会科学出版社 2015 年版。

③ 李默：《瑶族历史探究》，北京：社会科学文献出版社 2015 年版。

④ 郝国强、钟少云、梁必达：《坳瑶历史与文化》，北京：民族出版社 2015 年版。

⑤ 李本高：《龙窖山千家峒》，北京：民族出版社 2015 年版。

⑥ 玉时阶：《历史的记忆——瑶族传统文化研究》，北京：民族出版社 2016 年版。

⑦ 毛汉领：《科技进步视角下瑶族生活的历史变迁》，北京：民族出版社 2018 年版。

⑧ 郑一省：《瑶族归侨社会研究：以广西十万山华侨林场为个案》，北京：民族出版社 2018 年版。

⑨ 蒙朝吉：《瑶族布努语方言研究》，北京：民族出版社 2001 年版。

⑩ 毛宗武：《炯奈语研究》，北京：中央民族大学出版社 2002 年版。

⑪ 毛宗武：《瑶族勉语方言研究》，北京：民族出版社 2004 年版。

⑫ 龙国贻：《藻敏瑶语语言研究》，上海：中西书局 2006 年版。

⑬ 毛宗武：《优诺语研究》，北京：民族出版社 2007 年版。

⑭ 李少梅：《中国广东乳源瑶族与瑶语》，北京：民族出版社，2008 年版。

⑮ 刘保元：《瑶族拉珈语简志》，北京：民族出版社 2009 年版。

⑯ 蒙朝吉：《瑶族布努语简志》，北京：民族出版社 2009 年版。

⑰ 胡晓东：《瑶语研究》，成都：西南交通大学出版社 2011 年版。

⑱ 谭晓平：《语言接触与语言演变：湘南瑶族江永勉语个案研究》，武汉：华中师范大学出版社 2012 年版。

⑲ 孙叶林：《湘南勉语和汉语方言的接触与影响研究：以衡阳常宁塔山瑶族乡为个案》，长沙：湖南师范大学出版社 2013 年版。

言》[1] 等。

3. 瑶族宗教信仰研究

这方面的研究成果主要有:《蓝山县瑶族传统文化田野调查》[2]《盘王大歌：瑶族图腾信仰与祭祀经典研究》[3]《瑶族盘王祭祀大典：瑶族盘王节祭祀礼仪研究》[4]《瑶族盘瓠龙犬图腾文化探究》[5]《湖南瑶传道教音乐与梅山文化：以瑶族还家愿与梅山教仪式音乐的比较为例》[6]《仪式中的教育过程：云南文山蓝靛瑶“度戒”仪式的教育人类学分析》[7]《瑶族传统仪式音乐论文集》[8]《云南瑶族道教科仪音乐》[9]《瑶族民间神像绘画研究》[10]《盘瑶与蓝靛瑶仪式音乐文化研究》[11]《梅山图注》[12]《美国国会图书馆馆藏瑶族文献研究》[13] 等。

4. 瑶族文化艺术研究

这方面的研究成果主要有:《田林盘瑶民歌》[14]《瑶族文学史》[15]《盘王歌》[16]《巴马瑶族长寿歌》[17]《桂北瑶歌的文化阐释》[18]《广东瑶族舞蹈与音乐艺

---

① 戴庆厦主编:《泰国优勉（瑶）族及其语言》，北京：中国社会科学出版社 2013 年版。

② 张劲松:《蓝山县瑶族传统文化田野调查》，长沙：岳麓书院 2003 年版。

③ 黄海、邢淑芳:《盘王大歌：瑶族图腾信仰与祭祀经典研究》，贵阳：贵州人民出版社 2006 年版。

④ 奉恒高、何建强编:《瑶族盘王祭祀大典：瑶族盘王节祭祀礼仪研究》，北京：民族出版社 2010 年版。

⑤ 李祥红、王孟义:《瑶族盘瓠龙犬图腾文化探究》，北京：民族出版社 2010 年版。

⑥ 赵书峰:《湖南瑶传道教音乐与梅山文化：以瑶族还家愿与梅山教仪式音乐的比较为例》，北京：民族出版社 2013 年版。

⑦ 邓桦:《仪式中的教育过程：云南文山蓝靛瑶“度戒”仪式的教育人类学分析》，北京：人民出版社 2014 年版。

⑧ 杨民康主编:《瑶族传统仪式音乐论文集》，北京：文化艺术出版社 2014 年版。

⑨ 杨晓勋、杨民康:《云南瑶族道教科仪音乐》，北京：文化艺术出版社 2014 年版。

⑩ 黄建福:《瑶族民间神像绘画研究》，北京：民族出版社 2015 年版。

⑪ 杨民康:《盘瑶与蓝靛瑶仪式音乐文化研究》，北京：民族出版社 2016 年版。

⑫ 莫纪德的《梅山图注》，桂林：广西师范大学出版社 2016 年版。

⑬ 何红一:《美国国会图书馆馆藏瑶族文献研究》，北京：中国社会科学出版社 2017 年版。

⑭ 冯成善、冯春金:《田林盘瑶民歌》，南宁：广西民族出版社 2001 年版。

⑮ 农学冠、黄日贵、苏胜兴:《瑶族文学史》，南宁：广西民族出版社 2001 年版。

⑯ 李筱文:《盘王歌》，广州：广东人民出版社 2006 年版。

⑰ 蓝克宽等:《巴马瑶族长寿歌》，南宁：广西民族出版社 2006 年版。

⑱ 农学冠、李肇隆:《桂北瑶歌的文化阐释》，北京：民族出版社 2008 年版。

术》[①]《瑶山起舞：瑶族盘王节与“要歌堂”》[②]《瑶族刺绣：连南瑶族服饰刺绣工艺》[③]《瑶族坐歌堂的结构与功能：湘南盘瑶冈介活动研究》[④]《蓝靛瑶民歌选集》[⑤]《花瑶女性服饰艺术研究》[⑥]《瑶族服饰》[⑦]《瑶族长鼓舞》[⑧]《湖南瑶族服饰文化》[⑨]《瑶族黄泥鼓舞》[⑩]《翩翩长鼓：广东瑶族长鼓舞》[⑪]《穿在身上的史书：乳源瑶绣解读与应用》[⑫]《中国白裤瑶民族服饰》[⑬]《云南瑶族口传非物质文化遗产提要辑录》[⑭]《瑶族蝴蝶歌》[⑮]《田林瑶族铜鼓舞》[⑯]《广西瑶族民间舞蹈的叙事功能研究》[⑰]《田林瑶族铜鼓舞》[⑱] 等。

5. 瑶族民间法律研究

这方面的研究成果主要有：《瑶族石牌制》[⑲]《少数民族地区习俗与法律的调适——以云南省金平苗族瑶族傣族自治县为中心的案例研究》[⑳]《国家政权

① 汤耶碧：《广东瑶族舞蹈与音乐艺术》，广州：华南理工大学出版社 2008 年版。

② 李筱文：《瑶山起舞：瑶族盘王节与“要歌堂”》，广州：广东教育出版社 2008 年版。

③ 龙雪梅、盘志辉：《瑶族刺绣：连南瑶族服饰刺绣工艺》，广州：广东人民出版社 2009 年版。

④ 郑长天：《瑶族坐歌堂的结构与功能：湘南盘瑶冈介活动研究》，北京：民族出版社 2009 年版。

⑤ 李正杰主编：《蓝靛瑶民歌选集》，南宁：广西人民出版社 2011 年版。

⑥ 汪碧波编：《花瑶女性服饰艺术研究》，南京：江苏美术出版社 2012 年版。

⑦ 玉时阶：《瑶族服饰》，北京：北京科学技术出版社 2012 年版。

⑧ 刘小春：《瑶族长鼓舞》，北京：北京科学技术出版社 2012 年版。

⑨ 李彦编：《湖南瑶族服饰文化》，长沙：湖南美术出版社 2013 年版。

⑩ 陆文东：《瑶族黄泥鼓舞》，北京：北京科学技术出版社 2013 年版。

⑪ 范秀炎、吴卫清：《翩翩长鼓：广东瑶族长鼓舞》，广州：广东教育出版社 2013 年版。

⑫ 陈赞民：《穿在身上的史书：乳源瑶绣解读与应用》，广州：广东人民出版社 2013 年版。

⑬ 周少华：《中国白裤瑶民族服饰》，北京：化学工业出版社 2013 年版。

⑭ 杨永福：《云南瑶族口传非物质文化遗产提要辑录》，天津：天津古籍出版社 2013 年版。

⑮ 钟建新：《瑶族蝴蝶歌》，北京：北京科学技术出版社 2014 年版。

⑯ 农学坚：《田林瑶族铜鼓舞》，北京：北京科学技术出版社 2014 年版。

⑰ 万千：《广西瑶族民间舞蹈的叙事功能研究》，广州：暨南大学出版社 2018 年版。

⑱ 农学坚：《田林瑶族铜鼓舞》，北京：北京科学技术出版社 2014 年版。

⑲ 莫金山：《瑶族石牌制》，南宁：广西民族出版社 2000 年版。

⑳ 方慧主编：《少数民族地区习俗与法律的调适——以云南省金平苗族瑶族傣族自治县为中心的案例研究》，北京：中国社会科学出版社 2006 年版。

对瑶族的法律治理研究》[①]《金秀瑶族村规民约》[②]《广西瑶族习惯法和瑶族聚居地和谐社会的建设》[③]《瑶族习惯法与社区控制和法治秩序构建》[④]《瑶族习惯法研究》[⑤]《瑶族经济社会发展的法律问题研究》[⑥] 等。

6. 瑶族教育研究

这方面的研究成果主要有：《公平与和谐——瑶族教育研究》[⑦]《蓝靛瑶人及其学校教育——一个老挝北部山地族群的民族志研究》[⑧]《瑶族文化之教育传承》[⑨]《社会性别视角下瑶族女童教育研究》[⑩] 等。

7. 瑶族医药科技研究

这方面的研究成果主要有：《中国瑶药学》[⑪]《湖南瑶族医药研究》[⑫]《中国瑶医学》[⑬]《广西恭城瑶族端午药市药用植物资源》[⑭]《神奇独特的瑶药》[⑮] 等。

8. 瑶族古籍整理研究

这方面的研究成果主要有：《盘王大歌》[⑯]《瑶族石刻录》[⑰]《密洛陀——瑶

---

① 高其才：《国家政权对瑶族的法律治理研究》，北京：中国政法大学出版社 2011 年版。

② 莫金山：《金秀瑶族村规民约》，北京：民族出版社 2012 年版。

③ 周世中等：《广西瑶族习惯法和瑶族聚居地和谐社会的建设》，桂林：广西师范大学出版社 2013 年版。

④ 覃主元、刘晓聪：《瑶族习惯法与社区控制和法治秩序构建》，北京：民族出版社 2014 年版。

⑤ 朱继胜：《瑶族习惯法研究》，北京：中国法制出版社 2015 年版。

⑥ 高其才、米莉、王启梁等：《瑶族经济社会发展的法律问题研究》，北京：中央民族大学出版社 2008 年版。

⑦ 玉时阶、胡牧君等：《公平与和谐——瑶族教育研究》，北京：民族出版社 2009 年版。

⑧ 袁同凯：《蓝靛瑶人及其学校教育——一个老挝北部山地族群的民族志研究》，北京：中国社会科学出版社 2014 年版。

⑨ 韦祖庆：《瑶族文化之教育传承》，北京：中国文史出版社 2015 年版。

⑩ 雷湘竹：《社会性别视角下瑶族女童教育研究》，北京：科学出版社 2018 年版。

⑪ 覃迅云、罗金裕、高志刚主编：《中国瑶药学》，北京：民族出版社 2002 年版。

⑫ 刘育衡主编：《湖南瑶族医药研究》，长沙：湖南科学技术出版社 2002 年版。

⑬ 覃迅云等主编：《中国瑶医学》，北京：民族出版社 2012 年版。

⑭ 林春蕊、许为斌、黄俞淞、余丽莹、刘演主编：《广西恭城瑶族端午药市药用植物资源》，南宁：广西科学技术出版社 2016 年版。

⑮ 李如海、李彤：《神奇独特的瑶药》，长春：吉林科学技术出版社 2017 年版。

⑯ 湖南少数民族古籍办公室：《盘王大歌》，长沙：岳麓书社 1987 年版。

⑰ 黄钰：《瑶族石刻录》，昆明：云南民族出版社，1993 年版。

族创世史诗》[①]《瑶人经书》[②]《密洛陀古歌》[③]《瑶族文书档案研究》[④]《盘王歌：瑶族古典歌谣》[⑤]《过山榜选编》[⑥] 等。

瑶族研究的蓬勃发展与港台学者的努力是分不开的。谢剑的《连南排瑶的社会组织》对排瑶的历史、人口结构、家庭构成、亲属制度、婚姻制度、儿童社会化等方面进行了富有创见性的探讨[⑦]。乔健、谢剑主编的《瑶族研究论文集》共选收国内外 19 篇论文，涉猎了瑶族族源、历史、文学、宗教信仰、婚姻家庭制度、神话传说和服饰等方面的内容[⑧]，在一定程度上反映了当时国际瑶族研究的信息和动向。谢剑、张有隽主编的《瑶族研究专辑》涉及瑶族的历史来源、社会组织、服饰等方面的内容，在瑶族研究领域有一定的影响力[⑨]。陈玫妏的《从命名谈广西田林盘古瑶人的构成与生命的来源》从广西田林县盘古瑶人小名、桃源洞与小孩的命之间交互牵连的关系入手，指出盘古瑶建构社会的二元逻辑，以及如何逐步以阴阳的概念统合宇宙观的过程[⑩]，很有参考价值。

（二）国外瑶族研究综述

瑶族研究的迅猛发展，同样离不开外国学者的推动。从事瑶族研究的外国学者，包括日本、越南、泰国、韩国、法国、英国、美国、德国、荷兰、瑞典、加拿大、澳大利亚等国家的学者。

日本学者对瑶族的学术研究起始于 20 世纪 60 年代，迄今已初步形成了研究的体系化、规模化，以白鸟芳郎、竹村卓二、冈田宏二、广田律子为代表的学者，多次深入中国南方与东南亚瑶族地区进行长期的调查与研究，以他们关于瑶族社会、历史、文化的富有创见性的研究而引起国际学术界的广

---

① 蒙冠雄等整理：《密洛陀——瑶族创世史诗》，南宁：广西民族出版社 1999 年版。

② 郑德宏等选编：《瑶人经书》，长沙：岳麓书社 2000 年版。

③ 张声震主编：《密洛陀古歌》，南宁：广西民族出版社 2002 年版。

④ 郑慧：《瑶族文书档案研究》，北京：民族出版社 2011 年版。

⑤ 盘万才：《盘王歌：瑶族古典歌谣》，北京：中国国际广播出版社 2016 年版。

⑥ 《过山榜》编辑组编：《过山榜选编》，北京：中国国际广播出版社 2016 年版。

⑦ 谢剑：《连南排瑶的社会组织》，香港：香港中文大学出版社 1993 年版。

⑧ 乔健、谢剑主编：《瑶族研究论文集》，北京：民族出版社 1988 年版。

⑨ 谢剑、张有隽主编：《瑶族研究专辑》，香港：香港中文大学新亚学院 1992 年印。

⑩ 陈玫妏：《从命名谈广西田林盘古瑶人的构成与生命的来源》，台湾：唐山出版社 2003 年版。

泛关注。

日本著名民族学家、上智大学的白鸟芳郎教授，早年研究中国的东北民族史，后来转向华南民族研究。1967 年 12 月，白鸟芳郎独自一人前往泰国北部作了初步的调查。1969—1974 年间，白鸟芳郎率领上智大学泰国西北部民族历史文化调查团对泰国北部山区实行刀耕火种农业的山地民族进行三次考察，调查成员包括江上波夫、竹村卓二、常见纯一、量博满、比嘉政夫、中缘发夫、上原宏一郎等人，调查的主要对象是瑶族与苗族，1978 年出版调查成果《东南亚山地民族志：瑶族及其相邻各族》。《东南亚山地民族志》是一部图文并茂的以瑶族研究为主的著作，内容涉及泰国瑶族种族历史、自然环境与生活、经济生活、宗教仪式与社会组织等方面的内容[①]。白鸟芳郎以调查所收集的田野资料及民间文献为基础，于 1971—1977 年间撰写了不少瑶族研究论文，如《华南文化史的构成：以民族系谱及种族文化为中心》（1971）《评皇券牒和盘瓠的后裔》（1972）《从评皇券牒看盘瓠传说和瑶族的十八神像》（1972）《瑶族的文书和祭祀礼仪》（1974）《民族形成的要素——以瑶族为例》（1977）[②]，集中探讨了瑶族的宗教仪式、祖先祭祀、仪式神画、神话传说及手抄文献。白鸟芳郎 1975 年出版的《瑶人文书》，是他在泰国西北部昌堪县梅罗村及夜差县班会当村等地搜集的瑶族文献合集，包括《评皇券碟》《家先单》《招魂书》《超度书》《金银状书》《游梅山书》《开坛书》《叫天书》《安坟墓书》《洪恩赦书》及《女人唱歌》等 11 种瑶族文献，对于研究瑶族的起源、迁徙、宗教等提供了宝贵的资料[③]。由于白鸟芳郎在这方面的突出贡献，1982 年他获得日本天皇颁授的紫绶勋章[④]。

日本国立民族学博物馆的竹村卓二专注于华南与东南亚民族研究，而他关于瑶族历史与文化的研究最为引人瞩目。竹村卓二曾于 20 世纪 50—70 年代发表了瑶族研究系列论文，如《关于瑶族社会组织的几个特征：以广西花蓝瑶的家族和婚姻作为研究的中心》（1959）《瑶族文化概论》（1960）《瑶族有关农耕仪式的记载》（1965）《〈从广西通志〉中看到的瑶族和壮族》

---

① ［日］白鸟芳郎编著：《东南亚山地民族志》，黄来钧译，昆明：云南省历史研究所东南亚研究室 1980 年印。

② 张晶晶：《社会群体与信仰习俗：恭城东部瑶族的人类学研究》，中山大学博士学位论文，2014 年。

③ ［日］白鸟芳郎编：《瑶人文书》，东京：株式会社讲谈社 1975 年版。

④ 胡起望：《近代国外瑶族研究概述》，《中央民族学院学报》1986 年第 1 期，第 50-55 页。

(1967)《通过族谱看畲民(瑶族)的社会状况》(1968)《瑶族的支系的分歧》(1968)《瑶族的姓氏和村落》(1971)《过山瑶的世界观》(1972)《现代的家族——东洋——以刀耕火种农民瑶族的家族生活为中心》(1973)《关于最近泰国北部山地民族的人类学调查的成果:瑶族和苗族为中心》(1973)《泰国北部的瑶族》(1974)《瑶族的家先单》(1975)《瑶族的姓氏和命名法》(1976)《泰国北部瑶族的起源神话和种族的同定》(1977)《过山瑶族的两个起源神话:"盘瓠"和"渡海"》(1979)[①]等。1981年,竹村卓二在原有研究基础上、结合实地调查及文献资料写成《瑶族的历史和文化:华南、东南亚山地民族的社会人类学研究》,从生态学的视角探讨了瑶族亚种族的划分与邻族共生存的适应性、家族生活与价值体系、姓和命名法,并从瑶族两个起源神话出发探讨瑶族民族精神的形成与演进[②]。竹村卓二相关瑶族研究的论文还有:《〈连阳八排风土记〉和〈连山绥瑶厅志〉的资料的价值:清代瑶族地方志介绍》(1980)《瑶族的〈家先单〉和它的运用》(1991)。《瑶族的〈家先单〉和它的运用》一文根据作者在泰国收集的李进贵、邓某氏、邓福昌、黄某氏,广东省曲江县荒洞村盘添心,乳源县海岱乡邵某氏等的家先单,介绍了瑶族家先单主要内容、形式,家先单的运用及其礼仪的意义等情况,并与汉族中流行的家谱进行了比较。[③]

日本昭和女子大学的田畑久夫、丽泽大学的金丸良子1995年出版《云贵高原的瑶族》,收有170幅彩照,并附有10万多字的解说,内容涉及瑶族的社会信条、宗教信仰、传统文化、经济生活、社会结构、婚姻家庭、祭祀礼仪、语言文字、科学技术和艺术等方面,通过具体事例系统论述瑶族的民族特征,书末附有"瑶族研究引用文献""瑶族研究基本课题献",含中日文文献[④]。东京学艺大学的吉野晃在泰国北部的瑶族地区中做过调查,发表论文《泰国北部勉瑶挂灯礼仪反映的父系理念》,认为作为勉瑶男子正式入社仪式的"挂灯"活动使入社者达到勉瑶的族群认同,确认了父系亲属关系和

---

① 胡起望:《近代国外瑶族研究概述》,《中央民族学院学报》1986年第1期,第50-55页。

② [日]竹村卓二著:《瑶族的历史和文化:华南、东南亚山地民族的社会人类学研究》,金少萍、朱桂昌译,北京:民族出版社2003年版。

③ 崔莲:《近20年来日本有关中国少数民族研究文献简述》,《西南民族学院学报》2001年第2期,第53-62页。

④ 崔莲:《近20年来日本有关中国少数民族研究文献简述》,《西南民族学院学报》2001年第2期,第53-62页。

祖孙关系，强化了父系理念[①]。

近年来，在日本民俗学及民族学、人类学界兴起一股瑶族研究热潮。2008 年 4 月，神奈川大学成立了瑶族文化研究所，由广田律子担任所长[②]，展开了对瑶族文化的调查研究。特别是在广田律子的带领下，依托科研项目《瑶族的仪式及仪式文献的综合研究》，对湖南省蓝山县瑶族的宗教仪式与文书进行了全面深入的调查研究，取得了很多重要的研究成果，如《"度戒"礼仪折射出的演剧性》[③]《湖南蓝山县勉系瑶族道教仪式调查研究：以表演性项目为中心之考察》[④]《汇源瑶族乡"度戒"礼仪和问题点》[⑤]《受戒和难关：被认可的礼仪宗教化的比较民俗研究》[⑥]《从科仪文本看瑶族的造墓仪式和祖先观》[⑦]《"挂灯"的构造与嬗变：关于泰国北部和中国湖南蓝山县优勉的"挂三台灯"科仪的构造与嬗变的比较》[⑧]《优勉仪礼中的研究课题——仪礼的意义与传承，不变与变化之初探》[⑨]《度戒仪式中的神祇》[⑩]《"挂三灯"的

① [日]吉野晃著:《泰国北部勉瑶挂灯礼仪反映的父系理念》，吴国富译，《广西民族学院学报》1996 年第 1 期，第 85-88 页。

② 张晶晶:《社会群体与信仰习俗：恭城东部瑶族的人类学研究》，博士论文，中山大学，2014 年。

③ [日]广田律子:《"度戒"礼仪折射出的演剧性》，《瑶族文化研究所通讯》(第一号)，神奈川大学瑶族文化研究所 2009 年 3 月 29 日发行，第 28 页。

④ [日]广田律子:《湖南蓝山县勉系瑶族道教仪式调查研究：以表演性项目为中心之考察》，吕鹏志、劳格文编《"地方道教仪式实地调查比较研究"国际学术研讨会论文集》，台北：新文丰出版公司 2013 年版，第 217-306 页。

⑤ [日]广川英一郎:《汇源瑶族乡"度戒"礼仪和问题点》，《瑶族文化研究所通讯》(第一号)，神奈川大学瑶族文化研究所 2009 年 3 月 29 日发行，第 26 页。

⑥ [日]佐野贤治:《受戒和难关：被认可的礼仪宗教化的比较民俗研究》，《瑶族文化研究所通讯》(第一号)，神奈川大学瑶族文化研究所 2009 年 3 月 29 日发行，第 20 页。

⑦ 蔡文高:《从科仪文本看瑶族的造墓仪式和祖先观》，《瑶族传统文献研究国际研讨会论文集》，神奈川大学瑶族文化研究所 2010 年编，第 70-75 页。

⑧ [日]吉野晃:《"挂灯"的构造与嬗变：关于泰国北部和中国湖南蓝山县优勉的"挂三台灯"科仪的构造与嬗变的比较》，《瑶族传统文献研究国际研讨会论文集》，神奈川大学瑶族文化研究所 2010 年编，第 102-106 页。

⑨ [日]吉野晃:《优勉仪礼中的研究课题——仪礼的意义与传承，不变与变化之初探》，《瑶族文化研究所通讯》(第二号)，神奈川大学瑶族文化研究所 2010 年 7 月 29 日发行，第 17-18 页。

⑩ [日]松本浩一:《度戒仪式中的神祇》，《瑶族传统文献研究国际研讨会论文集》，神奈川大学瑶族文化研究所，2010 年编，第 92-99 页。

仪礼》[①]《关于中国湖南省蓝山县瑶族的度戒仪式经文的若干考察》[②]《湖南蓝山县勉系瑶族宗教仪式文字资料的研究价值——以度戒仪式文书为中心之探讨》[③]。同时，围绕湖南省蓝山县汇源瑶族乡的“度戒”仪式编印了《中国湖南省蓝山县瑶族仪礼文献相关报告Ⅰ》[④]《中国湖南省蓝山县瑶族仪礼文献相关报告Ⅱ》[⑤]，2009年8月6日在中国湖南长沙召开第一届瑶族文化论坛，2010年11月23日在日本横滨召开第二届瑶族文化论坛，2009年3月29日出版《瑶族文化研究所通讯》(第一号)，2010年7月29日出版《瑶族文化研究所通讯》(第二号)。尤其是2010年11月23日在日本横滨举行的“瑶族传统文献研究国际论坛”上，特邀湖南省蓝山县汇源瑶族师公赵金仔和冯荣军参加。赵金仔师公详细介绍了瑶族科仪的罡步、手诀、符图等的身形步法，同时对瑶族科仪中的舞蹈内涵及其步法给予详细的介绍与展示。[⑥]

最近几年，日本学者又开始致力于瑶族文献的整理与研究。2010年，日本筑波大学丸山宏前往德国巴伐利亚州立图书馆进行考察，同年发表《2010年3月巴伐利亚州立图书馆馆藏瑶族手抄本调查报告》，对巴伐利亚州立图书馆的瑶族抄本课题文献进行了较为详细的梳理与分析研究[⑦]。2014年，神奈川大学瑶族文化研究所广田律子等人编辑出版了《南山大学人类学博物馆馆藏上智大学泰国西北部瑶族历史文化调查团收集文献目录》，整理

① [日]松本浩一:《“挂三灯”的仪礼》,《瑶族文化研究所通讯》(第二号)，神奈川大学瑶族文化研究所2010年7月29日发行，第6-16页。

② [日]丸山宏:《关于中国湖南省蓝山县瑶族的度戒仪式经文的若干考察》,《瑶族传统文献研究国际研讨会论文集》，神奈川大学瑶族文化研究所2010年编，第130-142页。

③ [日]丸山宏:《湖南蓝山县勉系瑶族宗教仪式文字资料的研究价值——以度戒仪式文书为中心之探讨》，吕鹏志、劳格文编:《“地方道教仪式实地调查比较研究”国际学术研讨会论文集》，台北：新文丰出版公司2013年版，第185-215页。

④ [日]广田律子、三村宜敬、佐川润子、谭静、内藤久义、大木都志男、财津直美、李利、白莉莉编:《中国湖南省蓝山县瑶族仪礼文献相关报告Ⅰ》，日本神奈川大学大学院历史民俗资料学研究科2011年3月。

⑤ [日]广田律子、三村宜敬、谭静、大木都志男、财津直美、冈田浩司编:《中国湖南省蓝山县瑶族仪礼文献相关报告Ⅱ》，日本神奈川大学大学院历史民俗资料学研究科2012年3月。

⑥ 赵书峰、吴宁华:《国外瑶族传统文献研究现状综述》,《音乐研究》2011年第6期，第24-28页。

⑦ [日]丸山宏:《2010年3月巴伐利亚州立图书馆馆藏瑶族手抄本调查报告》,《瑶族文化研究所通讯》(第二号)，神奈川大学瑶族文化研究所2010年7月29日发行，第58-59页。

出来的瑶族文献约 160 余件[①]。

越南是除中国以外瑶族人口最多的国家，越南学者也对本国瑶族进行过调查研究。闭曰等、阮克颂等人于 1971 年出版《越南民族志》一书，对越南瑶族宗教有较详细的记录，涉及万物有灵、魔术、占卜、与农业相关的信仰、祖先祭祀、度戒等方面，同时认为道教对越南瑶族宗教的影响最深。[②]番玉奎的《谅山瑶族的度戒仪式》(2002)；李行山的《北干钱瑶支系人生中的仪式》(2003)；梅德通主编的《宣光窄裤瑶的仪式》(2008)等著作对越南瑶族的宗教仪式进行了专门探讨。特别是李行山的《北干钱瑶支系人生中的仪式》一书，立意深刻、方法独特、论述深入、影响深远，不仅描述了瑶族人生中的主要仪式及其变化过程，而且还论述这些仪式的作用、职能、价值及通过仪式反映出的民族特点。[③] 此外，阮光荣的《广宁瑶族的几个问题》(1998)；范光欢、雄廷贵的《河江省瑶族传统文化》(1999)；陶氏荣的《庆华瑶族风俗习惯》(2001)；陈友山的《蓝靛瑶婚礼》(2001)；叶婷华的《中国瑶族》(2002)；农国俊的《越南瑶族传统服装》(2003)，李杨柳的《凉山瑶族人》(2004)；越南老街省文化体育旅游厅编的《越南瑶族民间古籍 1》(2011)；杜光聚、阮琏的《越南瑶族的今昔》(2018)等，这些著作对中越两国瑶族的历史与文化做了较为详细的论述。

从事泰国瑶族研究的学者中，泰国以外的学者占据主导地位，泰国学者仅有以差博·卡差·阿南达(Chob Kacha Ananda)、比·查拉潘(P.Chaturaphun)、蒙空·沾塔般隆(Mongkol Chantabumrung)为代表的少量学者参与。泰国学者的主要关注点是泰国瑶族的人口分布、宗教信仰、婚姻制度、文化维系等方面，同时还结合国家局势及山民的发展走向进行研究，以便为政府制订民族政策时提供背景资料。[④] 比·查拉潘的《瑶族导

① [日]广田律子、三村宜敬、谭静、侯莉娜编：《南山大学人类学博物馆馆藏上智大学泰国西北部瑶族历史文化调查团收集文献目录》，日本神奈川大学大学院历史民俗资料学研究科 2014 年 3 月 31 日。

② [越]阮克颂等著：《越南瑶人》，梁红奋译，贵州省民族研究所编：《民族研究参考资料》第 18 期 1983 年。

③ [越]陈友山著：《越南瑶族研究回顾》，阮小虹译，《广西民族大学学报》2010 年第 6 期，第 7-9 页。

④ 覃延佳：《困境与启迪——国内外泰国瑶族人研究溯析》，《世界民族》2009 年第 2 期，第 93-96 页。

论》(1970)，差博·卡差·阿南达的《瑶族家庭制度》(1972)、《瑶族人口结构：坤兴村个案研究》(1974)，蒙空·沾塔般隆的《瑶族部落的婚姻传统》(1986)等，对泰国瑶族的人口分布、婚姻家庭作了探讨，提供了一些翔实的资料。差博·卡差·阿南达于1995年出版著作《泰国瑶人：过去、现在和未来》一书，于书中除对泰国瑶族的信仰、灵魂、神灵、祖先、众神、仪式做介绍外，还探讨了泰国瑶族宗教的属性。认为泰国瑶族宗教是由对神灵及祖先的信仰与中国的道教信仰两个体系结合而成的独有的一种宗教[①]。作者还对泰国瑶族改信佛教、伊斯兰教、基督教等情况做了梳理，具体统计了清迈、清莱、帕夭、难府、南帮、素可泰、哒府、甘烹碧等府瑶族信奉宗教的人数，特别是重点关注了改信伊斯兰教和佛教的瑶族人数及其在各府的分布情况，而这点却是前人所没有关注到的。差博·卡差·阿南达1970年发表的《瑶族迎神仪式》一文，则对泰国瑶族的迎神仪式做了调查性的研究，内容较为翔实。

韩国学者利用到中国旅游、访学的机会考察广西瑶族的宗教、服饰与神话。韩国学者中，致力于瑶族文化介绍的先行者当属韩国中央大学的金仁喜。早在中央民族大学留学期间，金仁喜就于1988年将北京师范大学陈子艾的论文《隆回虎形山花瑶的信仰文化特征》译成韩国语，发表在《国际亚细亚民俗学报》第2号上，最早将属于古代梅山地区的隆回县虎形山瑶族文化介绍到了韩国。2001—2004年间，金仁喜数次奔赴南丹县白裤瑶地区进行实地考察。金仁喜的初期研究基本上将白裤瑶归类为苗族支派。拿白裤瑶的发式和“婿屋”及“桴京”与高句丽文化进行对比，力求解释两者之间的类似性。特别是举出高句丽古坟壁画中出现的铜鼓与白裤瑶的铜鼓非常相似的证据，提出了高句丽在葬礼和礼仪中可能也使用过铜鼓的主张。而且还将上述观点放大，于2003年8月发表论文《白裤瑶族的性祭仪》，接着又于2004年6月发表论文《白裤瑶族服装所体现的鸡崇拜》。金仁喜于2004年将上述从多方面展开论述的成果结集出版《白裤瑶族的社会与信仰》，对白裤瑶的历史文化以及民间信仰等做了深入探讨。此书被评价为到目前为止对以白裤瑶为中心的瑶族文化进行考察的里程碑，是作者数年间对白裤瑶的民间信仰、祭仪程序、外部世界以及开放后的瑶族社会问题等进

① [泰]差博·卡差·阿南达著:《泰国瑶人：过去、现在和未来》，谢兆崇、罗宗志译，北京：民族出版社2006年版。

行深层采访的成果，在韩国被公认是了解中国西南少数民族最具代表性的指南。[①]

英国学者库什曼·理查德·戴维斯（Cushman Richard Davis）的博士论文《叛乱靡常与莲花精舍：瑶族民族史研究中存在的问题》，全文正文有 308 页，附录有 250 页，内容包括两大部分：第一部分包括“导论：中国南方的族群历史研究”、第一章“中国王朝视角的瑶人”、第二章“瑶人认同的起源”、第三章“瑶人识别与归属的标准”；第二部分包括“瑶汉关系的结构”与“瑶汉关系的最终回应：汉化与起义”两章，结论探讨了未来的方向。从理论的高度反思前人有关瑶族民族史的研究成果，认为瑶族历史与认同的概念很大程度上是由历代政府官员与学者界定的。他主张从民族语言、神话、宗教以及习俗等主观尺度来品评一个民族的历史，给被研究民族以充裕的空间表述他们自己的历史。[②]

法国驻越南的殖民官员及学者于 19 世纪末 20 世纪初进入越南北部山区进行民族研究，出版了一些民族志著述，这些著作对瑶族的叙述远比对其他民族要详细。法国著名汉学家、国际知名道教研究泰斗施舟人（Kristofer Marinus Schipper）关注到瑶族的宗教仪式，他于 1972 年参加出席第二届国际道教学术会议时，向大会提交的论文是《瑶族宗教大师的典礼仪式述评》。长期旅居东南亚的雅克·勒穆瓦纳（Jacques Lemoine），曾任法国国家科学院华南及印支半岛人类学研究所所长兼国际瑶族研究会会长，曾在中国及东南亚地区进行过期而广泛的田野调查，对瑶族宗教有比较深入地调查与研究，出版《瑶族仪式神画》[③]一书，主编论文集《中国南方瑶族：当前国际研究》[④]，发

① [韩]安东濬著：《韩国瑶族文化研究现状与课题》，崔元萍译，《广西民族大学学报》2010 年第 6 期，第 2-6 页。

② Cushman Richard Davis. *Rebel Haunts and Lotus Huts*：*Problems in the Ethnohistory of the Yao*[D]. Cornell University，1970. 因图书资料所限，我并没有机会研读 Cushman 的博士论文，有关他的观点转引自袁同凯《走进竹篱教室：土瑶学校教育的民族志研究》（天津：天津人民出版社 2004 年版）一书。在此，深表谢意。

③ Lemoine, Jacques. *Yao Ceremonial Paintings*. Bangkok: White Lotus Press, 1982.

④ Lemoine Jacques, Chiao Chien. *The Yao of South China: Recent International Studies*[C]. Paris：Pangu, 1991.

表有《瑶族的宗教：道教》[①]《瑶族的历史与道教》[②]《瑶族挂灯度戒仪式中的龟象征》[③]《过山瑶的巫术及自我形象的再设》[④]《勉瑶的历史与宗教初探》[⑤]等多篇瑶族宗教研究论文，指引着西方学术界的瑶族研究。《瑶族神像画》一书，全书有297幅彩色插图，159页正文，详细分析了瑶族仪式神图中的神灵体系、结构、画像艺术特征以及相关仪式和传说故事，指出瑶族的宗教信仰是道教。此外，他与乔健主编《华南瑶族研究：近期国际瑶学研究动态》（*The Yao of South China: Recent International Studies*）（1991），收编了20世纪80年代后期部分学者对瑶族的新近研究成果，从政治、经济、文化等方面探讨了瑶族的社会生活。热斯·普雷（Jess G. Pourret）2002年出版《瑶族：中国、越南、老挝与泰国的优勉与门瑶》一书，杰斯·普雷特2002年出版《瑶族：中国、越南、老挝与泰国的优勉与门瑶》[⑥]一书，全面地论述了中国及东南亚瑶族的历史与文化，内容包括瑶族的历史、社会、服饰、银饰、生计、法具、文书等七大部分。

美国学者对瑶族的研究滥觞于20世纪50年代，从事瑶族研究的美国学者较多，涉及瑶族语言的主要有语言学家普内尔（Herbert C. Purnell）、唐纳（Gordon Downer），从事瑶族历史与文化研究的主要有人类学家李瑞福（Ralph Litzinger）、琼森（Hjorleifur Jonsson），以及道教研究专家司马虚（Michel Strickmann）及伊莱（Eli Alberts）等人。加州大学伯克利分校著名道教史专家司马虚（Michel Strichmann）根据日本学者白鸟芳郎在泰国北部收集出版的《瑶人文书》，1982年发表了《道在瑶中：道教与中国南方的汉化》一文，首次在西方学术界提出瑶族道教与汉化的问题。司马虚通过解读瑶族

① ［法］雅克·勒穆瓦纳著：《瑶族的宗教：道教》，冯利、覃光广译，《民族译丛》1987年第2期，第41-47页。

② ［法］雅克·勒穆瓦纳著：《瑶族的历史和道教》，李增贵编译，《广西民族研究》1987年第3期，第81-87页。

③ ［法］雅克·勒穆瓦纳：《瑶族挂灯度戒仪式中的龟象征》，广西民族研究所编：《瑶族研究论文集》，南宁：广西人民出版社1992年版，第44-53页。

④ ［法］雅克·穆勒瓦纳：《过山瑶的巫术及自我形象的再设》，广西瑶学学会编：《瑶学研究》（第3辑），南宁：广西民族出版社1993年版，第299-306页。

⑤ ［法］雅克·勒穆瓦纳：《勉瑶的历史与宗教初探》，《广西民族研究》1994年第4期，第22-25页。

⑥ Pourret, Jess G. T*he Yao: The Mien and Mun Yao in China, Vietnam, Laos and Thailand.* Chicago: Art Media Resources, 2002.

的宗教文书，认为华南瑶族汉化的过程，是道教在本地区渗透的结果，这一过程可以上溯至宋代。12 世纪初，道教的天心正法广泛流行于中国南部。道士们如同一群流动的传教士，将天心正法带进百姓家中。13 世纪时，这一过程不断加快。瑶族也正是在这时为道教所改造。白玉蟾语录中所提及之瑶族先祖"盘古法"已不是纯正的南方巫术，而是带有浓厚的道教、佛教及摩尼教色彩，当然其中道教的影响最突出，瑶族的"挂灯度戒"仪式也是源于道教的授箓仪式。宋王朝通过道教来征服瑶族原始宗教，有效地将其纳入统治范畴。道教成为汉族中央政权对边境族群进行征服和教化的强有力手段之一，"瑶族道教"是瑶族汉化的重要标志。[①] 美国杜克大学的李瑞福（Ralph A. Litzinger）曾于 1988—1990 年间，多次到金秀大瑶山进行田野调查，出版《另类中国：瑶族及其民族归属政治》[②] 一书，发表了论文《制造历史：瑶族史的概念之争》[③]《解剖麻雀：民族志、地方性和金秀瑶族研究》[④]。在上述著述中，李瑞福关注边缘、瑶族知识分子和精英在民族历史书写与民族认同中的作用与地位。《另类中国：瑶族及其民族归属政治》一书，于书中描述了瑶族传统社会道德、仪式及村落运动。李瑞福不将仪式看作是迷信落后之物或传统与现代的界限，而是试图开启传统通向社会主义现代化政治实践之门。在宗教受到压制的时代，瑶族宗教师被鼓励加入中国共产党，吸收马列主义思想以教育村民。而在 20 世纪 80 年代，这些党员开始引导复兴的宗教活动。李瑞福通过对观察到的瑶族宗教仪式和精英记忆的分析，认为传统仪式是再造社会秩序的纽带和现代化力量的工具，国家对仪式的兴趣是为了寻

---

① Michel Strickmann. "*The Tao Among the Yao: Taoism and the Sinification of South China*"，收入酒井忠夫先生古稀祝贺纪念の会编：《史における民众と文化：酒井忠夫先生古稀祝贺纪念论集》，东京：国书刊行会 1982 年版，第 23-30 页。参见江田祥《20 世纪 60 年代以来西方学界广西民族研究动态与趋势》，《广西民族研究》2013 年第 3 期，第 66-73 页。

② Ralph Litzinger. *Other Chinas: The Yao and the Politics of National Belonging*[M]. Durham and London: DukeUniversity Press, 2000.

③ Ralph A. Litzinger. *Making histories: Contending conceptions of the Yao Past*[G]//Stevan Harrell. Cultural Encounters on China'sEthnic Frontiers. Seattle: University of Washington Press, 1995 : 117-139.

④ Ralph A. Litzinger. *Dissecting a Sparrow: Ethnology, Locality, and the Study of the Jinxiu Yao*[C]// 蒋斌，何翠萍 . 国家、市场与脉络化的族群：第三届国际汉学会议论文集 . 台北："中央研究院"民族学研究所，2003.

找地方统治的新手段。[1] 科罗拉多州立大学的伊莱（Alberts Eli）先后师从田海（Barend J. Ter Haar）与梅维恒教授（Victor H.Mair），对华南瑶族道教历史进行过详细地研究，于 2007 年出版著作《道教与华南瑶族的历史》，论述了道教的兴起与扩张，以及如何稳定瑶人与汉帝国的边缘与中心的关系。他认为直到宋朝瑶人才大量被道教化，宣扬道教教义的道士正是宣扬帝国政策的汉人，同时阐述了《评皇券牒》的产生及其在山地瑶族社会中象征资本的意义[2]。此外，坎斯坦德（Peter Kunstader）的《优勉瑶人中的财富积累、祖先崇拜和家宅安宁等方面的情况》（1965）及《瑶族宗教研究与生态学及经济的关系》（1991），从经济学的角度研究瑶族宗教。美国亚利桑那州立大学人类学系的约雷弗·琼森（ Hjorleifur Jonsson）是东南亚瑶族研究学者，发表了《瑶族社会的历史与形塑》[3]《瑶族认同和中国南方边疆的地域差异》[4] 等文，出版了《瑶族关系：泰国山地民族与国家控制》[5] 一书。

德国传教士莱斯契纳尔（F. W.Leuschner）于 1910-1911 年间 3 次进入广东乳源境内瑶山考察，发表了《华南的瑶族》[6] 一文。1938 年，德国民族学家史图博（Hans Stübel J）发表论文《广东省的瑶族》[7]。20 世纪 90 年代以来，以露西亚·欧碧（Lucia Obi）、宋馨·缪勒（Shing Soong Müller）、贺东劢（Höllmann，Thomas O）为代表的德国学者对巴伐利亚州立图书馆馆藏的瑶族文献作了系统地整理与研究，发表了《巴伐利亚国立图书馆中的瑶族

---

① 冯智明：《从瑶族历史看边缘的兴起：〈另类中国：瑶族及其民族归属政治〉评介》，《贵州民族学院学报》2011 年第 3 期，第 73-76 页。

② Alberts Eli. *A History of Daoism and The Yao People of South China.Youngstown*, N.Y. : Cambria Press, 2007.

③ Hjorleifur Jonsson. *Does the House Hold? History and the Shape of Mien (Yao) Society*[J]. Ethnohistory, 1991, 48（4）: 613-654.

④ Hjorleifur Jonsson. *Yao Minority Identity and the Location of Difference in the South China Borderlands*[J]. Ethnos：Journal of Anthropology, 2000, 65（1）: 56-82.

⑤ Hjorleifur Jonsson. *Mien Relations：Mountain People and State Control in Thailand*[M]. Ithaca and London：Cornell University Press, 2005.

⑥ F. W. Leuschner. *Die Jautse in Sudchina*[J]. Mitteilungen der Deutsche Gesellschaft fur Naturund Volkerkunde Ostasiens, 1911, 13: 237-285.

⑦ Hans Stübel J. *The Yao of the Province of Kuangtung*[J]. Monumenta Serica, 1938, 3: 345-384.

文书》[①]《瑶族之宗教文献——概述巴伐利亚州立图书馆之馆藏瑶族手本》[②]《欧美的瑶族写本的收藏》[③]《瑶族文书与仪式》[④] 等论文，概述性地介绍了欧美国家瑶族文献的馆藏情况，并重点介绍了德国巴伐利亚州立图书馆馆藏的瑶族文献，同时还以德国巴伐利亚州立图书馆馆藏的瑶族文献为例探讨文书与仪式的关系。1995 年 10 月，慕尼黑大学与巴伐利亚州立图书馆共同主持"瑶族宗教手卷"研究项目，现已出版了阶段性成果《神的信使：中国南部、越南、老挝、泰国、缅甸的瑶族宗教抄本》[⑤]《慕尼黑巴伐利亚州立图书馆瑶族抄本提要》[⑥]，对巴伐利亚州立图书馆瑶族文献进行了简单的整理，并且制作了相应的提要。格兹弗里德克·萨韦尔（Götzfried，Xaver）的《瑶族的宗教》[⑦] 则是研究瑶族宗教方面较有参考价值的著作。

道教研究是荷兰莱顿大学汉学研究的重要内容之一，在世界道教研究中独具特色。莱顿大学汉学研究所的田海（Barend J. Ter Haar）长期从事关注中国社会文化史，尤其注重宗教史的研究，1998 年发表《瑶牒新释》一文，从神话学的角度重新阐释了瑶族的《评皇券牒》及道教"汉化"的问题，他推断这种类型的文书最初出现于元朝，明朝逐渐定型。同时，他还认为瑶

---

① [德]露西亚·欧碧（Lucia Obi）、宋馨·缪勒（Shing Soong Müller）著:《巴伐利亚国立图书馆中的瑶族文书》，袁同凯译，广西瑶学学会编:《瑶学研究》(第 4 辑)，南宁：广西民族出版社 1997 年版，第 419-420 页。

② [德]露西亚·欧碧（Lucia Obi）、宋馨·缪勒（Shing Soong Müller）著:《瑶族之宗教文献——概述巴伐利亚州立图书馆之馆藏瑶族手本》，詹春媚译，《民俗曲艺》第 150 期（2005 年 12 月），第 227-279 页。

③ [德]露西亚·欧碧（Lucia Obi）:《欧美的瑶族写本的收藏》，《瑶族传统文献研究国际研讨会论文集》，日本神奈川大学瑶族文化研究所，2010 年，第 13-24 页。

④ [德]贺东劢（Höllmann，Thomas O）撰:《瑶族文书与仪式》，宋馨（Shing Soong Müller）译，《新疆师范大学学报》2008 年第 1 期，第 38-42 页。

⑤ Höllmann，Thomas O. & Michael Friedrich eds. Botschaften an die Götter: Religiöse[M]. *Handschriften derYao, Südchina*, *Vietnam, Laos, Thailand, Myanmar*. Asiatische Forschungen 138，Wiesbaden：Harrassowitz Verlag, 1999.

⑥ Höllmann，Thomas O. & Michael Friedrich eds. *Handschriftender Yao*: *Bestände der Bayerischen Staatsbibliothek München*[M]. Verzeichnis der Orientalischen Handschriften in Deutschland 44.1, Stuttgart：Franz Steiner Verlag, 2004.

⑦ Götzfried，Xaver. *Die Religion der Yao*[M]. Mitteilungender Gesellschaft für Natur- und Völkerkunde Ostasiens 114.Hamburg: Verlag der Gesellschaft für Natur-und Völkerkunde Ostasiens, 1990.

族、畲族与客家人的起源不是事实上的迁徙，而是与北方主流文化的频繁接触和融合中形成的。[①]

加拿大麦吉尔大学的保罗·巴提克（Paul Batik）积极从事瑶族宗教与道教关系的研究，曾在瑞士、法国、加拿大等欧美国家的瑶族社区以及中国广西的金秀大瑶山、上思县十万大山等地瑶族村寨进行过多次调查。保罗·巴提克1999年撰写论文《重塑瑶族中的道教仪式》[②]对瑶族道教作了进一步的探讨。

澳大利亚国立大学吉亨·贾亚瓦德纳（Gehan Wijeyewardene）1990年主编论文集《东南亚大陆的跨境族群》，分别探讨了瑶、泰、苗等跨境族群。2003年，澳大利亚国立大学人类学系王富文（Nicholas Tapp）等人合著的《中国西南的土著民族》一书，介绍与翻译了大英图书馆所藏四卷西南少数民族画册，并简练地评述了西南地区彝、瑶、布依、侗、壮等各民族的历史[③]。其他比较重要的学术论文还有迈尔斯·道格拉斯（Miles Douglas）1990年发表的《资本主义与中国、泰国瑶族后裔单位的结构》一文[④]。

三、土瑶研究综述

瑶族研究在国内外学者的共同努力下，已经累积了非常丰厚的研究基础。土瑶族是瑶族众多支系中的一支，尽管学术界给予了一定的关注和探讨，但由于从事土瑶研究的学者少而且投入的精力有限，导致目前的研究明显不足。

对土瑶的学术研究始于中华人民共和国成立后，确切地说应该是改革开

---

① Barend J. Ter Haar. *A New Interpretation of the Yao Charters*, in Paul van der Velde and Alex McKa, eds, New Developments in Asian Studies，London: Kegan Paul International, 1998. 参见江田祥《20世纪60年代以来西方学界广西民族研究动态与趋势》，《广西民族研究》2013年第3期，第66-73页。

② Paul Batik. *Reinvention of Taoist Ritual among Yao Minorities*[D]. McGill University, 1999.

③ Nicholas Tapp, *Don Cohn. The Tribal Peoples of Southwest China*: *Chinese Views of the Other Within*[M]. Bangkok: White Lotus Press, 2003.

④ Miles Douglas. *Capitalism and the Structure of Yao Descent Units in China and Thailand*[G]// Gehan Wijeyewardene. Ethnic Groups across National Boundaries in Mainland South East Asia. Singapore: Institute of Southeast Asian Studies, 1990.

放以后。从20世纪50年代至21世纪10年代，学术界对土瑶研究给予了较高的关注。据不完全统计，对土瑶的研究到2019年为止有专题性论文68篇、学术著作1部。这些论文、著作主要涉及土瑶的族源、生态环境、聚落空间、经济发展、族群关系、婚姻家庭、民族服饰、文化教育、医药卫生、宗教信仰等诸多方面。

1. 族群源流研究

土瑶的族源在《过山榜》或《过山牒》早有记录，中国少数民族社会历史调查组整理的《瑶族〈过山榜〉选编》中就有抄录了广西贺州沙田镇狮东村大冷水村民收录的《过山牒》，对土瑶的来源、历史传说有了详细的记录[①]。龚佩华的《广西贺县土瑶的社会和文化》一文，对土瑶的来源进行了深入考究，认为土瑶从湖南千家峒辗转迁徙而来，作为十二姓瑶人中的一支，而且是最早定居在贺州的瑶族支系[②]。许中继的《贺州市族群源流考释》一文提到土瑶的祖先从广东迁徙而来，之后受到汉人排斥而迁入大桂山深处[③]。李晓明的《广西贺州族群生态多样性述略》一文，对贺州瑶族包括平地瑶、过山瑶和土瑶的族群来源、族称、服饰、节庆等内容都有所提及，为其他学者了解和研究土瑶提供了丰富的资料[④]。奉高通过收集整理若干件瑶族收藏的《过山榜》，根据内容的差异，对其进行分类、整理与研究，2013年完成硕士论文《几则瑶族过山榜文献的文献学研究》，补充了原来流传于在广西贺州沙田镇狮东村马窝寨的文本《入山照》[⑤]。这两份文本为后人考察土瑶族源、迁徙历史、祖先故事传说提供了宝贵的历史资料。

2. 族群关系研究

这一类研究包括土瑶与排瑶、过山瑶以及土瑶与壮族、汉族等族群之间的关系。李筱文的《贺县土瑶与连南排瑶社会文化之比较》一文，在连南、贺县实地调查的基础，对贺县土瑶与连南排瑶的历史来源、社会结构、风情习俗、经济生活等方面作了对比分析，探讨土瑶与排瑶具有的某些共同特征

① 广西区编辑组：《瑶族〈过山榜〉选编》，北京：民族出版社2009年版。

② 龚佩华：《广西贺县土瑶的社会和文化》，《广西民族研究》1990年第3期，第94-102页。

③ 许中继：《贺州市族群源流考释》，《贺州学院学报》2007年第4期，第56-60页。

④ 李晓明：《广西贺州族群生态多样性述略》，《社会转型与文化转型——人类学高级论坛》2012年，306-314页。

⑤ 奉高：《几则瑶族过山榜文献的文献学研究》，硕士论文，南京大学，2013年。

及其之间的文化关系[①]。徐杰舜、徐桂兰的《从多元磨合到整合一体：以广西贺州民族关系为例》一文，从民族团结的角度切入，以中华人民共和国成立50多年的历史为背景，以广西贺州市汉族、壮族和瑶族（含土瑶）的民族关系为例，对贺州民族关系从多元磨合到整合一体作了人类学的分析，提出民族整合的主题是民族团结，民族整合的结果是“中华民族的多元一体”[②]。韦浩明的《论族群交往与婚姻互动：贺州族群问题研究》一文，运用交往与民族融合的理论，分析贺州各民族、族群（含土瑶）交往及婚姻互动的演变过程[③]。李叶青的《贺州客家与瑶族族群关系研究》结合文献资料分析和实地调查方法，详述了贺州客家与瑶族（含土瑶）明清时期、民国时期、“文革”时期以及改革开放以来四个阶段的族群关系，包括政治、文化、社会、经济、生活等方面，认为通过长期彼此之间相互学习与帮助，贺州族群关系从最初的接触、磨合发展到现在的和谐，并且向着良好的趋势发展[④]。

3. 生态环境研究

土瑶生态研究涉及生态审美、生态适应、生态伦理等方面的内容。韦祖庆的《土瑶族群社会生态审美意识形态分析》对土瑶的生态审美意识形态进行了梳理，认为追求人际关系的和谐、讲究基于现实的身心交往互动、给予个体以充分的生命自由是土瑶的生存策略，而这种生存策略的选择源于土瑶相对封闭的自然环境与人文环境，正是这种社会生态造就了他们独特的审美意识形态[⑤]。覃康聪的《土瑶生态伦理研究》一文，通过文献研究和实地调查，对土瑶生态伦理进行了梳理，挖掘内含于土瑶生产生活、人生礼俗及民间信仰中的生态伦理，分析土瑶生态伦理形成和发展的原因，概括土瑶生态伦理的现代价值，指出土瑶生态伦理传承与发展面临的难题，探索土瑶生

---

① 李筱文：《贺县土瑶与连南排瑶社会文化之比较》，《广西民族研究》1991年第1.2期，第129-133页。

② 徐杰舜、徐桂兰：《从多元磨合到整合一体：以广西贺州民族关系为例》，《学术论坛》2014年第1期，第125-130页。

③ 韦浩明：《论族群交往与婚姻互动：贺州族群问题研究》，《黑龙江民族丛刊》2006年第6期，第32-38页。

④ 李叶青：《贺州客家与瑶族族群关系研究》，硕士论文，广西师范大学，2007年。

⑤ 韦祖庆：《土瑶族群社会生态审美意识形态分析》，《黑龙江民族丛刊》2007年第5期，第157-162页。

态伦理传承与发展的合理途径①。韦浩明的《生态环境与贺州土瑶的文化适应》在对土瑶实地调查的基础上，结合已有的研究成果，阐述土瑶经过长期实践和经验积累，创造了一套与自然环境良性互动的生态文化体系②。覃康聪的《广西贺州土瑶生态伦理面临的困境及出路》探讨土瑶传统生态伦理所面临的困境，提出解决土瑶生态伦理危机的出路③。覃康聪的《浅谈贺州土瑶生活方式中的生态伦理思想》对土瑶的生活方式与生态伦理思想进行了研究，认为土瑶在长期与自然环境互动过程中，逐渐形成了顺应自然、与自然均衡和谐的生活方式，指出土瑶节俭的饮食习惯、与自然均衡和谐的居住文化、与环境相宜的着装传统，无不蕴含着可持续的生态伦理理念④。覃康聪的《广西贺州土瑶传统生态伦理继承与创新研究》论述了现代化建设对土瑶传统生态伦理的冲击，还对土瑶生态伦理传承与创新提出一些建议对策⑤。赵莉丹、覃康聪的《广西贺州土瑶生态伦理思想的人本旨归》⑥《广西贺州土瑶生态伦理之人本旨归的现代价值研究》⑦梳理了土瑶生产生活、民间歌谣、宗教信仰和风俗习惯中的人本思想，同时分析了人本思想在现代社会的价值以及借鉴意义。

4. 经济发展研究

土瑶经济社会发展相对滞后，学者对土瑶经济社会发展关注不多。韦浩明、李晓明的《桂东土瑶经济发展的人类学思考》一文，在实地调查的基础上，认为制约土瑶经济发展的因素除地理环境、自然条件、政府政策外，文化因素是深层次原因，指出宜在外界力量干预和帮助下调适土瑶传统文化，

① 覃康聪:《土瑶生态伦理研究》，硕士论文，广西师范大学，2014 年。

② 韦浩明:《生态环境与贺州土瑶的文化适应》，《贺州学院学报》2015 年第 1 期，第 11-14 页。

③ 覃康聪:《广西贺州土瑶生态伦理面临的困境及出路》，《边疆经济与文化》2015 年第 9 期，第 32-34 页。

④ 覃康聪:《浅谈贺州土瑶生活方式中的生态伦理思想》，《学理论》2015 年第 20 期，第 74-76 页。

⑤ 覃康聪:《广西贺州土瑶传统生态伦理继承与创新研究》，《边疆经济与文化》2017 年第 12 期，第 49-50 页。

⑥ 赵莉丹、覃康聪:《广西贺州土瑶生态伦理思想的人本旨归》，《边疆经济与文化》2017 年第 7 期，第 48-50 页。

⑦ 赵莉丹、覃康聪:《广西贺州土瑶生态伦理之人本旨归的现代价值研究》，《广西科技师范学院学报》2017 年第 3 期，第 31-33 页。

以适应市场经济发展[①]。马小骅、谢超然、高瑞声的《贺州土瑶聚居区的旅游资源 SWOT 分析与开发设想：以乡村游与民族风情游为视角》一文，运用 SWOT 法对土瑶聚居区旅游资源凭借进行系统的分析，同时还就土瑶民俗风情旅游的资源开发提出设想[②]。吴声军的《贺州土瑶茶叶种植的传统知识研究》一文，在实地调查的基础上，论述了土瑶茶树种植的传统知识和传统茶业的发展现状、存在问题及对策和建议[③]。

5. 居所聚落研究

韦祖庆的《瑶族居所的历史叙事意象分析：以贺州瑶族为例》以贺州瑶族（包括土瑶）为例，具体剖析了瑶族居所的历史叙事意象，认为瑶居所具有多层面的历史叙事表征，不仅体现出迁徙意象，而且还体现了逃生意象，以及生殖意象[④]。陈容娟的《土瑶传统村落地景和空间结构研究：以贺州市沙田镇大冷水村为例》对大冷村土瑶村落空间进行探讨，认为大冷水村住宅区、住宅区周围的耕地林地、远离住宅区的山地林地共同形成了土瑶村落空间的四重同心圆结构[⑤]。

6. 婚姻家庭研究

土瑶婚姻家庭特色鲜明，早就纳入不同专业学者的视野。较早的一篇是龚佩华的《广西贺县土瑶的社会和文化》，该文介绍了土瑶的婚姻习俗，包括通婚圈、婚姻禁忌、早婚、再婚等方面的内容，同时也对土瑶家庭的结构与功能进行分析[⑥]。韦祖庆的《从婚事上看土瑶社会审美心理之渐变》通过对土瑶婚礼仪式、通婚圈变化的分析，探讨土瑶在接受外来事物或坚守本民族

---

① 韦浩明、李晓明：《桂东土瑶经济发展的人类学思考》，《梧州学院学报》2008 年第 2 期，第 6-11 页。

② 马小骅、谢超然、高瑞声：《贺州土瑶聚居区的旅游资源 SWOT 分析与开发设想：以乡村游与民族风情游为视角》，《贺州学院学报》2009 年第 3 期，第 115-120 页。

③ 吴声军：《贺州土瑶茶叶种植的传统知识研究》，《广西民族大学学报》2018 年第 4 期，第 19-26 页。

④ 韦祖庆：《瑶族居所的历史叙事意象分析：以贺州瑶族为例》，《黑龙江民族丛刊》2009 年第 4 期，第 142-148 页。

⑤ 陈容娟：《土瑶传统村落地景和空间结构研究：以贺州市沙田镇大冷水村为例》，《重庆文理学院学报》2015 年第 4 期，第 14-19 页。

⑥ 龚佩华：《广西贺县土瑶的社会和文化》，《广西民族研究》1990 年第 3 期，第 94-102 页。

传统文化过程中在审美心理上产生的变化[①]。叶军的《广西贺州土瑶婚嫁仪式流程考究》对土瑶婚礼仪式进行了详细地描述，包括历史渊源、求婚仪式、坐歌堂仪式、结婚祭仪以及敬酒歌仪式等五个部分，全面展示了土瑶独特的婚礼习俗[②]。土瑶家庭类型一般都是以主干家庭为主。有关土瑶家庭的研究极少，这一领域仍有很多学术探讨空间。梁晓理的《贺州土瑶家庭结构现状及特点分析》一文，在实地调查的基础上，分析了土瑶家庭结构和特点，认为土瑶家庭以核心家庭和三代家庭类型为主流，抚养和赡养功能是土瑶家庭结构形成的重要原因，土瑶晚婚晚育的现象较为普遍[③]。

7. 服饰文化研究

服饰文化研究涉及多门学科，如民族学、人类学、艺术学、文化学、符号学、图像学等等，所以深入探讨就必然要求上述学科间的交叉性、实证性研究。学者们也在做此番努力。陈曼平的《广西历代各族服饰文化概貌（三）》[④]、汤桂芳的《贺州土瑶服饰的装饰特征》[⑤]和古燕昕的《瑶族传统服饰》[⑥]对土瑶服饰进行了详细的描述，认为土瑶服饰因使用场景、功能、年龄的差异呈现出不同的装饰形态，同时还关注到土瑶服饰的文化内涵。汤桂芳的《桂东地区瑶族妇女传统服饰形制特征浅谈》在涉及土瑶服饰部分，对土瑶妇女的服饰形制进行了细致的描述[⑦]。莫碧琳的《民族服饰在婚礼仪式场景中的象征符号：以贺州土瑶服饰在婚礼仪式场景中为例》运用艺术人类学的视角，以土瑶服饰在婚礼仪式场景中为例，论述了服饰在土瑶婚礼场景中的象征意义[⑧]。侯建军的《贺州土瑶服饰人文精神及特色：艺术人类学视角》

① 韦祖庆：《从婚事上看土瑶社会审美心理之渐变》，《黑龙江民族丛刊》2008年第2期，第124-129页。

② 叶军：《广西贺州土瑶婚嫁仪式流程考究》，《通俗歌曲》2013年5月，第71-72页。

③ 梁晓理：《贺州土瑶家庭结构现状及特点分析》，《新西部》2013年第32期，第35-36页。

④ 陈曼平：《广西历代各族服饰文化概貌（三）》，《广西地方志》2004年第5期，第49-54页。

⑤ 汤桂芳：《贺州土瑶服饰的装饰特征》，《大家》2011年2月，第27-28页。

⑥ 古燕昕：《瑶族传统服饰》，人民日报（海外版）2000年9月8日。

⑦ 汤桂芳：《桂东地区瑶族妇女传统服饰形制特征浅谈》，《大舞台》2012年第5期，第243-244页。

⑧ 莫碧琳：《民族服饰在婚礼仪式场景中的象征符号：以贺州土瑶服饰在婚礼仪式场景中为例》，《贺州学院学报》2010年第3期，第71-74页。

论述了土瑶服饰的艺术特征，同时阐述了土瑶服饰的人文精神意蕴①。郑威、余秀忠的《广西贺州瑶族服饰及其文化变迁》对贺州瑶族（含土瑶）服饰的历史演变过程，以及瑶族服饰在社会发展、族群互动和审美方式的影响下所发生的变迁进行探讨，并分析了服饰变迁的原因②。莫碧琳的《民族传统服饰的潜在文化意义研究：以贺州槽碓土瑶女性服饰变迁为例》对土瑶女性服饰特征作了详细地描述，具有很高的资料价值。文章在对土瑶女性服饰田野调查的基础上，从土瑶女性传统服饰的类型及其构成要素来分析其基本特点，据此总结出土瑶文化的一些特质，对这些传统服饰作为文化现象蕴含的潜在意义进行破译③。江浩的《当下流行文化下瑶族服饰的审美变迁：以贺州瑶族支系土瑶为例》从艺术人类学的角度对土瑶服饰文化进行阐释，认为在当代流行文化的影响和冲击下，土瑶服饰因审美落差、语言差异和手艺失传等原因，而出现审美和文化的变迁④。莫碧琳、江浩的《土瑶与过山瑶女性服饰文化对比研究》从艺术学视角出发，对土瑶与过山瑶女性服饰文化作了对比研究，认为两个瑶族支系的女性服饰在样式、图案、色彩上都有差异⑤。

8. 学校教育研究

土瑶教育教学研究成果从数量上来看似乎较为丰富，这一方向是学者们目前所下笔墨最多的研究领域，不管是通论性的还是具体性的，研究内容涉及土瑶教育的历史与现状、土瑶教育存在的问题以及解决问题的建议和对策等诸方面。

袁同凯是土瑶教育研究的集大成者。他在土瑶地区做过长期的田野调查，2004 年出版专著《走进竹篱教室：土瑶学校教育的民族志研究》，详细

---

① 侯建军：《贺州土瑶服饰人文精神及特色：艺术人类学视角》，《南宁职业技术学院学报》2012 年第 1 期，第 24-26 页。

② 郑威、余秀忠：《广西贺州瑶族服饰及其文化变迁》，《广西社会科学》2007 年第 10 期，第 22-25 页。

③ 莫碧琳：《民族传统服饰的潜在文化意义研究：以贺州槽碓土瑶女性服饰变迁为例》，《贺州学院学报》2009 年第 2 期，第 26-29 页。

④ 江浩：《当下流行文化下瑶族服饰的审美变迁：以贺州瑶族支系土瑶为例》，《南宁职业技术学院学报》2014 年第 6 期，第 21-24 页。

⑤ 莫碧琳、江浩：《土瑶与过山瑶女性服饰文化对比研究》，《贺州学院学报》2015 第 4 期，第 19-22 页。

描述了土瑶的人口与聚落分布、生产方式与生活习俗，论述了土瑶学校教育的历史与现状，并反思了土瑶传统教育与学校教育，同时分析土瑶学校教育存在的问题，提出一些发展性建议①。此后，他又发表了一系列关于土瑶学校教育的文章。《土瑶学校教育的过去与现状：民族志的视角》②《地方政治权力与少数民族学校教育：以广西土瑶为例》③ 从民族志的视角概述土瑶教育的过去和现状，探讨地方政治权力是如何影响当地少数民族的学校教育。《传统文化习俗与学校教育：教育人类学视角》在实地调研的基础上，探讨土瑶传统文化习俗与学校教育之间的关系及其对土瑶儿童学业成就的影响，通过对土瑶部分传统文化习俗的“深度描写”，揭示学校院墙之外影响学校教育发展的因素，从文化的视角和层面来探究土瑶学校教育失败的根源④。《土瑶学校教育与社区经济发展状况调查——文化教育人类学视角》以土瑶学校教育与其经济发展状况为调查对象，就地方经济与学校教育之间的互动关系进行探讨，试图论证在“教育与经济相辅相成，它们既相互制约又相互促进”这样一个浅显的逻辑关系的基础上进一步说明：穷根子在教育⑤。《教育公平视域下的少数民族学校教育问题研究》在教育公平视域下从教育人类学理论的高度来审视包括土瑶在内的少数民族学校教育中普遍存在的几个问题，认为造成少数民族儿童学业成绩低下的原因是多方面的，既有其自身的因素，也有历史的和社会的因素，其中社会制度性因素起着决定性的作用⑥。袁同凯系列成果的研究主题都是土瑶的学校教育，从土瑶学校教育的历史与现状、影响土瑶学校教育的社会文化因素、经济发展水平等方面对土瑶教育进行纵横分析。袁同凯的研究成果引起学术界的极大关注，何璇《诠

---

① 袁同凯：《走进竹篱教室：土瑶学校教育的民族志研究》，天津：天津人民出版社 2004 年版。

② 袁同凯：《土瑶学校教育的过去与现状：民族志的视角》，《广西民族学院学报》2004 年第 3 期，第 61-67 页。

③ 袁同凯：《地方政治权力与少数民族学校教育：以广西土瑶为例》，《广西民族研究》2004 年第 4 期，第 30-34 页。

④ 袁同凯：《传统文化习俗与学校教育：教育人类学视角》，《西北民族研究》2009 年第 1 期，第 183-191 页。

⑤ 袁同凯：《土瑶学校教育与社区经济发展状况调查——文化教育人类学视角》，《湖南师范大学教育科学学报》2009 年第 4 期，第 15-20 页。

⑥ 袁同凯：《教育公平视域下的少数民族学校教育问题研究》，《云南民族大学学报》2010 年第 3 期，第 138-143 页。

释少数族群学生低学业成就的新视角——读〈走进竹篱教室：土瑶教育的民族志研究〉》[①]、王俞《少数民族学校教育与地方政治权力的民族志研究——读〈走进竹篱教室：土瑶教育的民族志研究〉》[②] 从少数民族学生学业成就、地方政治权力与少数民族学校教育关系的角度对《走进竹篱教室：土瑶学校教育的民族志研究》进行解读。

韦祖庆对土瑶学校教育颇为关注，发表了一系列关于土瑶学校教育的论文。《民族班调查：族群记忆正在走失——以贺州市土瑶民族班为例》以土瑶民族班的学校教育为例探讨传统文化教育和学校教育在现代社会中如何影响土瑶学生生活[③]。《边缘化民族教育观念分析——以广西土瑶为例》认为土瑶作为一个边缘化的民族在教育观念上存在诸多问题，他们因地理、经济、文化和心理的边缘化，在转型为现代教育观念产生了许多阻碍的因素[④]。《土瑶学校教育的现状分析与应对策略》论述了土瑶学校教育的现状与问题，同时还提出一些如何应对的建议和构想[⑤]。《土瑶女童就学历史与现状分析》对土瑶地区在改革开放前后女童入学的情况进行对比、查找原因，认为土瑶女童历经完全失学、部分入学到几乎完全入学的过程，促成土瑶女童几乎完全入学既有客观层面的因素，也有主观层面的原因，最基本也是最现实的原因就是土瑶女童追求具有现代文明气息的城镇生活[⑥]。

谢超然、周湘如等的《贺州市土瑶七年级学生实施英语任务型教学的设想》一文，对土瑶七年级学生的英语学习情况进行分析，提出了在土瑶学生中实施英语任务型教学的设想[⑦]。谢超然、高瑞声的《土瑶初中学生英语学习

① 何璇：《诠释少数族群学生低学业成就的新视角——读〈走进竹篱教室：土瑶教育的民族志研究〉》，《德宏师范高等专科学校学报》2007 年第 4 期，第 100-102 页。

② 王俞：《少数民族学校教育与地方政治权力的民族志研究——读〈走进竹篱教室：土瑶教育的民族志研究〉》，《西北民族研究》2013 年第 2 期，第 216-220 页。

③ 韦祖庆：《民族班调查：族群记忆正在走失——以贺州市土瑶民族班为例》，《教育评论》2007 年第 1 期，第 101-105 页。

④ 韦祖庆：《边缘化民族教育观念分析——以广西土瑶为例》，《贺州学院学报》2007 年第 1 期，第 95-99 页。

⑤ 韦祖庆、韦绍壮：《土瑶学校教育的现状分析与应对策略》，《教育评论》2007 年第 6 期，第 94-98 页。

⑥ 韦祖庆：《土瑶女童就学历史与现状分析》，《贺州学院学报》2009 年第 2 期，第 91-101 页。

⑦ 谢超然、周湘如、叶丽珍、高瑞声：《贺州市土瑶七年级学生实施英语任务型教学的设想》，《广西梧州师范高等专科学校学报》2005 年第 3 期，第 31-33 页。

心理障碍克服新探：错误分析理论运用实践》以心理学等相关理论为指导，经过调查分析与研究，探讨土瑶初中学生英语学习的心理障碍问题，同时提出解决问题的意见和办法[①]。高瑞声、谢超然的《土瑶初中学生英语学习心理障碍及克服探究》以土瑶初中学生英语学习心理障碍为对象，运用错误分析理论，找出土瑶初中学生英语学习中的问题，同时提出引导学生克服心理障碍的方法[②]。谢超然、高瑞声的《土瑶初中学生实施任务型语言教学的启示》通过实施科研项目，找出了任务型语言教学在土瑶初中学生英语教学中实施难以奏效的原因，并就正确实施相关教学模式得出了几点启示[③]。谢泳涓的《为何土瑶民族学生学英语忘得快》论述土瑶民族班英语教学的困境现状，解析土瑶学生学习英语忘得快的原因[④]。古伟霞的《多元文化整合教育视野下英语教学模式的构建：基于广西贺州土瑶学生英语教学的研究》在实地调查土瑶学生"三语"现状与分析其存在问题的基础上，运用"多元文化整合教育理论"为指导，探讨适合土瑶学生的英语教学模式[⑤]。古伟霞的《贺州市土瑶民族班英语学习状况调查与分析》在调查土瑶民族班学生英语学习状况的基础上，通过调查结果分析和成因分析，了解民族班学生英语学习特点[⑥]。李芳的《论少数民族学生英语成绩低下的成因及对策：以广西贺州市土瑶学生为例》通过访谈、参与观察和问卷调查等方法，对造成土瑶学生英语成绩低下原因的进行分析，借用二语习得相关理论提出改变这种现状的对策[⑦]。黄群昌的《少数民族心理和学生人格特征对英语学习的影响：土瑶学生英语学习的田野调》运用田野调查方法，对土瑶的民族心理及其学生人格特征进

① 谢超然、高瑞声：《土瑶初中学生英语学习心理障碍克服新探：错误分析理论运用实践》，《广西梧州师范高等专科学校学报》2006 年第 1 期，第 84-86 页。

② 高瑞声、谢超然：《土瑶初中学生英语学习心理障碍及克服探究》，《贺州学院学报》2008 年第 4 期，第 110-112 页。

③ 谢超然、高瑞声：《土瑶初中学生实施任务型语言教学的启示》，《贺州学院学报》2007 年第 2 期，第 88-91 页。

④ 谢泳涓：《为何土瑶民族学生学英语忘得快》，《基础教育研究》2007 年第 8 期，第 24-25 页。

⑤ 古伟霞：《多元文化整合教育视野下英语教学模式的构建：基于广西贺州土瑶学生英语教学的研究》，《教学与管理》2007 年第 21 期，第 57-58 页。

⑥ 古伟霞：《贺州市土瑶民族班英语学习状况调查与分析》，《读与写》2007 年第 8 期，第 177-178 页。

⑦ 李芳：《论少数民族学生英语成绩低下的成因及对策：以广西贺州市土瑶学生为例》，《读与写》2008 年第 2 期，第 60-61 页。

行分析，探讨它们与语言学习的关系[①]。谢泳涓的《少数民族学生英语习得低效的归因及对策：以贺州市土瑶学生为个案》对土瑶学生英语习得低效的归因进行了讨论，并提出提高土瑶学生英语习得的策略。认为造成土瑶英语习得低效的深刻原因是土瑶文化的缺失、口传观念的异化、学习者生理心理的弱化等诸多因素合力作用所致，要提高土瑶学生英语习得效率应优化土瑶儿童习语环境、强化英语教学语码转化、开展“三语”及其文化研究、运用多媒体提高语感。[②] 谢泳涓、高洁静的《基于统计学的边远少数民族初中生英语学习调查：以广西贺州市土瑶学生为个案》一文，以土瑶班为样本进行英语学习问卷调查，查看其学习偏好[③]。

黎智鹏、李娟等的《动机对土瑶学生数学学习的影响：基于广西贺州市土瑶与汉族学生数学学习状况的比较分析》一文，从学习动机视角切入，对土瑶学生与汉族学生数学学习状况进行调查与比较分析，以了解政府实施的民族教育倾斜政策取得的成果，并对其中存在的问题进行分析，同时提出一些改进措施[④]。黎智鹏、汤服成的《广西贺州市土瑶族与汉族学生数学学习状况的调查与比较分析》一文，从数学学习的角度切入，对土瑶学生与汉族学生数学学习状况进行调查与比较分析，剖析土瑶学生学习数学的困境，同时提出一些走出困境的对策[⑤]。

柳延东的《偏远山区教育资源建设策略探析——以贺州学院与贺州土瑶为例》以土瑶为例探讨发达地区如何在教育资源建设方面给予欠发达地区以支持[⑥]。另一篇文章《移动教育：突破西部偏远山区教育发展的“瓶颈”的利器——以广西土瑶山区为例》探讨如何利用移动教育来提高广西土瑶学生的

① 黄群昌：《少数民族心理和学生人格特征对英语学习的影响：土瑶学生英语学习的田野调》，《现代教育论丛》2008年第10期，第76-79页。

② 谢泳涓：《少数民族学生英语习得低效的归因及对策：以贺州市土瑶学生为个案》，《贵州民族研究》2009年第5期，第119-122页。

③ 谢泳涓、高洁静：《基于统计学的边远少数民族初中生英语学习调查：以广西贺州市土瑶学生为个案》，《科教文汇》2011年第8期，第165-168页。

④ 黎智鹏、李娟、吴春莲：《动机对土瑶学生数学学习的影响：基于广西贺州市土瑶与汉族学生数学学习状况的比较分析》，《贺州学院学报》2007年第3期，第125-128页。

⑤ 黎智鹏、汤服成：《广西贺州市土瑶族与汉族学生数学学习状况的调查与比较分析》，《数学教育学报》2008年第4期，第36-39页。

⑥ 柳延东：《偏远山区教育资源建设策略探析——以贺州学院与贺州土瑶为例》，《贺州学院学报》2009年第2期，第98-101页。

学业成就[①]。

谢泳娟的《土瑶班英语教师培养》基于文献分析与田野访谈，探讨土瑶班英语教师的培养，以提高土瑶班英语教师教育理论和教学技能[②]。钟荣桃、黄凤珍的《贺州土瑶教师专业发展的现状与对策分析》介绍了土瑶的经济现状、自然环境、社会环境、族群文化环境、教育与教师队伍现状，论述了族群文化环境对土瑶教师的影响，同时就如何转变土瑶教师的教育观念、提高土瑶教师的教学水平以及外来教师如何适应土瑶族群文化环境提出了一些建议[③]。不过从报纸上也见到热爱土瑶教育的教师对教育事业的坚守。2013年11月13日中国妇女报报道"80后"女老师龙海燕坚守土瑶山区给土瑶的教育发展带来了新希望。[④]

姜晚英、蒙初的《寄宿制土瑶学生生活习惯的现状分析及思考》[⑤]对寄宿制土瑶班学生生活习惯的分析，探索培养土瑶学生良好生活习惯的有效途径。

9. 医药卫生研究

对土瑶医药卫生的学术探讨，较早的一篇是左少良的《土瑶产妇药汤浴》，简单介绍了土瑶产妇药汤浴[⑥]，为后人了解土瑶的医药卫生，特别是土瑶妇女保健提供了宝贵的材料。袁同凯的《走进竹篱教室：土瑶学校教育的民族志研究》一书，也涉及土瑶的传统医药与现代医疗水平。之后，有调查团队到土瑶地区开展土瑶居民的体质调查，调查结果写成了一些调查报告。如李海强、贝光明、李彤、韦刚、罗昭芳、林青、于玉秀等人对土瑶居民体质状况及胃、十二指肠相关疾病进行调查，他们采用中医体质调查表问卷形式，调查18—60岁土瑶居民共500例并行电子胃镜与尿素14C呼气试验检查，形成调查报告《广西贺州瑶族土瑶居民中医体质及胃、十二指肠相关疾病调查》，认为土瑶居民以阳虚、气虚、痰湿体质居多，上消化道疾病防治

① 柳延东：《移动教育：突破西部偏远山区教育发展的"瓶颈"的利器——以广西土瑶山区为例》，《广西社会科学》2010年第11期，第148-150页。

② 谢泳娟：《土瑶班英语教师培养》，《贺州学院学报》2008年第2期，第88-94页。

③ 钟荣桃、黄凤珍：《贺州土瑶教师专业发展的现状与对策分析》，《贺州学院学报》2010年第4期，第93-96页。

④ 高峰：《"80后"女老师龙海燕坚守土瑶山区》，中国妇女报2013年11月13日。

⑤ 姜晚英、蒙初：《寄宿制土瑶学生生活习惯的现状分析及思考》，《基础教育研究》2011年第2期，第11-12页。

⑥ 左少良：《土瑶产妇药汤浴》，《医学文选》1991年第4期，第90页。

重点是慢性胃炎和消化性溃疡，尤其是浅表性胃炎、糜烂性胃炎、十二指肠球部溃疡，同时提示胆汁反流及疣状胃炎有较高的发病率①。又如李海强等人的《土瑶整脊疗法联合烫熨疗法对胃食管反流病的临床疗效观察》一文，对土瑶整脊疗法联合烫熨疗法治疗胃食管反流病的临床疗效进行观察。观察显示常规治疗基础上加用土瑶整脊疗法联合烫熨疗法，在胃食管反流病的治疗上可明显改善临床症状及胃镜下表现，提高综合治疗的疗效。②

10. 宗教信仰研究

目前土瑶宗教研究的成果极少，只有少数几位学者做了探讨。冯智明、陈容娟的《人类学视野下的仪式空间研究——以贺州土瑶安龙仪式为例》从空间视角出发，探讨了土瑶安龙仪式中的空间设置、空间象征意义以及空间建构③。程晖的《土瑶神像画研究》除了描述土瑶神像画的生成环境，更多地论述了土瑶像画的历史、种类、分布、存在状况、制作、使用及功能④。袁君煊、雷晓敏的《土瑶传统丧葬禁忌的文化视角》在走访调查的基础上，介绍了土瑶传统的丧葬禁忌，包括断气前后的禁忌、报丧吊唁的禁忌、守丧的禁忌、行殡下葬的禁忌及守孝期的禁忌等五个方面，分析其功能与影响。蒴蕊的《瑶族安龙仪式的宗教内涵及象征意义——基于广西贺州土瑶村寨的田野考察》一文，基于广西贺州土瑶村寨的实地考察，通过对仪式过程的详细记录，运用人类学的相关理论进行分析，以揭示土瑶安龙仪式的宗教内涵及其象征意义⑤。另外，还有一些著述有部分内容涉及土瑶宗教。⑥党延伟、陈容娟的《贺州土瑶人的家族社会、民间信仰和村落空间——以广西贺州市沙

① 李海强、贝光明、李彤、韦刚、罗昭芳、林青、于玉秀：《广西贺州瑶族土瑶居民中医体质及胃、十二指肠相关疾病调查》，《中国民族民间医药》2013年第15期，第8-10页。

② 李海强、贝光明、李彤、张冬琼、韦刚、罗昭芳、王萍：《土瑶整脊疗法联合烫熨疗法对胃食管反流病的临床疗效观察》，《中华中医药学刊》2012年第10期，第2182-2184页。

③ 冯智明、陈容娟：《人类学视野下的仪式空间研究——以贺州土瑶安龙仪式为例》，《广西社会科学》2015年第7期，第27-32页。

④ 程晖：《土瑶神像画研究》，硕士论文，广西民族大学，2016年。

⑤ 蒴蕊：《瑶族安龙仪式的宗教内涵及象征意义——基于广西贺州土瑶村寨的田野考察》，《宗教学研究》2020年第2期，第161-168页。

⑥ 袁君煊、雷晓敏：《土瑶传统丧葬禁忌的文化视角》，《地方文化研究》2016年第2期，第14-20页。

田镇大冷水村为例》涉及土瑶的信仰体系[①]；袁同凯的《走进竹篱教室：土瑶学校教育的民族志研究》涉及土瑶的宗教信仰与仪式；龚佩华的《广西贺县土瑶的社会和文化》提及土瑶宗教信仰类型和土瑶民众的宗教观念。

除了对土瑶的族群源流、族群关系、生态环境、经济发展、居所聚落、婚姻家庭、服饰文化、教育教学、医药卫生、宗教信仰进行研究之外，还有一些学者关注到土瑶其他的社会文化现象，如土瑶民族审美、姓氏命名、传统体育、社会变迁、文化传承、民族语言。韦海珊的《多媒体技术视角下民族审美力的培养与提升：以贺州土瑶为例》一文，论述了土瑶民族审美、民族文化严重缺失的现状与由来，同时提出保存与发展土瑶民族文化与特色的对策[②]。韦祖庆的《土瑶姓名社会生态意蕴分析》一文，对土瑶命名特点进行概括性总结，即男女命名表五行、男子命名用“女”字、女人命名重称谓、无行辈不表排行，同时分析了姓名蕴含的信息[③]。李青梅的《土瑶少数民族传统体育的保护与开发研究》一文，对土瑶民族传统体育的保护与开发研究进行了探讨[④]。韦浩明的《政府介入与贺州土瑶的社会变迁》一文，在实地调查的基础上，从生产方式、生活方式、文化教育模式等方面，归纳出国家力量借助政府运作介入土瑶的路径，分析了土瑶族群的社会变迁问题，既包含历史进程中主动适应社会发展需要的一面，又涉及政府介入引发的观念更新问题[⑤]。赵东东的《民族文化承传的灵魂歌者：广西贺州鹅塘镇土瑶民歌的传承人研究》一文，以族群社会属性视角分析土瑶民间歌者“个体经验”作用下，在不同场域中，对土瑶音乐文化的群内传播，以及族群精神观念在他们行为活动中的作用[⑥]。赵东东的《南岭古歌：贺州土瑶民歌形态及其审美心理探析》一文，在田野调查的基础上，对土瑶音乐审美心理进行全面系

---

① 党延伟、陈容娟：《贺州土瑶人的家族社会、民间信仰和村落空间——以广西贺州市沙田镇大冷水村为例》，《重庆科技学院学报》2016 年第 10 期，第 89-91 页。

② 韦海珊：《多媒体技术视角下民族审美力的培养与提升：以贺州土瑶为例》，《贺州学院学报》2008 年第 3 期，第 12-15 页。

③ 韦祖庆：《土瑶姓名社会生态意蕴分析》，《贺州学院学报》2010 年第 4 期，第 36-41 页。

④ 李青梅：《土瑶少数民族传统体育的保护与开发研究》，《文体用品与科技》2012 年第 5 期，第 18 页。

⑤ 韦浩明：《政府介入与贺州土瑶的社会变迁》，《贺州学院学报》2016 年第 1 期，第 11-15 页。

⑥ 赵东东：《民族文化承传的灵魂歌者：广西贺州鹅塘镇土瑶民歌的传承人研究》，《音乐传播》2016 年第 1 期，第 28-32 页。

统的分析，客观、真实地展示其民歌概貌[①]。欧阳颖的《广西贺州市鹅塘镇语言生活调查研究》一文，在对瑶族语言生活的探讨中涉及到土瑶的语言生活，不足之处是缺乏系统性[②]。刘宗艳的《土瑶勉语的传承与普通话学习的互迁移》一文，论述了土瑶勉语与普通话的音系差异及土瑶母语传承与普通话学习的互迁[③]。

第三节　调查过程

本书选取土瑶的社会文化为题，属于民族学、人类学考察的范畴，主要田野工作地点是广西贺州市沙田镇新民村的一个土瑶村落——马窝寨。当然，为了了解整个土瑶地区的发展变迁，我们还走访了大冷水、大冲、小冲、白虎、黄南、鸭尾等土瑶村寨。我们的田野调查分四次、三个阶段进行，总调查时间三个多月。

第一阶段的田野调查在2014年7月至8月进行，调查内容涉及马窝寨概况及整个土瑶社区的人口分布、经济生活、婚姻家庭、信仰习俗、节日庆典。调查期间恰逢土瑶的中元节，因而参与观察了马窝寨的拜庙、拜社和施粥等宗教仪式。

第二阶段的田野调查在2014年12月、2015年3月进行，这个时间段是土瑶人举行婚礼、度戒、安龙等宗教仪式的时间。我们在黄南寨参加了婚礼，又参与观察了一场打斋仪式，之后到鸭尾观看土瑶的安龙仪式。特别是在2015年3月，在白虎寨观看一场盛大的度戒仪式。仪式过程中，通过拍摄、记录和向师公询问仪式的步骤，从中了解土瑶社区的宗教仪式、宗教观念以及师公的信仰世界。

第三阶段的田野调查在2015年7月至9月进行，这一阶段的主要田野考察地点在马窝寨，主要是对马窝寨进行全面、深入的了解，对每一户的人

① 赵东东:《南岭古歌：贺州土瑶民歌形态及其审美心理探析》,《歌海》2018年第2期，第40-46页。

② 欧阳颖:《广西贺州市鹅塘镇语言生活调查研究》，硕士论文，广西师范大学，2013年。

③ 刘宗艳:《土瑶勉语的传承与普通话学习的互迁移》,《贺州学院学报》2018年第1期，第65-68页。

口、姓氏、婚姻、经济等方面进行了解，通过入户访谈，对每个家庭的日常生活都进行全面观察，核实每一户的人口、经济收入等各方面的数据，确保数据的准确性。调查期间，我们还到北都、牛洞两个寨子去走访，进一步了解土瑶与周边民族的关系。

调查过程中，我们的访谈对象超过一百人，有马窝、大冷水、大冲、小冲、白虎，黄南、鸭尾的土瑶，也有金竹和北都的过山瑶，还有沙田镇和牛洞的汉族。

我们的访谈对象包括：黄淑娉、龚佩华在马窝寨调研时访谈过的村民的后代，以及她们调查报告中提到的人名，我都一一进行了入户访谈。另外，我们还对村寨不同人群进行了深度的访谈，他们是村干部、教师、师公、妇女、大龄未婚青年、年纪在二十周岁以下的早婚早育女子、学生、辍学在家的未成年人等人群。

第四节　研究方法

本书采用人类学的参与观察、深度访谈、文献分析等方法，并对收集的资料进行对比分析，结合主位与客位的视角来开展调查研究。参与观察要求研究者进入到研究对象的生活里，与研究对象同吃同住同劳动，通过与研究对象在日常生活中的交往来了解他们的文化。田野中，不仅要观察调查对象的生活，还要参与其中，特别是一些宗教仪式。尽可能地学习当地的语言，适时站在研究对象的立场看待所发生的事情，只有做到参与观察，才可能更好更顺利地开展调查研究。

第一种方法是参与观察。进入田野工作现场的第一步就是要学会观察，观察田野工作地点的山山水水，观察路上的行人，观察村民一天中所做的一切事情。在观察家庭生活时，我们能看到居住在山里的土瑶人都特别勤劳，每天五点多就起床，一般都是老人起床，女的烧火煮饭菜，男的就在自家的房前屋后整理拾掇或者到村里的小卖部门口转悠闲聊。早上等到差不多七点时，家里的年轻人也陆续起来，妇女在煮好一家人的饭菜之后就去喂猪喂鸡。七点左右开始吃早饭，有些家庭七点已经上山干活了。吃完饭，用竹筒装上一筒粥，带上一小包盐，放在网袋里，背在身上就上山干活去了。家里若有幼儿，则需要留一个大人在家里照看。上山干活的村民一般天黑才回到家，洗漱好后一家人聚在一起吃晚饭，一边闲聊或者看电视。晚上十点，寂静的寨子只有几处的亮光，各家各户都纷纷进入梦乡了。在夏季，我们每天早晨伴着山里的虫鸣鸟叫声从梦里醒来，在和东家一起准备全家的早餐时和他们聊聊家里的琐事，聊聊他们平日上山干的活。由于语言交流障碍，当地人之间的交谈我只能在他们交谈结束后才能问其中一人刚刚说了什么。观察之后，最终一定要参与到他们的生活中，比如某一天村里每家每户要求一人到村里的茶场干活时，我们也跟着东家一起去了。在干农活的过程中，我们还可以和其他村民交谈，聊聊家里的事情，一下子感觉我们慢慢融入其中，感觉自己已经成为这个村寨的一份子。另外，在寒冬里参加土瑶的婚礼、丧葬、度戒、安龙等仪式，与村民一起熬夜看仪式。在仪式中场休息时，一起围在火塘边上和村民交谈或者观察他们的行为。通过观察然后参与，记录观察到的文化现象，写下参与后的亲身感受。通过了解村民的生活现状，并将之与过去的生活进行对比分析，以人类学的角度分析带来这些变化的种种因素，得出土瑶社会文化变迁的发展轨迹。而参与观察后所得到的资料则成为研究的第一手资料来源之一。

第二种方法是深度访谈。在 2014 年的夏天，我们第一次深入到土瑶之中，通过一段时间的相处之后，他们渐渐放下对我们的戒备心。因为村民在平时空闲时间或是去做山工的路上都会在小卖部门口闲聊一会，所以我们经常在小卖部门口“蹲点”。在参与观察的过程中开始我们的深度访谈。因为经常在人来人往的村口小卖部，村里人对我们不再陌生，这时候就可以开始我们的深度访谈了。我们先把整个村子的各家各户都走了一遍，每到一家村民都热情地招呼我们到家里坐。夏天正是西瓜成熟的季节，我们和主人一边吃着香甜的西瓜一边聊天，从西瓜聊到田地，聊到家庭收入，聊到子女的学习和婚嫁，聊到过年过节的礼俗，聊到过去和现在的生活发生的种种变化。在聊天的过程中，有时候我们也会掏出笔记本，在笔记本上记下重要的信息，有时候还会用手机录音，晚上回去再听录音整理一天的笔记。在整个田野工作进行到三分之一时，我们已经把每家每户都走访了一遍以上，已经能准确地掌握整个村寨的家庭关系和婚姻关系。针对土瑶与其他族群的关系，我们步行一个多小时到北都的过山瑶村寨做访谈、到汉族聚居的牛洞寨走访。从不同人群的深度访谈中收集到了关于经济发展、婚姻家庭、宗教信仰、学校教育、族群关系各个方面的资料，成为本书的重要资料来源。

第三种方法是文献收集与比较分析法。书中所采用的资料主要来源于四个方面：一是通过图书馆和网上查阅公开出版/发表的文献资料，其中在广西民族大学图书馆、贺州市图书馆查阅到的文献包括市志、地名志以及有关土瑶研究的著作与论文，在中国知网上查阅下载关于土瑶的所有学术文献。二是在贺州市相关政府部门收集到的内部资料，包括在贺州市民委、贺州市民族宗教事务局、沙田镇镇政府办公室、沙田镇宣传文化中心收集到的有关土瑶经济状况、人口分布以及沙田镇的发展历史等资料。三是在田野工作地点收集到的黄淑娉、龚佩华两位学者对马窝寨土瑶研究的资料手抄本，以及已经去世的村干部与政府人员的书信、报告等内部资料。另外，还有从盘道养老师处收集到的瑶族歌本，在盘孝荣师公处收集到的经书和仪式神画等田野资料。四是在田野中整理好的访谈资料，其中大部分是被研究对象的口述，也一一如实描述出来。图表是我们经过结合官方资料和走访统计绘制而成的，所拍摄的照片也在当事者的同意下所进行的。所有的文献资料都是经过认真核实并将之进行比较分析才引用到书中的各个部分。

第五节　理论视角

人类学追踪研究存在两种现成的模式：第一种是国外称为“再研究”的方式，对前人研究的基本观点予以根本否定或颠覆；第二种是国内称为“追踪研究”的方式，通过搜集较长时间跨度的后续资料，与原有的资料形成一个时间上连贯的社会事实序列，由此来探讨社会与文化的变迁。[①]鉴于本书研究的主旨是在先行研究者调查的基础上对马窝寨土瑶进行追踪研究，因此本书将采取一种历时性的研究框架来探讨二十多年来马窝寨土瑶的社会文化变迁过程。

文化是人类用以解决人类意识到的生存问题的手段。各种各样的文化制度——诸如亲属和婚姻、政治和经济组织以及宗教——紧密配合，形成一个一体化的文化系统。因为各个系统一般是维持稳定的，所以文化通常

① 张宏明：《土地象征：禄村再研究》，北京：社会科学文献出版社 2005 年版，第 1-2 页。

也是相当稳定。[①] 但没有哪一种文化是一成不变的，因为文化是一种流变的存在，始终处于一种变迁的状态。文化变迁是指或由于群体社会内部的发展，或由于不同群体之间的而接触，而引起的一个群体文化任何方面的改变。[②] 文化变迁与社会变迁密切相关。“社会变迁指社会制度的结构或功能的改变，……或者在家庭结构或功能上的变化等等。……这些变迁都伴随着文化的变迁。”[③] 而文化变迁总是与之相伴随，所以有的人类学家索性用“社会文化变迁”一词。文化变迁有时是温和而缓慢地发生，但有时变化的步伐会突然加快，从而导致在一个相对短的时期内发生急剧的文化改变。人类学家通常把创新、传播、进化、涵化、冲突、适应、同化、融合和整合等都归在文化变迁这一动态的过程中予以分析和研究[④]。文化变迁既有外部的变迁，也有内部的变迁。内部变迁一般源自发现或发明，而外部变迁一般源自采借或传播，在关注引起文化变迁的外部因素的同时，也应强调导致文化变迁的内部原因，以此把握正在发生的变迁。[⑤]

文化变迁是人类学研究的主要课题和基本的目标之一，自人类学诞生以来，各个人类学理论学派都在讲文化变迁。早期进化学派用文化进化理论来说明文化发展的普遍性，认为人类文化普遍地由低级向高级、由简单向复杂发展进化，形成一个发展序列。涉及的主要是历史上的文化变迁，不大重视民族之间的文化接触，以及正在发生的文化变迁。传播学派着重研究文化的横向散布，认为文化主要在传播过程中发生变迁，忽视人类创造文化的能力。美国历史学派强调每个民族的历史和文化的特殊性，认为这种特殊性一方面取决于社会的内部发展，另一方面取决于外部的影响。这既要考虑到独立发明，也要考虑到传播的作用。[⑥]

---

① [美]威廉·A·哈维兰（William A. Haviland）著：《文化人类学》第十版，上海：上海社会科学院出版社2006年版，第456页。

② [美]克莱德·M·伍兹（Clyde M. Woods）著：《文化变迁》，何瑞福译，石家庄：河北人民出版社1989年版，第3页。

③ [美]克莱德·M·伍兹（Clyde M. Woods）著：《文化变迁》，何瑞福译，石家庄：河北人民出版社1989年版，第6页。

④ 麻国庆：《走进他者的世界》，北京：学苑出版社2001年版，第302页。

⑤ 包路芳：《社会变迁与文化调适——游牧鄂温克社会调查研究》，北京：中央民族大学出版社2006年版，第5页。

⑥ 黄淑娉、龚佩华：《文化人类学理论与方法研究》，广州：广东高等教育出版社2004年版，第216-217页。

社会文化变迁的动力极为复杂。在人类学对变迁的研究中，把创新作为所有文化变迁的基础[①]。创新经常采取长期的变异、发现、发明、传播或借用等方式[②]。促使文化变迁的原因：一是内部的，由社会内部的变化而引起；二是外部的，由自然环境的变化及社会文化环境的变化如迁徙、与其他民族的接触、政治制度的改变等引起。进化、发明和发现、传播或借用，是文化变迁的过程或途径。[③]

文化变迁的研究方法主要有：（1）历史复原法——根据历史资料、考古记录、报道人回忆等，复原过去的历史；（2）剖面分析法——对文化变迁的内容进行研究，分析变迁的过程、原因、结果；（3）再研究法——回到先前研究过的社会进行再研究；（4）变迁的纵向研究法或称持续观察法——固定一个地点，每隔一定时间进行调查，记录所发生的变迁，研究为什么变，是怎么样变的。[④]

世界上的任何一个民族，都有自己的一套文化体系。土瑶作为瑶族众多支群中的一个支系，同样拥有一套独特的文化体系。稳定是所有文化的一个显著特征，但没有哪种文化是一成不变的，只是变迁的速度与方向，在文化与文化之间，时代与时代之间，却有很大的不同。今天，随着时代和环境的变化，瑶族文化已经发生急速的变化。人类各民族的文化既有共性又有个性，瑶族文化虽然有自己的个性，但其变迁不可能不受到人类文化的一些共同法则约束。[⑤] 本书认为，上述每一个学派有关文化变迁的探讨都是特定历史背景下的产物，是研究者对人文世界的认识过程，在某种程度上对本书研究都有一定的参考价值。因此，本书将在人类学文化变迁理论的指导下，对广西贺州市马窝寨土瑶的社会文化进行历时的追踪调查，以反映在黄淑娉、龚佩华调查之后二十多年来马窝土瑶的发展与变化。

---

① H.G.Barnetl. *Innovation: The Basic of Culture Change*. McGraw-Hill, New York, 1953.p.7.

② 麻国庆：《走进他者的世界》，北京：学苑出版社 2001 年版，第 303 页。

③ 黄淑娉、龚佩华：《文化人类学理论与方法研究》，广州：广东高等教育出版社 2004 年版，第 218 页。

④ 黄淑娉、龚佩华：《文化人类学理论与方法研究》，广州：广东高等教育出版社 2004 年版，第 234-235 页。

⑤ 张有隽：《瑶族传统文化变迁论》，南宁：广西民族出版社 1992 年版，第 9 页。

第二章　马窝寨的文化意象

马窝寨是广西壮族自治区东北部边远山区的一个土瑶村落，行政上属于贺州市沙田镇新民村。为深入透视马窝土瑶社会文化的普遍性和特殊性，准确把握二十年来马窝土瑶社会文化变迁，本章拟对马窝寨及其所属地区的地理环境及社会文化背景作一个简要的交代，就地理环境、人口分布、族群来源、村寨空间等方面从民族志的视角进行了概括，以求提供一幅比较完整的土瑶生产生活画卷。

第一节　瑶族概述

瑶族是一个历史悠久、迁徙频繁、居住分散的南方山地民族。2010 年中国有瑶族 264 万人，主要分布在广西、广东、湖南、云南、贵州、江西等省区。瑶族大部分居住在海拔约 1 000 米的高山密林里，部分居住在石山、半石山区，小部分居住在河谷、丘陵地带。瑶族地域，在以北纬 30° 和 20°，东经 102° 和 120° 这四边围成的长方形内，其分布是沿着从四边形的东北角引向西南角的对角线伸展，呈现出一条很长的走廊形状 ①。五岭、十万大山、都阳山、雪峰山、罗霄山、六韶山、哀牢山等山脉横亘其境，山峦奔腾起伏，纵横交错，形成若干大小不等的山麓陡坡，都是瑶族建立家园的地方 ②。由于大多数瑶族居住在广东、广西与湖南接壤的五岭南北地区，故史

① 竹村卓二著：《瑶族的历史和文化》，金少萍、朱桂昌译，北京：民族出版社 2003 年版，第 4 页。

② 奉恒高主编：《瑶族通史》，北京：民族出版社 2007 年版，第 2 页。

有“南岭无山不有瑶”之说。

瑶族族源可溯至远古时期的“九黎”“三苗”集团。“九黎”最初活动在黄河长江中下游，后与炎黄部落发生战争，“九黎”集团战败解体，其主体被迫南迁。南迁的“九黎”后裔后来逐渐强大起来，在江淮地区形成“三苗”集团，与尧舜禹进行长期的战争。“三苗”集团最终战败解体。商周时期，瑶族先民形成以古荆州地区为中心的活动地区，史书称为“荆蛮”“南蛮”。战国时期，居于楚国境内的部分蛮族被迫向南迁徙，加速了蛮族重心南移的过程。秦汉时期，瑶族先民被称作“盘瓠蛮”。在汉代盘瓠蛮中，“武陵蛮”“长沙蛮”“零陵蛮”“桂阳蛮”与瑶族先民关系密切。南北朝以后，瑶族先民以“莫徭”之名见史书。至宋代，瑶族形成单一的人们共同体，主要聚居在湖南境内，部分居住在两广北部。元明时期，由于战争的影响，瑶族被迫大量南迁，不断深入两广腹地。到明代，两广成为瑶族主要分布地区。明末至清代，部分瑶族又自广东、广西分别迁入贵州、云南等地。之后，有的又向西南山区移动，形成今天大分散、小集中的分布局面。直至近代，瑶族一直过着辗转迁徙的动荡生活。部分瑶族明清之际，远徙越南、老挝、缅甸、泰国等东南亚国家。20 世纪 70—80 年代，由于越南、老挝、柬埔寨战乱，不少已在越南、老挝定居的瑶族又逃入泰国，之后被联合国以难民身份安置转迁至美国、法国、加拿大、瑞士等欧美国家，瑶族成了跨境居住的民族。散居海外的瑶族有 80 多万人，基本属于盘瑶和蓝靛瑶[①]。

瑶族的名称复杂多样，有他称和自称两种。瑶族他称达 456 种[②]，有的因崇奉盘王被称为“盘瑶”“盘古瑶”；有的因居住得名“高山瑶”“平地瑶”“山子瑶”“深山瑶”“浅山瑶”“东山瑶”“西山瑶”“八排瑶”“东弄瑶”“西弄瑶”“东边瑶”“西边瑶”“八峒瑶”“茶山瑶”等；有的因服饰特点被称为“大板瑶”“细板瑶”“顶板瑶”“狗头瑶”“尖头瑶”“平头瑶”“红头瑶”“红瑶”“白裤瑶”“黑裤瑶”“长衫瑶”“青衣瑶”“花瑶”“花蓝瑶”“花头瑶”“花脚瑶”等；有的因与封建王化政策密切与否而得名“生瑶”“熟瑶”“良瑶”“恶瑶”“民瑶”“粮瑶”“正瑶”等；有的因生产生活特点被称为“蓝靛瑶”“背篓瑶”“背陇瑶”；有的因刀耕火种、迁徙频繁被称为“过山瑶”；还有的因姓氏多寡而得名“七姓瑶”“八姓瑶”“十二姓瑶”“五姓瑶”等。瑶族自称有

① 毛宗武：《瑶族勉语方言研究》，北京：民族出版社 2004 年版，第 4 页。

② 黄钰、黄方平：《国际瑶族概述》，南宁：广西民族出版社 1993 年版，第 14 页。

96种[1]，如有“勉”“优勉”“祝敦勉”“董本优”“土优”“谷岗优”“坳标”“标曼”“标敏”“藻勉”“史门”“金门”“甘迪门”“布努”“努努”“布诺”“瑙格劳”“努茂”“杯冬诺”“炯奈”“唔奈”“巴亨”“优诺”“拉珈”“炳多优”“优念”“珊介”“优嘉”等。自称中以“勉”“门”“敏”为最多，约占瑶族总人口的60%以上。瑶族称谓最早见于唐初姚思廉所著的《梁书·张赞传》，称为“莫徭”。宋代称“徭人”“蛮徭”。元以后出现“猺”“蛮猺”的侮辱性称谓。明、清两代直至民国时期仍然沿用。中国共产党成立后，主张各民族一律平等，去掉带有侮辱性的“猺”字，改用“徭”字。中华人民共和国成立后，根据瑶民群众的意愿，改用“瑶”字，统称“瑶族”。

瑶族大多居住在南方群山环抱之地，经济生活以农业为主，兼营林业。由于历史原因，瑶族长期以来隐居山林，过着“食尽一山则他徙”的游耕生活。中华人民共和国成立后，瑶族基本结束了世代漂泊的历史，过上了定居的生活。

瑶族纳入中华民族大家庭经历了一个长期的历史发展过程。还在远古时代，瑶族先民“九黎”“三苗”就已与华夏民族先民发生了关系。秦汉时期，中央王朝在瑶族先民活动的地区设置“黔中郡”“长沙郡”和“武陵郡”对瑶族先民进行统治。魏晋南北朝时期，在瑶族先民活动的地区设置“南蛮校尉”“宁蛮校尉”，封诸“蛮帅”为刺史，以争取蛮人“内附”。唐代，在瑶族先民“莫傜”居住的“江南道”“岭南道”诸羁縻州任各族首领为刺史，同时设节度经略史，派兵驻守，加强统治。宋元时期，在瑶族地区建立“以夷制夷”的土官制度，封当地的瑶族首领为刺史、峒主、山官，对瑶族进行统治。明清时期，统治者沿袭宋元剿抚兼施，以夷制夷的政策，封授瑶族首领为瑶首、统领、瑶镇、总甲、瑶长、团总，以统领瑶族，维护治安和向朝廷贡赋。同时在瑶族地区增设州、县，委任抚瑶官吏，兼派巡检，加强统治。民国时期，承袭历代王朝的统治政策，进一步在瑶族地区推行民族压迫、民族同化政策：一方面保留清末在瑶族地区建立的统治机构及官史，如乡、里、保，瑶长、瑶练、团总之类；另一方面推行“开发瑶山”“开化瑶民”的活动，将乡村保甲制度推广到瑶族地区。历代中央王朝除建立统治机构和直接建立州、县对瑶族地区进行统治外，在瑶族社会内部还存在着一种带有原始民主性质的瑶老社会组织。宋代称瑶老为“瑶酋”“瑶首”“峒主”。元明

① 黄钰、黄方平:《国际瑶族概述》，南宁：广西民族出版社1993年版，第14页。

以后，出现“瑶老”之称。瑶老的产生，有的由民主选举产生，有的则由神判产生，但多数是群众中有威信的自然形成的公共领袖。瑶老依据族规村约，负责维护内部的社会秩序，调解纠纷，处理案件，管理公共事务与生产活动，主持宗教与祭祀活动，以及组织力量反对外来势力的侵扰等。瑶老分布广泛，不同地区有不同的称呼，如广西南丹、贵州荔波的瑶族叫“庙老”，云南瑶族叫“目老”，桂北、湘南瑶族叫“社老”，广东八排瑶叫“瑶老”，广西十万大山瑶族叫“村老”，广西都安、大化瑶区叫“寨老”，广西大瑶山瑶族叫“石牌头人”。

瑶族没有统一的民族语言。瑶族使用的语言有六种[①]。一是勉语，属于苗瑶语族瑶语支的语言，分“勉”“金门”“标敏”“藻敏”四种方言，所占人口最多，分布最广；二是布努语，属于苗瑶语族苗语支的语言，分“布努”“瑙劳”两种方言，主要分布在都安瑶族自治县、大化瑶族自治县、巴马瑶族自治县和南丹等县，人口次于勉；三是拉珈语，属于壮侗语族侗水语支的语言，主要分布在金秀瑶族自治县及与之相毗邻的平南县马练乡，内部较统一，无方言之分；四是巴哼语，属于苗瑶语族苗语支的语言，分布于融水、三江、龙胜等地自称“巴哼”的红瑶所说的语言；五是炯奈语，属于苗瑶语族苗语支的语言，原属布努语的一个方言，现独立出来，是金秀瑶族自治县花蓝瑶所说的语言；六是平地瑶话，属于汉语方言。[②]瑶族没有本民族的文字。早期瑶族主要用“打木格”的方法记事，后来通过汉字学习文化知识，并以汉文作为书写工具。但由于经济困难、民族歧视等原因，能进入学校学习的人很少。瑶族社会的文化传承主要借用汉字记瑶音、以汉字记瑶语义、用汉字结构创造方块瑶文，用于传抄歌谣、抄写经书，书写借据、合同、婚约等契约，并用于记事、记账、诉讼等。由于方块瑶文借用方块字构成，是表意文字，结构复杂，难认、难写、难记，要学会并能掌握、运用比较困难。1982 年，国家民委、中央民族学院、中国社会科学院等的一些专家设计了一套以勉语为基础的拉丁字母拼音文字。这种文字由 30 个声母、130 个韵母、8 个声调组成，先在广东、广西、云南等瑶族地区试行。1984 年，又结合旅美的美籍瑶族华人约瑟·候博士的研究成果，实现了中美瑶文

---

① 毛宗武:《瑶族勉语方言研究》，北京：民族出版社 2004 年版，第 5 页。

② 奉恒高主编:《瑶族通史》，北京：民族出版社 2007 年版，第 822-823 页。

方案的统一。[①]

瑶族过去因遭受历代统治阶层的压迫，避居于生存条件恶劣的深山密林里，加上迁徙不定的游耕生活，宋代以前的瑶族地区没有正规的学校教育。瑶人接受学校教育的机会很少，特别是妇女，几乎没有进过学校。瑶族对自己子弟的教育，主要是通过家庭教育和社会教育来进行。宋以后，历代统治者在瑶地区办府州县学，鼓励瑶族子弟入学。明代，在瑶族聚居的地方采取“兴教化，立学校”的措施，在府州县设“儒学”，在乡村建“社学”。到清代，统治者为发展瑶区教育，打破民族歧视造成的界限，在瑶区建立“瑶学”“官学”“义学”，从师资选择、岁科两考资格、录取新生名额以及经费等方面给予特殊照顾，鼓励瑶族子弟入学读书。[②] 私塾也是瑶族读书识字的重要途径，但只有少数人有机会入私塾读书，而且私塾在瑶山的发展因受到政治、经济等因素的限制，只是断断续续地在部分山寨延续到民国时期。民国年间，国民党推行“开化教育”，在瑶族地区继续办学校，设立“化瑶局”。正规学校教育在瑶区的大规模发展，始于20世纪50年代以后，但是因各种条件限制，半个多世纪以来，瑶族学校教育的发展还相当缓慢。2000年瑶族15岁以上人口1 925 078人，文盲、半文盲人口404 793人，占12.28%，其中15-19岁年龄段的文盲、半文盲占同龄人口的百分比最低，为2.13%，女性在同龄段中的文盲、半文盲率高于男性，为3.13%，而男性为1.23%。文盲、半文盲率随着年龄段的上升而增高，60岁以上岁龄段达57.1%。[③]

瑶族“好五色衣服”“衣裳斑斓”。在衣服上绣各种花纹图案，身配各种饰物，是瑶族服饰的一大特色。瑶族各支系服饰有所不同，式样多达百余种。瑶族服装制作多采用青色或蓝色、黑色布料。男子喜穿对襟或右衽、铜排扣上衣或无领无扣短衫，下身穿宽筒长裤，扎腰带。妇女穿圆领花边对襟，无领无扣对襟或右衽长衣，下穿挑花长裤或百褶裙，扎绣花腰带，系绣花围裙，缠绑腿。

瑶族社会盛行招郎上门。入赘女婿在家庭中享有平等地位。家庭属一夫一妻制的核心家庭。家庭规模一般为5人左右，个别能力强的人家保持人数

---

① 徐祖祥：《瑶族文化史》，昆明：云南民族出版社2001年版，第71页。

② 张有隽：《论瑶族教育的历史发展》，《广西民族学院学报》1983年第2期，第38-47页。

③ 国家统计局人口和社会科技统计司、国家民族事务委员会经济发展司：《中国民族人口资料》，北京：民族出版社2003年版，第136-137页。

众多的大家庭。子女的血统从父，世系按父系计算，家庭财产按父系继承。无子者，可招侄子或养子作嗣子，但优先在房内选继承人。养子从养父姓，有财产继承权。有女无子的可招婿，儿子多的也可出赘。赘婿需从妻姓，也有财产继承权。

瑶族传统节庆主要有拜山节、分龙节、防风节、雷王节、除夕、盘王节、祝著节、清明节、目连节、敬鸟节、保苗节、牛王节、社节、春节等。盘王节、达努节是瑶族最盛大的传统节日。盘王节又称“做盘王”“跳盘王”“还盘王愿”，是瑶族纪念祖先的盛大节日。相传很久以前，瑶族漂洋过海时，遇上强烈的风浪，七天七夜不能到达彼岸，有的船只沉入海底，眼看族人行将覆灭，人们想起了万能的始祖盘王，于是纷纷下跪向盘王祈福许愿，说是如果盘王能保佑船只平安到达彼岸，以后将杀猪酬谢。祈福过后，海面风平浪静，所有船只平安地到达了对岸。从此往后，为报答盘王的再生之恩，各姓瑶人焚香膜拜，以猪祭奉，子子孙孙保持下去。盘王节的活动内容主要以唱盘王歌和跳长鼓舞为主。在传统的歌舞节目中，由3队盛装打扮的未婚青年男女，在师公（有的地方是歌师）的引领下，演唱《盘王歌》《流落歌》，师公助手则依歌跳起长鼓舞，复述他们祖先迁徙的历史。达努节，又称“祝著节”“祖娘节”“完九节”“二九节”“瑶年”，是分布在广西都安、巴马、大化、马山、平果、隆安等县布努瑶的传统节日。传说布努瑶的始祖母密洛陀造天地万物，传下万代子孙。后人为纪念这位始祖母的功德，便于她的生日农历五月二十九这天杀牲，集聚宴饮，祝她老人家福如东海、寿比南山，因而成节。祝著节的活动内容主要以打铜鼓、跳舞为主。

瑶族的宗教信仰有多种形式，各地瑶族的信仰不尽一致，既有图腾崇拜、自然崇拜、祖先崇拜等自然宗教形式，也有道教、佛教、基督教等人为宗教形式。

第二节　土瑶来源

土瑶是瑶族众多支群中的一支，人口比较少，2010年有7087人。由于地理环境、社会经济、文化教育等方面的限制，土瑶的社会生活与相邻民族相比要封闭得多，在各方面受外界的影响比较小，至今仍沿袭着古朴的生产生活习俗。

一、土瑶称谓

贺州瑶族主要有过山瑶和土瑶两种。瑶族称汉族为“干”，意译为外人。山外的汉人为区别汉人与瑶人，称这些深山里来赶闹子的戴包头的男人和戴平顶帽的女人为“山瑶佬”[①]。“土瑶”这个称呼是山外的汉人最先叫起来的，之所以被称为“土瑶”，黄淑娉、龚佩华两位学者认为是因为土瑶最早迁来贺州，所以被称为“土瑶”或“在地瑶”[②]，而现在周边的民族则说是因为他们“封闭”“落后”，不愿意接受外来文化很“土”，所以才被叫作“土瑶”。土瑶的姊妹支系过山瑶称他们为“阴地棉”，“阴”意为偏僻阴暗，“地”即地方，“棉”意为人，合起来即是“住在偏僻阴暗地方的人”[③]。土瑶和过山瑶都操勉语，可以互相通话，两个支系均属盘瑶系统[④]，但土瑶和过山瑶分寨聚居，文化上也存在着明显差异，过去互不通婚嫁，现在偶有通婚嫁的例子。土瑶在贺州居住的年代最久，他们在贺州居住有17代人之久，而过山瑶搬来贺州的时间较晚，只有7代人的时间[⑤]。因此，土瑶把他们当作外人，称之为“干”，意为“外人”[⑥]，有时也称他们为“归带”，意为“过海”，意思是“过海而来”。[⑦]在土瑶人的潜意识中，邻近山寨的过山瑶来自与他们不同的地方。基于这样的群体记忆，无论在文化上还是心理上这两个支系都互不认同。过山瑶认为土瑶话难听，而且不讲究卫生，而土瑶则认为过山瑶人都坏，嘴巴恶毒。在平时交谈中自觉区分“过山瑶”和“土瑶”。在土瑶社区内部，他们自称“投勉”(thou-mjan)，意为土人。现在官方和学术界都称他们为“土瑶”，但周边的外族有时仍叫他们“山瑶佬”。

---

① 袁同凯:《走进竹篱教室：土瑶学校教育的民族志研究》，天津：天津人民出版社2004年版，第57页。

② 黄淑娉、龚佩华:《广西壮族自治区贺县土瑶社会文化概况》，1988年手写稿，第3页。

③ 广西区编辑组:《广西瑶族社会历史调查》(三)，北京：民族出版社2009年版，第147页。

④ 龚佩华:《广西贺县土瑶的社会和文化》，《广西民族研究》1990年第3期，第94-102页。

⑤ 广西区编辑组:《广西瑶族社会历史调查》(三)，北京：民族出版社2009年版，第197页。

⑥ 龚佩华:《广西贺县土瑶的社会和文化》，《广西民族研究》1990年第3期，第94-102页。

⑦ 广西区编辑组:《广西瑶族社会历史调查》(三)，北京：民族出版社2009年版，第197页。

二、土瑶族源

瑶族古籍《评皇券牒》[①]叙述了评王、高王之争，评王屡战屡败，于是张贴榜文，广募天下英雄。榜文出了很久，无人应征杀敌。评王养有龙犬一只，名曰盘瓠，身长三尺，毛色黄斑。一天，盘瓠见了王榜，便扯下榜文，随后潜入敌国，用计咬死高王。评王大喜，赐三公主与之为妻。后敕令预备鼓乐，送到南京十宝殿会稽山安居，数年后生下六男六女。评王大喜，敕封盘瓠为始祖盘王，赐予盘、沈、包、黄、李、邓、周、赵、胡、冯、雷、唐十二姓。十二姓子孙繁衍，便成现在的瑶族。

瑶族是中国历史上迁徙较多的民族之一。“一部瑶族史便是一部漂流史”。[②]秦汉时期，瑶族先民主要居住在湖南的湘江、资江、沅江流域的中、下游和洞庭湖周围的山间峡谷一带。但在汉族开始向南方发展的前提下，那一带已经不是瑶族先民真正的久居之地，他们开始踏上缓慢的、持续不断的民族分散和移动之路。[③]南北朝时期，瑶族先民向北迁徙，到达长江、淮河之间的广大地区，后来因封建统治阶级不断压迫而逐步南迁。隋唐时期，瑶族主要居住在长沙、武陵、零陵、巴陵、桂阳、衡山、澧阳、熙平等郡，即湖南大部分以及广西东北部、广东北部等地区。五代时，湖南资江中、下游和湘、黔之间的五溪地区仍有较多的瑶族居住。到了宋代，湖南西南部的辰、沅、靖诸州以及湖南南部、广西东北部的韶州、连州、县州、郴州等地，都是瑶族的主要布地区。[④]贺州地处湘、粤、桂三省（区）交界地，又有古道贯通湘南，因此成为瑶族由湘入桂的一个要道。宋时，贺州已成为广西

---

① 瑶族《评皇券牒》《盘王券牒》俗称《过山榜》，相传是封建王朝敕赐给瑶族先民的安抚文书。现存券牒藏本，尚有《盘古王圣牒》《过山牒》《过山文书》《白箓敕贴》《瑶人榜文》等 20 余种名称。瑶族券牒文体不一，长短不同，内容丰富，反映了瑶族起源传说、迁徙过程、生产发展、婚姻丧葬、宗教信仰、生活习俗等方面的内容。参见黄钰辑注《评皇券牒集编》，南宁：广西民族出版社 1990 年版。

② 乔健：《飘泊中的永恒》，济南：山东画报出版社 1999 年版，第 65 页。

③ [日]竹村卓二著：《瑶族的历史和文化：华南、东南亚山地民族的社会人类学研究》，金少萍、朱桂昌译，北京：民族出版社 2003 年版，第 1-2 页。

④《瑶族简史》编写组：《瑶族简史》，南宁：广西民族出版社 1983 年版，第 13-14 页。

瑶族的一聚居地。[①]《宋史·蛮夷列传》载："蛮猺者，居山谷间，其山自衡州长宁县，属于桂阳，郴、连、贺、韶四州，环行千余里，蛮夷居其中，不事赋役，谓之猺人。"[②] 贺州瑶族自称"勉"，主要有过山瑶和土瑶两种[③]。

土瑶世代生活在深山，交通闭塞，外界很少有人了解他们，因而有关土瑶的记载，无论是官方或民间都没有留下多少可供参阅的历史文献。为了把土瑶人的来龙去脉梳理清楚，黄淑娉、龚佩华两位学者深入土瑶人中收集民间故事、传说和神话，并且收集到一则家喻户晓的族源传说故事《朱王、评王争天下的故事》。传说当时朱王人多，评王人少，评王打不过朱王，只好泅水过海，当他游不动时，海龙王派了一只五彩狗去救助他。评王得救后说："谁能把朱王的头拿来，我就把女儿嫁给他。"有一天，五彩狗居然把朱王的头叼回，评王只好把女儿嫁给它。狗说："你们把我放入铜钟里，捂上七天七夜，我就能变成人形。"至第六天，因岳母急不可待，就打开铜钟，此时之间狗的身子和手脚都变成了人形，只有脑袋尚未变。这样，评王只好给它戴上一顶狗头帽，遮盖着与女儿拜堂成亲。狗带着公主去大石洞，成天去打猎养活公主。后生下六男六女，公主把他们带回娘家。评王正准备赐姓，忽听雷声大作，于是第二个外孙便赐姓雷。第一个因坐在盘子里，便赐姓盘。第三个装在篮子里，即姓篮（蓝）……如此便有了瑶族十二姓，即盘、雷、篮、赵、凤（冯）、邓、吴（胡）、唐、周、李、黄、包。[④]

在田野调查期间，我们收集到一份书于绍兴三年（1133 年）的《过山榜》[⑤] 抄件。这是一份敕令，上面盖有圆形红印，至今仍清晰可辨。《过山榜》载：平王与柴王打仗，平王屡战屡败，于是张贴榜文，募天下英雄，许诺凡打败柴王者，赐二宫女与他为妻，平分一半国家。榜文出后，朝野内外无人应征。平王养有龙犬一只名曰盘护，自告奋勇前去杀敌。龙犬游过大海找到了柴王，柴王见到龙犬非常喜欢，每日引着它在宫内游玩。有一天，龙犬趁柴王喝醉酒，咬下他的耳朵藏到泥里。平王大喜，置酒杀牲，广宴三日三

① 吴永章：《畲族与瑶苗比较研究》，福州：福建人民出版社 2002 年版，第 25 页。

② [元] 脱脱等：《宋史·蛮夷列传》（一）第 40 册第 493 卷，北京：中华书局 1985 年版，第 14183 页。

③ 龚佩华：《广西贺县土瑶的社会和文化》，《广西民族研究》1990 年第 3 期，第 94-102 页。

④ 黄淑娉、龚佩华：《广西壮族自治区贺县土瑶社会文化概况》，1988 年手写稿，第 10 页。

⑤ 资料提供人：邓接连；采集人：何彩秋；采集地点：狮东村大冷水寨；采集时间：2014 年 7 月 24 日。

夜。同时，赐二宫女与他为妻，送至会稽山七宝洞居住，数年后生下六男六女，赐予盘、沈、包、黄、李、灯（邓）、周、赵、胡、雷、唐、冯十二姓。十二姓子孙繁衍，便成了现在的瑶族。

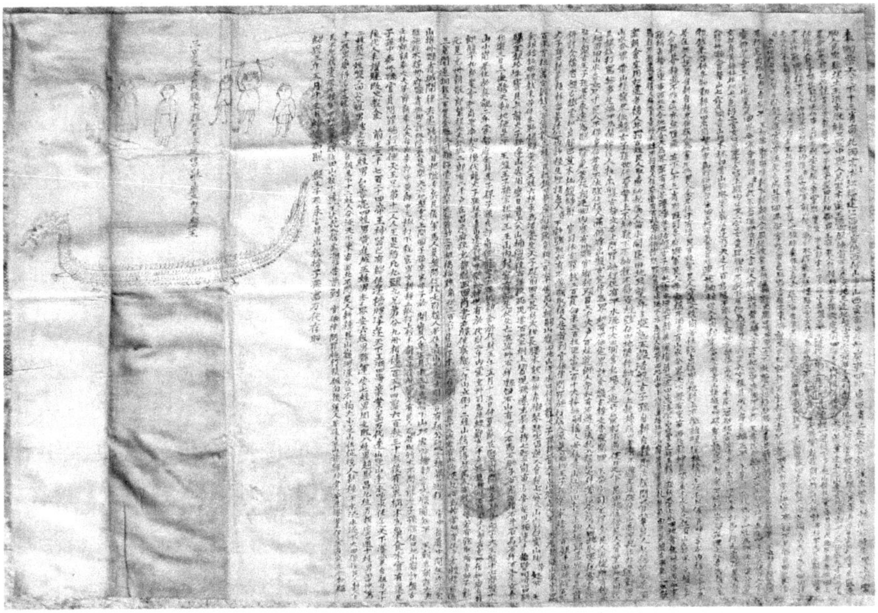

图 2—1　大冷水寨土瑶的《过山榜》

土瑶祖先来源的故事，有些被编成歌谣传唱。在田野调查期间，我们收集到一首《瑶族长歌》[①]，描述了十二姓瑶人按姓氏分洞而居以及划分田地的情景。

冯姓田塘桃源口，耕种田禾半分收。分成宴音各自洞，姐妹欢由心莫忧。
黄姓桃源洞口地，一份青山二份田。分成商音各自球，姐妹宽游好过年。
邓姓之人在初洞，一份青山二份田。分成正音各自管，耕田种地得游庭。
李姓之人在二洞，二洞青山古荒田。便生灯草圣音住，不愁口吃且宽情。
雷姓之人在四洞，一份平田一份山。分成恭音四洞住，一年四季心也欢。
周姓六瑶在三洞，石山石磊一份田。一份石山二份地，洪音不愁宽过年。

① 资料提供人：盘道养；采集人：何彩秋；采集地点：马窝寨；采集时间：2015 年 7 月 28 日。

包姓之人五洞住，五洞里头四份田。正音管入第五洞，不愁为银得思情。
胡姓之人在六洞，六洞中禾四份收。分成礼音好过日，姐妹唱歌心不忧。
龙姓之人在七洞，七洞青山五份田。五份坪田盘龙住，盘龙天圣唱歌见。
盘赵二姓共上洞，二洞青山四洞田。二姓之人共上洞，个人耕种各彩情。
唐姓之人乐昌洞，猪屎港中平地边。不共桃源洞里住，桃源坪田未贴边。

有关土瑶祖先来源与迁徙的文献极为有限，目前涉及的文献仅有广西壮族自治区编辑组编写的《狮狭乡瑶族社会历史调查》和《湖南瑶族社会历史调查》，陈毓山、唐择扶等合著的《贺县乡土情》，黄淑娉、龚佩华撰写的《广西壮族自治区贺县土瑶社会文化概况》和李筱文的《贺县土瑶与连南排瑶社会文化比较》等。传说很久以前，十二姓瑶人在千家峒安居乐业，后来官府派人催粮派款，瑶族对前来收税的官吏招待太热情，使他们乐而忘返，朝廷以为他们被瑶民杀了，派兵前来围剿。瑶族被迫远走他乡。从此分做数支在湖南、广东、广西等地辗转迁徙。根据广西壮族自治区编辑组和黄淑娉、龚佩华、李筱文的论述，贺州土瑶是从湖南千家峒迁来的，是十二姓瑶人的后裔，他们迁徙的经历十分坎坷，每迁一地，刚建立家园就被当地统治阶级和强势族群撵赶，被迫再次迁徙。他们历尽沧桑，最后终于在没有人烟的大桂山余脉的群山峻岭之中找到了栖息之地，从此结束了长期迁徙的历史，过着几乎与世隔绝的生活。[①] 瑶族从千家峒大规模逃迁各地的时间不会迟于南宋末；土瑶和过山瑶似乎是在迁徙过程中分离的，倾向于从事山地定居农业的是土瑶，从事游耕的则是过山瑶。[②] 土瑶先于过山瑶来到贺州居住。黄淑娉、龚佩华推测土瑶从离开千家峒算起，至 1988 年已有 749 年的历史。陈毓山、唐择扶认为土瑶从元代起就已经在贺县定居[③]。广西壮族自治区编辑组认为土瑶定居贺州的时间约在 1539-1624 年间，即明嘉靖至明天启年间。而沙田镇村民村马窝寨盘弟客所收藏的《过山榜》抄本则载，土瑶祖先是宋至道元年（995）因征战从广东调遣之士兵而来定居的。[④]

土瑶认为自己居住在贺州的年代最久，最早迁到目前所居住的地区，故

① 袁同凯：《走进竹篱教室：土瑶学校教育的民族志研究》，天津：天津人民出版社 2004 年版，第 63 页。

② 龚佩华：《广西贺县土瑶的社会和文化》，《广西民族研究》1990 年第 3 期，第 94-102 页。

③ 陈毓山、唐择扶：《贺县乡土情》，南宁：广西人民出版社 1992 年版，第 7 页。

④ 贺州市地方志编纂委员会编：《贺州市志》，南宁：广西人民出版社 2001 年版，第 918 页。

称“土瑶”，俗称“在地瑶”。而土瑶盘家，传说是土瑶中最早来的家族。马窝土瑶盘家自称由湖南千家峒搬来，经广东珠玑巷，然后到广西梧州、苍梧、六堡一带居住，在那里居住约180年；后又从梧州、苍梧、六堡迁到贺县贺街，居住43年；又从贺街迁到芳林，居住73年；然后又被汉族赶到道石、马峰，居住23年；后又被赶到松木牛洞居住10年；后从松木牛洞被赶上高山枫母顶（风雾顶）居住至今。[①] 过去土瑶每到一处，都受到强势族群的欺凌，被迫举家搬迁，至今在许多汉族或壮族的村落还留下土瑶曾经居住过的痕迹。如在牛洞村还残留有马窝土瑶的旧房子，虽然已经破烂不堪，但是土瑶老人还记得土瑶曾经在那里居住过。

第三节 地理环境

地理环境是人类存在和文化创造的先决条件。土瑶的传统文化历史悠久、底蕴深厚，而这个传统文化是在特定的地理条件下形成和发展的。因此，本节拟对马窝寨及其所属地区的地理环境作一个简要的交代。我们将按从大到小、由远及近的原则，分层次介绍马窝寨及其所属市、镇、村的地理环境。

一、贺州市地理环境

马窝寨所属的贺州市位于广西壮族自治区东北部，地理坐标为北纬23°39′0″至25°09′0″，东经111°05′0″至112°03′0″，地处湘、粤、桂三省（区）交界地带，东邻广东省连山、怀集、封开等县，西接昭平、钟山，南与苍梧县交界，北同湖南省江华瑶族自治县相连。贺州交通发达，207、323国道，洛湛铁路过境。贺州市的政治、经济和文化中心——八步区素有粤、湘、桂“三省通衢”之称。

贺州建制沿革在2000多年的历史发展进程中不断变更。春秋战国以前，贺州属“交趾”之地。秦始皇三十三年（前214年），秦兵统一岭南，设“桂

① 黄淑娉、龚佩华：《广西壮族自治区贺县土瑶社会文化概况》，1988年手写稿，第8页。

林、象、南海”三郡，贺州属南海郡。汉元鼎六年（前 111 年），汉武帝平南越，置临贺县，属苍梧郡。三国吴黄武五年（226 年），孙权置临贺郡，临贺县为郡治。南朝宋泰始六年（470 年），明帝改临贺郡为临庆国。南朝齐建元二年（480 年），复临贺郡名，临贺县仍为郡治。隋开皇九年（589 年），临贺县为贺州治。隋大业三年（607 年），改名为贺川县。唐武德四年（621 年），复置贺州和临贺县。天宝元年（724 年），玄宗改州为临贺郡。乾元元年（758 年），肃宗又改郡为贺州。明洪武十年（1377 年），太祖降贺州为县，临贺县改名称贺县，治所今贺街镇，属平乐府。民国三年（1914 年）设道观察使，六年（1917 年）改为道尹，贺县属桂林道。1952 年，县治由贺街迁八步，属平乐专区。1958 年 7 月改设梧州专区。1997 年 2 月，梧州地区更名贺州地区，辖贺州市区、钟山、昭平、富川。① 2002 年 6 月，经国务院批准，撤销贺州地区，设立地级贺州市。现辖 2 个市辖区（八步区、平桂区），2 个县（昭平县、钟山县），1 个自治县（富川瑶族自治县），有 61 个乡镇和街道（4 个街道、45 个镇、7 个乡、5 个民族乡）。②

贺州市境域东西宽 74 公里，南北长 108 公里，全市总面积 11855 平方公里，约占广西总面积的 5.01%。境内山岭连绵，丘陵起伏，山地多，平地少，山地面积 4062 平方公里，平原面积 1420 平方公里，丘陵面积 6373 平方公里，分别占总面积的 34.26%、11.98% 和 53.76%。山岭间盆地约 70% 的岩溶地区，主要以溶蚀侵蚀残丘、洼地地貌为主，海拔 1000—1700 米。③ 大山、高山多分布在东北部、中部和东西两翼，呈北高南低之势。土瑶人聚居的大桂山脉位于境内东部。

贺州市属亚热带季风气候，气候温暖，光照充足，雨量丰沛，无霜期长。年平均气温 20 摄氏度，极端最高温度 38.9 摄氏度，极端最低温度 -4 摄氏度。年平均降雨量 1535.6 毫米，年平均降雨日 171 天。年平均霜期 14 天，最多为 28 天，最少为 2 天。年平均日照时数 1586.6 小时，年平均相对湿度 78%，平均蒸发量 1621.8 毫米。常年主导风向为西北，夏季为东风，

① 贺州市地方志编纂委员会编：《贺州市志》，南宁：广西人民出版社 2001 年版，第 100 页。

② 贺州市人民政府门户网站（http：//www.gxhz.gov.cn/E_ReadClass.asp ？ E_BigClassId=164&E_TypeId=1），上传日期：2019 年 6 月 28 日，11：34：07。

③ 贺州市人民政府门户网站（http：//www.gxhz.gov.cn/E_ReadClass.asp ？ E_BigClassId=164&E_TypeId=1），上传日期：2019 年 6 月 28 日，11：34：07。

平均风速 1.8 米 / 秒。[①] 但由于市境地带狭长，而且山多，地形复杂，从而形成不同的小气候区。

二、沙田镇地理环境

马窝寨所属的沙田镇位于贺州市西南面，隶属于平桂管理区，东接鹅塘镇，西接公会镇、钟山县，南与苍梧县交界，北连贺州市八步区和黄田镇。沙田镇交通十分便利，桂梧高速公路穿越镇内，距市政府所在地八步区 16 公里，因镇所在地沙田圩而得名。相传以前有一对夫妇，男的姓沙，女的姓田，在此搭厂卖粥，后逐渐发展成圩，而取名沙田。[②] 1949 年前为沙田乡，1950 年为贺县第八区，1958 年改称沙田人民公社，1960 年改为沙田大区，1961 年复称沙田公社，1984 年划为沙田乡，1989 年改称沙田镇。沙田下辖 25 个行政村、106 个自然村[③]，有汉、壮、瑶 3 个民族，2008 年全镇人口约 9.47 万人[④]。在 25 个行政村中，有 17 个村的民族成分为汉族，有 5 个村的民族成分为壮族和汉族，有 3 个村（新民村、狮东村和金竹村）的民族成分全是瑶族。汉族分为本地人和客家人，操本地话、客家话或粤语；壮族操壮话；瑶族有过山瑶和土瑶两种，同操“勉语”。由于各民族结构杂居，平日各民族交流所使用的“官方语言”为客家话。全镇有 31 所中小学校，2008 年在校学生有 17223 人，教职工有 830 人。[⑤] 镇内居民每逢公历一、四、七和三、六、九日喜欢去沙田和道石赶圩，置够日常生活用品。

沙田镇南北长 34 公里，东西宽 14 公里。全镇总面积 476 平方公里，耕地面积 60598 亩，林地面积 199517 公顷。境内多山，地势为南北走向，东南部为较多崇山峻岭，西北部多为丘陵或平地。风雾顶、石牌顶、老鸦顶、三叉顶等高山都在沙田镇境内，最高峰风雾顶的海拔为 1188 米，山体岩层坚硬，山高谷深，十分险峻。沙田河是全镇的主要河流，源头在新民村的石牌山，流经贺州的狮南、狮中、沙田、龙井、马峰、马东、道东、芳林等各

---

① 贺州市人民政府门户网站（http：//www.gxhz.gov.cn/E_ReadClass.asp?E_BigClassId=164&E_TypeId=1），上传日期：2019 年 6 月 28 日，11：34：07。

② 贺州市地方志编纂委员会编：《贺州市志》，南宁：广西人民出版社 2001 年版，第 100 页。

③ 贺州市地方志编纂委员会编：《贺州市志》，南宁：广西人民出版社 2001 年版，第 100 页。

④ 沙田镇政府内部资料，2008 年印制。

⑤ 沙田镇政府宣传文化中心内部资料，2008 年印制。

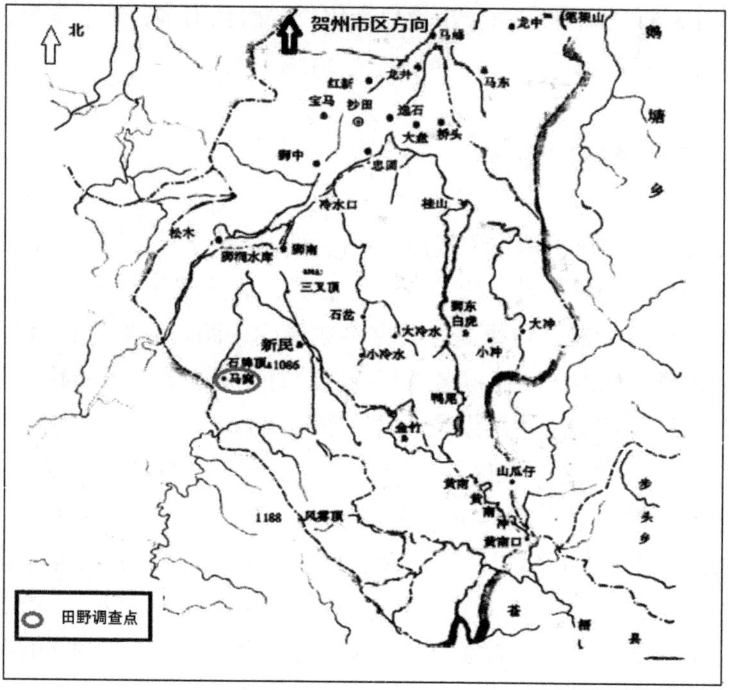

图 2—2　沙田镇区域图①

个村镇，最后汇入贺江，全长约为 33 公里。沙田镇土质多为红壤土，地下富有铜、锰等矿产资源。气候属于亚热带季风气候，全年四季分明，昼夜温差大。夏季炎热多雨，冬季温暖干燥，年平均气温为 19.6 摄氏度，年降水量 1653.3 毫米，全年无霜期 299 天。②

三、新民村地理环境

马窝寨的上一级行政单位是新民村。新民村位于沙田镇政府驻地西南 9 公里处，东接金竹村，南连公会镇清水村，西邻公会镇东明村、茶坪村，北靠狮南村、松木村。1958 年属于狮东大队管辖；1980 年从狮东大队析置金竹大队，属沙田公社；1984 年改村，属沙田乡；1989 年属沙田镇。新民村因由瑶族迁来新建，故而得名。新民村辖石牌脚、辉洞、马窝、马尾楼、

① 贺县人民政府编：贺县地名志，未刊稿，1985 年印制。

② 贺州市地方志编纂委员会编：《贺州市志》，南宁：广西人民出版社 2001 年版，第 140 页。

桐冲、水湿尾、风雾口、湖洋口、冲盆、北都、旱禾冲口、老鸦、柑子冲、牛蕴、小金竹等16个自然村。村委会驻地石牌脚。2012年全村有269户，1484人[①]。新民村是过山瑶聚居的行政村。全村只有1个土瑶寨，2001年有土瑶62户，446人，主要集中在马窝寨[②]。

新民村属西南温凉湿润农业气候区。境内地势较高，多为海拔400米以上的中低山区，气温较低而光照少。年均温度在16℃—18℃，年均降水量丰富，达1600-1800毫米。[③] 境内山冲田多，以林业为主，主要种杉木、竹子和油茶。新民村虽与政治、经济、文化中心的八步区仅相距几十公里，但由于由山高路险、沟壑纵横，内外交通闭塞，社会、经济、教育后滞，两者之间形成鲜明的对照。

四、马窝寨地理环境

马窝寨是我们调查的具体村落，隶属于贺州市沙田镇新民村。马窝位于新民村西南面，距离沙田镇政府驻地9公里，从沙田镇出发经松木村、牛洞村后可到达马窝，是距离沙田镇政府驻地最近的土瑶寨子。马窝是新民村唯一的一个土瑶村子，其余7个村全部是过山瑶。2015年全村有65户，430人，是新民村人口最多的瑶族村，绝大部分村民是土瑶，只有少数为从外地嫁入的过山瑶和汉族。

马窝寨位于风雾顶山脉上，寨子建在向阳的高山陡坡上，常年日照充足。由于地势较高，多大风天气。马窝寨前有一条小溪从北都方向流出，水量很小，常出现断流的现象。马窝寨地处深山，且山高坡陡，几乎没有平地。村民的水田大部分在牛洞村附近的山谷，而且占有的水田面积平均每户不足1亩。有些村民的旱田在老马窝，也只能种植番薯、玉米等杂粮。马窝山区的红土壤适合种植茶叶和林木，如杉木、松木、竹子等。马窝寨林地面积较多，分为村集体所有和个人私有两种。茶林和村内树木属于村集体所有，村委按自愿原则召集村民一起在茶地里劳作后可共享劳动成果，村内树

① 贺州市平桂管理区民族宗教事务局内部资料，2012年。

② 袁同凯:《走进竹篱教室：土瑶学校教育的民族志研究》，天津：天津人民出版社2004年版，第72页。

③ 袁同凯:《走进竹篱教室：土瑶学校教育的民族志研究》，天津：天津人民出版社2004年版，第72页。

木不可擅自砍伐变卖。私人占有的山地主要依据村民个人意愿种植杉木或其他山林作物。由于人口稀少，山林茂密，山上有野猪、竹鼠、山麻雀、画眉、杜鹃、青蛙等很多野生动物，即使是在寨子里也时常听到悦耳的鸟叫声。林区里有灵芝、石斛、金银花等丰富的野生药材，还有竹笋、苦斋、草菇、木耳等野菜。2008 年我国南方冰雪灾害，包括马窝在内的沙田镇降大雪，积雪要半个月才全部融化。林区的许多老树当时被积雪压断损坏。马窝寨建在高山上，昼夜温差大，多大风天气，常年出现霜冻，冬季偶有降雪。

第四节　人口分布

土瑶主要散居在广西贺州市沙田、鹅塘两镇交界处，大桂山脉东端余脉深处的金竹、新民、狮东、明梅、大明、槽碓 6 个行政村。由于缺乏文献记载，我们已经无从知道土瑶迁入贺州时的人口数据，但近几十年来的土瑶人口资料更能说明问题。因为新中国成立后，土瑶人的生活无疑比 1949 年前稳定得多，且国家的计划生育政策对土瑶的人口基本上没有起到控制的作用，土瑶人口增长依然主要依据自然增长的规律。[①] 1957 年沙田土瑶人有 237 户，1253 人[②]；1988 年沙田、鹅塘两乡土瑶人有 4700 余人[③]；2000 年有 529 户，3116 人[④]；2010 年沙田、鹅塘两镇土瑶人有 7087 人。[⑤] 从 1988 年至 2010 年土瑶人口的统计数据我们可以看出，土瑶人口在过去的 22 年中的增长是比较缓慢的。当然，过去 22 年中人口的流动因素也应考虑在内，但值得注意的是流动也仅限于土瑶群体之内。土瑶主要聚居在沙田、鹅塘两镇，虽然人口仅有 7087 人，却散居在方圆数百公里的大桂山脉中。

鹅塘镇位于贺州市南 7 公里处，面积 189 平方公里，下辖 17 个行政村，

---

① 袁同凯：《走进竹篱教室：土瑶学校教育的民族志研究》，天津：天津人民出版社 2004 年版，第 68 页。

② 广西区编辑组：《广西瑶族社会历史调查》（三），北京：民族出版社 2009 年版，第 197 页。

③ 黄淑娉、龚佩华：《广西壮族自治区贺县土瑶社会文化概况》，1988 年手写稿，第 5 页。

④ 袁同凯：《走进竹篱教室：土瑶学校教育的民族志研究》，天津：天津人民出版社 2004 年版，第 68 页。

⑤ 贺州市民族宗教事务局内部资料，2010 年印制。

2000年有5万余人（汉族31987人、壮族10253人、瑶族3987人）。鹅塘镇下辖大明、明梅、槽碓3个瑶族村。大明是鹅塘镇最偏远的村落，也是土瑶分布最集中的山寨。2001年鹅塘镇有土瑶485户，2474人。其中，大明有土瑶270户，1269人，聚居在明峒、明峒口、大苦竹、小苦竹、安塘尾、清明岛、双头尾、大江边、山瓜仔、鸡公膀和雀儿冲；明梅有土瑶99户，569人，聚居在暗冲和梅花尾；槽碓有土瑶116户，692人，聚居在六冲口、冲坪仔、老寨和大岔。①

沙田镇位于贺州市西南16公里处，面积474平方公里，下辖25个行政村，2008有9.47万人。沙田镇下辖金竹、新民和狮东三个瑶族村，土瑶主要集中在狮东村。2001年沙田镇有土瑶529户，3116人。其中，金竹有土瑶161户，957人，聚居在鸭尾、黄南和水竹；新民有土瑶62户，446人，全在马窝；狮东有土瑶306户，1713人，聚居在大冷水、小冷水、白虎、石岔、大冲和小冲。②

马窝寨是新民村唯一的一个土瑶寨子。1950年马窝寨有22户，120人；1984年有261人；1988年有41户，268人；2000年增至62户，446人；2015年有65户，430人。从1984年至2015年的人口统计数据我们可以看出，除了1950年至2000年人口在缓慢增长外，在过去的15年中人口出现了下降的趋势。现在马窝寨的主要姓氏是盘、凤2个姓，以盘姓户数最多，有36户，凤姓有29户。

第五节　村寨空间

马窝土瑶祖先迁徙的经历十分坎坷，每迁一处都受到外族人的撵赶，被迫再次走上迁徙之路。他们历尽沧桑终于在没有人烟的大桂余脉的群山峻岭之中找到了栖息之地，从此结束了长期迁徙逃亡的历史，过着几乎与世隔

① 袁同凯：《走进竹篱教室：土瑶学校教育的民族志研究》，天津：天津人民出版社2004年版，第70页。

② 袁同凯：《走进竹篱教室：土瑶学校教育的民族志研究》，天津：天津人民出版社2004年版，第73页。

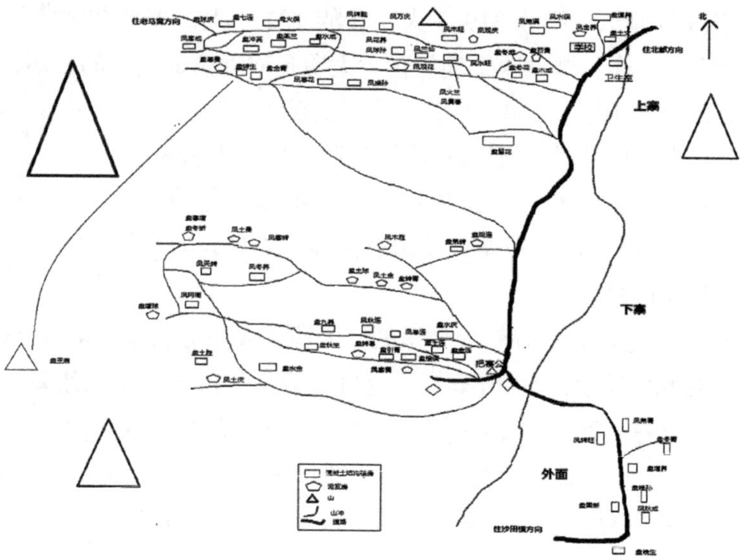

图 2—3　马窝寨平面图

绝的生活。土瑶在进入马窝之前住在山脚的松木村牛洞，又从牛洞被赶上风雾顶建寨居住。从远处眺望马窝寨，山高谷深，群山环抱，村寨建在山腰以上，高处的房屋几及山顶。可以想象过去土瑶为逃避压迫躲进高山深处，再也没有地方可走的情景。

一、村落历史

马窝寨历史悠久，建寨至今已有几百年的历史。传说土瑶进入马窝前原住在山脚的牛洞村，后被壮族人撵进了深山老林。马窝寨的原寨址在今天新寨下边的老寨，但老寨于 1950 年 10 月 1 日毁于火灾，现在的新寨是老寨被火烧毁后重建的，比老寨的位置更高。1950 年时全寨有 22 户，120 人。寨里发生火灾时，除人们在外劳动得以幸存外，房屋财产全部烧光，世代保存下来的家谱和《过山榜》也全部被烧毁。只有古代流传的关于自己祖先的历史故事仍保留在老人们的记忆之中。根据老人们的回忆，推算出马窝建寨的年代，距今已有 300 多年了。[①]

① 黄淑娉、龚佩华:《广西壮族自治区贺县土瑶社会文化概况》，1988 年手写稿，第 8 页。

图 2—4　马窝寨旧址

图 2—5　马窝寨今貌

马窝寨的名称由来有两种不同的说法。一说是马窝寨山脚处有一块大石头形似马鞍，“马窝”寨由此得名。这一说法于史有据。《贺县地名志》载：“马窝……地处山窝，旁有一石山似马鞍，故名”。[①] 另一说是原马窝寨所在地是以前山下的本地人放养牛马的地方，而马很喜欢在此地停歇，因此命名为马窝。村里的老人说，现在的马窝寨是 20 世纪 50 年代从老寨搬来，原来的老寨村里人习惯称为“老马窝”，而搬到了新的住地之后沿用了原来“马窝”的寨名。现存于贺州市博物馆的《入山照》载，马窝寨地界为“东至石牌顶，南至辉洞大河水大冲为界，西至鲁班冲为界，北至狮洞大顶岔岭水为断，准遣留下马窝之地傜人所管。”

马窝寨最初只有盘、凤 2 个姓氏。盘姓先来，是兄弟二人，名盘日才、盘日有，人称“入山公”；后有姓凤的来盘家上门，子女随父姓，于是寨里

① 贺县人民政府编：贺县地名志，1985 年印，第 101 页。

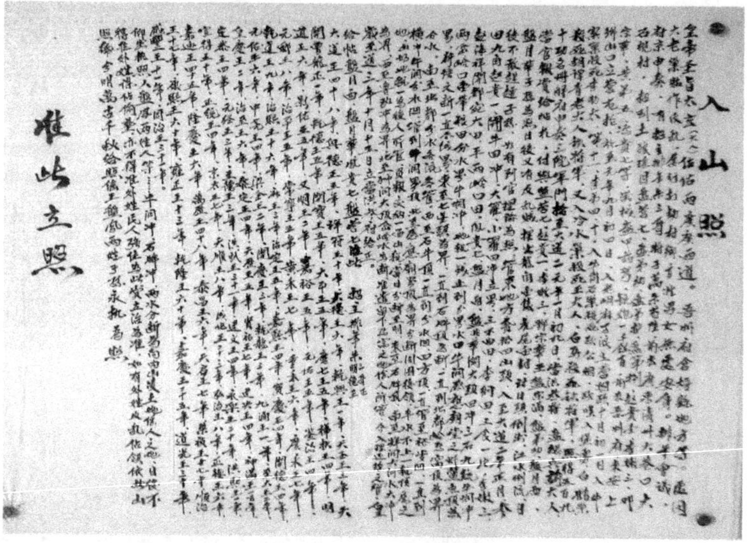
入山照

准此立照

图 2—6 现存于贺州市博物馆的土瑶《入山照》

便有了 2 个姓氏，以后又迁入其他姓氏，也大都是来上门的。[①] 现在马窝寨以盘姓户数最多，有 36 户；次之为凤姓，有 29 户。此外，寨里还有赵姓、邓姓和黄姓。

二、聚落形态

贺州市土瑶村落多数建在高山上。沙田镇有马窝、大冷水、小冷水、石岔、白虎、大冲、小冲、黄南、水竹、鸭尾等 10 个土瑶村寨，除大冷水、小冷水、大冲、石岔、鸭尾这 5 个寨子沿河而建，呈线状分布，地理位置较低外，其他 5 个寨子都是建在山腰或半山腰上。土瑶居住较为分散，只有个别村寨居住相对集中。比如马窝寨的房屋相对集中，顺着地势呈阶梯状和扇形分布；而其他土瑶村落则居住相对分散，还有的单家独户住在一个山头的，平时往来极为不便。马窝寨依地势的高低，分为上寨和下寨。最近两年，有几户人搬到进村的公路两边修建新房子，所以村民们习惯把马窝寨划分为“上寨”“下寨”和“外面”。

下寨的进村公路边上有一个“土主”，土瑶称为“把寨公”。村民们在每

① 黄淑娉、龚佩华:《广西壮族自治区贺县土瑶社会文化概况》，1988 年手写稿，第 9 页。

年的特定日子都拿食物去供奉，祈求保佑。在马窝寨山脚的冲底有一个庙，当地人称为“盘王大庙”，里面立有几块大石头。村民每年也会在特定的日子前去祭拜。马窝寨教学点在上寨，有3间并排的教室。教室对面是2013政府出资修建的新民村卫生室，有2间空房，里面什么也没有。村委会在学校下面建了一个垃圾池，要求村民平时把垃圾集中在此处焚烧，但是里面的垃圾并不多。村民还是习惯把垃圾就近扔在家附近的树丛或山冲里。下寨村口有两个小卖部，是马窝寨村民日常交流和经济交往的中心。小卖部主要出售日用品、简易药品和孩子零食，以及小卖部老板自酿的米酒。与过去几十年相比，小卖部的出现给村民的生活带来了很大的便利，村民不再为了买一包食盐而走上几个小时的山路到沙田镇上的集市去。在炎热的夏季，村民和小孩经常在小卖部购买雪糕解渴。马窝寨只有一条崎岖陡峭的主干道，从村口一直延伸到北都寨方向，从沙田到北都也要经过这条山路。从主干道到每户的门口都有一条可过辆摩托车的小路。村内的树归村集体所有，任何人都不可占为己有，甚至枯死的树干也不能捡回家拿来烧火。

图2—7　位于马窝寨内的新民村卫生室

马窝寨从“老马窝”搬来，而最早在“老马窝”定居的有7户人家，有5户姓盘，2户姓凤。现在“老马窝”还有这7户人家的田地，搬到现今的马窝后也还回“老马窝”耕种土地。现在马窝寨有65户，上寨30户，下寨27户，“外面”村口有8户。在住房上，上寨至今有5户未建新房，还住在泥瓦房里，下寨有13户未建楼房。土瑶传统住房用木柱土基墙，双斜面瓦屋顶，正中为堂屋，堂屋两侧是厢房即卧室。房屋均背靠高山建设，房前有一狭窄的晒场，晒场下即为山谷，或另一层依山建筑的房屋。[①] 现在马窝还有 18 户住在这种传统的泥土房里。有 47 户推倒旧房后建了钢筋混凝土结构的房屋，大门设在中间，进门之后是堂屋，两侧为卧室，厨房与正屋并排，从堂屋一侧有通道进到厨房，另外还在厨房另一侧开一扇门。新建的房屋有些里外都铺了瓷砖，与外面城镇的楼房并无差别。少数家庭在家里建有卫生间，但大多数在离家屋不远的猪圈旁建卫生门，旁边一般是柴房和菜地。多数家庭修建楼房之后，楼顶就作为晒稻谷的晒场。

图 2—8　马窝寨土瑶的木板房和泥瓦房

图 2—9　马窝寨土瑶的水泥房

三、聚落设施

1949 年前，马窝属狮洞乡押尾村管辖，后来狮洞乡改为狮狭民族乡，1957 年全乡瑶族人口占 93.6%，而土瑶又占瑶族人口的 68%[②]。土瑶的交往

① 黄淑娉、龚佩华:《广西壮族自治区贺县土瑶社会文化概况》，1988 年手写稿，第 23 页。

② 广西区编辑组:《广西瑶族社会历史调查》(三)，北京：民族出版社 2009 年版，第 197 页。

范围仅仅局限在大桂山余脉上的附近几个土瑶村寨之中，活动范围非常小。土瑶久居高山深林，对外界的事物充满了好奇。随着交通条件的改善和教育水平的提高，越来越多土瑶人走下高山、进到城镇谋生，无形中打破了土瑶村落原本宁静的局面。土瑶人的视野里不再只是山上的动植物，而是更多的获取了外界尤其是城市的信息。

现在的马窝寨比马窝老寨所处的地理位置更高，距离贺州市区和沙田镇更远一些。从远处望去，马窝寨建在山腰上，最高处的房屋几乎达到山顶。从牛洞村进到马窝寨，一路"拾级而上"，中间要越过三处约50度角的陡坡。2002年，在当地政府和附近村民的共同努力下修通了从松木村到马窝寨的土基公路。2013年，政府资助一部分资金，牛洞村和马窝寨两个村的村民募捐一部分资金，铺好了从松木村到牛洞村的水泥路。2014年，铺好从牛洞村到马窝寨的一部分水泥路，但至今仍有一段进村公路还是泥土路，遇到下雨路面很滑而且泥泞不堪，对于平日出行依靠摩托车的村民而言，存在很大的安全隐患。虽然马窝寨地处高山，但与过去相比往来城镇便利很多，而马窝寨与外界的联系愈加紧密。近年来，马窝寨几乎每家每户都购买了摩托车，有两户有农用拖拉机，有两户有大型卡车。目前，土瑶平日搬运东西主要靠肩挑背扛，出行主要是骑摩托车，个别富裕家庭还有轿车、货车和拖拉机，逐渐改变了原来人力和步行的运输和出行方式。

四、村规民约

土瑶传统的生活都是日出而作日落而息。土瑶是一个吃苦耐劳的民族，无论大人小孩都是干活的能手，家里的劳动力全年都在为家庭生计而奔波劳碌。"靠山吃山"的土瑶对山林有很强大依赖性，山林收益是土瑶最大的收入来源。因此，马窝寨土瑶对于偷盗林木的行为予以重罚。这一点从马窝寨现在仍保存的村规民约中就可以看出。1984年马窝和北都共同制定了一份村规民约[①]，内容如下：

① 资料提供人：凤转旺；采集人：何彩秋；采集地点：马窝寨；采集时间：2015年8月12日。

村为民若

马窝北都自然村于一九八四年农历二月初七日在马窝寨召开各户家长会议，会议讨论一致通过人为对于附近村出现有乱砍杉林、苗竹及小偷等，现将作出村为民若决定事项如下：

第一条，对于乱砍杉木处理决定，一市尺至一尺五寸的杉木每条分别处罚伍元，一尺六至（一）尺九的分别（每）条处罚壹拾元，另外要罚酒肉。酒按村户数每人壹市斤，肉半斤，青菜、豆腐、饭不计算，煮够吃为准。

第二条，对于乱偷杉苗的处理决定，以今起每逢植树季节，不准乱进入人家造林基地找杉苗，如发现偷者按同上罚酒肉（不罚款）。

第三条，对于乱窜入人家成（承）包竹山偷笋、砍竹的，发现偷者同上处理，罚酒肉。（指楠、猫｛毛｝竹）

第四，对于乱进入家屋偷钱、粮、衣物等，罚酒每户按每壹斤半肉菜酒、青菜、豆腐、饭同上，另外杀鸡一只。

第五，对于乱入人家茶地、菜地偷木和偷柴的分别罚款壹拾伍元。

以上规定望各参加的社员代表自觉遵守，大力对其子女宣传教育，请遵守执行。

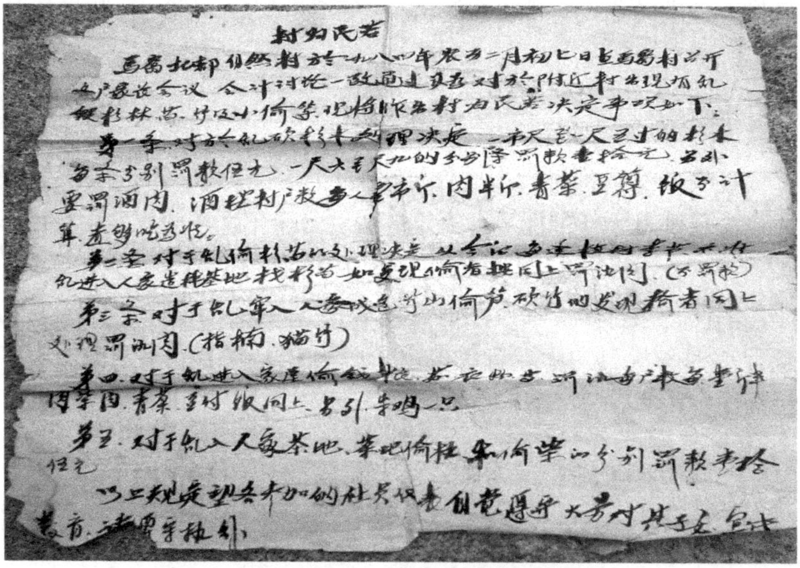
村为民若
马窝北都自然村于一九八四年农历二月初七日在马窝村召开
各户家长会议 会议讨论一致通过人为对于附近村出现有乱
砍杉林、苗竹及小偷等 现将作出村为民若决定事项如下：
第一条 对于乱砍杉木处理决定 一市尺至一尺五寸的杉木
每条分别罚款伍元 一尺六至九的分别每条罚款壹拾元 另外
要罚酒肉 酒按村户数每人壹市斤 肉半斤 青菜 豆腐 饭不计
算 煮够吃为准
第二条 对于乱偷杉苗的处理决定 以今起每逢植树季节 不准
乱进入人家造林基地找杉苗 如发现偷者按同上罚酒肉（不罚款）
第三条 对于乱窜入人家成包竹山偷笋 砍竹的 发现偷者同上
处理罚酒肉（指楠 猫竹）
第四 对于乱进入家屋偷钱 粮 衣物等 罚酒每户按每壹斤半
肉菜酒 青菜 豆腐 饭同上 另外杀鸡一只
第五 对于乱入人家茶地 菜地偷木和偷柴的分别罚款壹拾
伍元
以上规定望各参加的社员代表自觉遵守 大力对其子女宣传
教育 请遵守执行

图 2—10　马窝寨与北都寨共同签订的村规民约

马窝寨土瑶的山林与北都过山瑶的山林都是相互挨着，共同制定村规民约在很大程度上起到保护地方山林不受非法攫取的作用，也加强了地方民众的团结意识。马窝寨不允许村民在村内进行赌博活动，若是发现有违反者，则要受到相应的惩处，即村里每家每户都可以去他家里吃一餐饭，主人至少要给每人提供两斤以上的猪肉。这对于山区土瑶来说，惩罚还是比较重的。村民说，以前有订立这条禁止在村内赌博的村规民约，但遗憾的是我们在调查中并没有发现。

随着社会交往范围的扩大，土瑶村寨的“封闭”局面被打破，更多的人走出大山看到外面的世界。马窝寨与外界的联系除了一些外出务工和上学的年轻人之外，村干部是与外界联系最为频繁的群体。新民村村委驻地在新民寨，前任村支书是马窝土瑶人，刚上任就因经济犯罪而被警方带走。现任村支书之前刚卸任不到一年又被重新启用，顶替村支书的位置，也是马窝土瑶人。村干部负责各村之间的联系，负责与上一级政府沟通，为全村人谋福利。2012 年，广西响应中央实行的选任当地市政府优秀领导班子作为第一书记下到农村指导民众工作的号召。现任新民村第一书记是贺州市平桂管理区计生局的干部，任期两年。他号召新民村所有村寨种植茶叶，首先在马窝寨试点。全村共种植了 300 多亩茶叶，属于村集体所有，平时护理和采摘也都由村里每家每户一起承担劳动，其收入主要用于本地道路修建和村中事务的日常开支。马窝寨大面积种植茶叶，已初具规模。从 2015 年开始，经常有镇政府相关领导和其他村的村民到马窝茶场参观或学习。马窝寨不再是一个“封闭”的瑶寨，而渐渐感受到越来越多的现代气息。

五、经济活动

土瑶居住在高山深谷中，因为地势较高，不易开垦水田。山下牛洞村附近的水田是土瑶祖先未搬来马窝前从本地汉族和壮族人手中买来的。土瑶占有的水田不多，最多的有三亩，最少的不足一亩。由于水田少，村民只有向山取粮。1949 年前，土瑶主要种植旱禾、红薯和玉米，但是经常出现粮食紧缺的现象，有些人只好向邻居或山外的汉族、壮族借粮度日。解放后，依然有要向他人粮食的贫困户。长期以来，因历史或环境的原因，土瑶要想脱贫需要付出巨大的努力。

土瑶“靠山吃山”，发展林业是首选。马窝寨几乎每家每户都在自己的山地种植杉木、松树等经济林。部分村民还租用他人的山林来种杉木，都想从山区中获取更多的经济利益。由于土瑶最先到马窝一带定居，一般认为这里的土地都是土瑶的。1978年家庭联产承包责任制实行后，各家各户都分到了田地。马窝寨的土地有村集体所有和私人占有之分。村集体的土地私人不可私自开垦擅用，现在主要用来种植茶叶。村民私有土地主要用来种杉木、松树和茶油等林木。杉木和松木15年可成材可砍伐变卖，一般有山外的汉族老板进山收购。因为林业资源较丰富，砍伐下来的杉木、松木和竹子除了可以出卖外，还可以制作各种家具或工具。马窝寨有专门制作打谷机的木工，打谷机主要出销给本村的村民，一个打谷机大概卖出600元。寨里还有制作锄头柄、刀柄的木工，除了出售给本村村民之外，还运到沙田镇或公会镇去卖，每条60元。另外，几乎每家每户都会编竹器，村民从山上砍下成捆的竹子，破成竹篾用来编簸箕，拿到沙田镇或公会镇市场上卖，每对可卖出10元。土瑶妇女则从市场上买来粗白线编织网袋。网袋轻巧方便，易于携带，常用来背运一些不是很重的东西，看起来也十分牢固。

图2—11　土瑶妇女编网袋及工具

马窝寨有一辆大货车和两辆拖拉机，主要搬运村民建房所需的材料。货车从八步区运货物进到马窝寨每车收1000元，拖拉机每车收600元。由于山区交通不便，运输成本很高，因此从事山区运输的村民生活水平相对较高。村口的小卖部主要卖自酿的米酒、零食和日常用品，平时也取得较好的收益，所以生活水平相对较高。马窝寨村民的经济来源很少，除了跑运输和开小卖店的村民之外，其他村民的经济来源主要靠“打山工”来补贴家用。狩猎和采集是土瑶人在农闲时节的活动。男子带上猎枪或铁钳上山捕鸟或竹鼠，现在村民结伴去围猎山猪，带上猎枪和“电瓶”，先在某一个山猪经常出没的地方拉上钢丝网，并且通上电，等待山猪来“触电”，但是成效不大。土瑶不论男女，上山都背着网兜，以便采摘在路上看到的灵芝或野菜。土瑶女子勤劳能干，除了日夜操劳家中的大小事务外，在农闲时节上山挖竹笋、摘野菜。土瑶山冲常常有石蛙，村民捕捉到后可拿到沙田镇去以每斤 50 元售卖，有时候也会自己食用，味道特别鲜美。妇女和儿童在农闲时经常上山采摘各种可以变卖的植物，如在七八月份到山里摘一种被称为“山樟籽”的果子，以每斤 1 元卖给小卖部老板，大人一般每天可以摘到 50 斤，小孩就会少一些。另外，还会采摘一些草药，晒干了拿到沙田镇上变卖。

图 2—12　草药

马窝土瑶解放前尚过着食不果腹的生活，村民只有在逢年过节时才能吃上肉，生活极其贫困。过去几年，马窝土瑶几乎每家每户都养一头猪留到过年宰杀，吃不完的猪肉可用来腌制“酸肉”，作为平时待客或过节时自己食用的特色食物。如今沙田镇或松木村的肉贩在正常天气下每天下午都带猪肉、鸡肉和青菜来山里卖，土瑶人随时可以买到新鲜的猪肉，因此“酸肉”在马窝寨就不再那么普遍了。有些人家养鸡养鹅，供自己食用。土瑶养狗是用来看家护院的，但一般不会宰杀狗吃肉，特别是老人，认为吃了狗肉眼睛会瞎。在土瑶地区没有看到马、牛或者羊。土瑶人认为自己的水田少，没有必要养牛来犁田，因为养牛需要人工看守。过去土瑶人犁田耙地都要靠人力，现在请松木村人带着拖拉机来犁田耙田，每天要付给他们 200 元的酬劳。解放前，马窝寨生活水平很低，温饱问题不能完全解决。村民们吃不饱，只能上山采摘野菜充饥。村民们穿不暖，只能在雨雪天气或寒冬时节的晚上彻夜烤火取暖。七八十年代农村实行家庭联产承包责任制之后，马窝寨土瑶的生活有所改善，出现了经济生活水平较高的上等户，开始出现了较为明显的贫富差距。如今马窝寨的贫困差距依然很明显，除了住房条件之外，电器的多寡以及受教育水平的高低在一些家庭之间的对比中差距越来越明显。

第六节 医药卫生

土瑶虽然生活在山区，但是生活成本挺大。他们的身体可能随时遭受来自大自然中的很多灾害，因此土瑶人不得不学会自己防治疾病。马窝寨地处物产丰富的山区，房前屋后都是动植物生长的地方。土瑶孩子从小接触大自然，到了一定年纪就熟知大自然，知道什么植物可以食用，什么植物有毒。老一辈土瑶村民上山随手抓某一植物就知道是否可以作为药材使用。马窝寨从来没有卫生室，也没有西医。1949 年前，村民不管病情轻重都是在家里用草药治疗，常常起初只是一个感冒发烧而恶化成重病，最后不治身亡。因为当时温饱尚未能解决，而治病需要花钱，村民们实在无力支付医疗费。产妇分娩时，也是在家里进行，接生设备简陋，没有专门的器具，用来剪婴儿脐带的剪刀在热水里洗一下，然后在油灯上烫一下刀口就代表消毒了。因此，产妇和新生婴儿的健康和安全完全得不到保障。1949 年后，随着工作队到土瑶山区宣传和负责卫生安全工作，给产妇分娩的卫生工作带来很多有益的信息。如今产妇分娩的设备有所提高，但是安全隐患依然存在。产妇不再在家里生产，而是到沙田镇医院分娩，但因为觉得到镇医院住院等待分娩的费用高，所以很多人都是快要临盆时才乘摩托车去镇上分娩，由于路途遥远，一路颠簸，很容易出现半路生产或大出血的现象，存在一定的安全隐患。

【案例 2—1】 金竹村黄南寨赵留仙的两个女儿都是在去沙田镇上的半路分娩的。现在大女儿三岁，小女儿一岁，都是在即将临盆时由家人开摩托车送去沙田镇医院，在半路就生了。两次都是她家公在路上接生，所用工具只有一把剪脐带的剪刀，直到孩子生下来之后，其他家人赶来才一起把产妇和婴儿送回家，也就不去医院了。这个产妇两次分娩都是在紧急的情况下，而且就在路边，接生人和接生工具都很不专业，这对产妇和婴儿的健康都存在很大的安全隐患。这样的情况在土瑶地区是较为普遍的，几乎每个村子都有1个小孩是在半路生产的，婴儿和产妇能在那样危急的情况下平安度过，实在是生命力强大的体现。[①]

2011年村里唯一的草医凤土娘去世之后，就再也没有专门为村民抓药治病的人了。虽然2013年政府出资建成新民村卫生所，但因为没有医生愿意到此地工作而成了一个空房子。土瑶地区的医疗资源很匮乏，6个瑶族村（沙田镇和鹅塘镇）都没有卫生室，也没有医生。只有个别有点文化的瑶族人出于无奈自学西医，对于感冒发烧之类的小病敢开药和打退烧针，但即使这类人在瑶山里也很少。[②] 村民若生小病或轻伤就自己根据经验抓草药来治疗，我们亲眼看到当地一个村民被蛇咬伤后，只涂了一些绿绿的草药汁，整个右手都肿起来了，也坚持不去医院。土瑶村民只有生大病或重伤才会到镇上或市医院治疗，小病能免则免。

【案例2—2】 狮东村石岔小组有一个60多岁的老人邓水保，在2013年12月外出干活时左腿不小心被锋利的竹子刺伤，回家后拿草药敷在伤口上但一直都未能痊愈，后来到沙田镇医院就医，在镇医院表示无法医治后于2014年6月到贺州市人民医院就医，花了两万元做植皮手术。老人从医院回来3个月后，在伤口未完全愈合的情况下不小心又摔了一跤，导致腿上的伤口开始开裂，老人执意只在家敷草药医治，但是半个月后伤势未见好转反而加剧，去了两次沙田镇医院医治也没效果，医生建议到贺州市人民医院医治，但因为家庭经济困难，承担不起昂贵的医疗费而不得不回家自己治疗。2015年7月，老人腿上的伤口已经恶化得十分严重，老人疼痛得无法进食，每天只能躺在床上呻吟。其子邓亚先跟随大冷水寨的草医赵东庆学过一些简单医术，会输液，于是在老人养病在家的时间里都是由邓亚先按时给他输一些从沙田镇上买回来的用于消炎和止痛的药水。老人腿上的伤口已经恶化，原来做植皮手术的地方也已经全部溃烂，因为经济困难，就医的行程一拖再拖。老人

---

① 信息提供人：赵留仙；访谈人：何彩秋；访谈地点：金竹村黄南寨；访谈时间：2015年3月7日。

② 贺州市民族事务局资料，1990年3月。

认为自己是没办法健康活下来了，只能继续忍受疼痛直到死去。[①]

土瑶生病时常用“土”方法来医治，但有时候并未能见成效。而且现在寨里懂得抓草药来治病的人已经越来越少，有些村寨几乎没有一个掌握简单医术的人。可是外出就医花费又大，土瑶人生活困难承担不起医药费，就像邓水保老人一样，只能在家里自救，有些人甚至是在“等死”。虽然国家有医疗补助政策，但需要在医治时自己先垫付，之后按程序给予报销一定的数额。土瑶人经济来源少，而且人际交往圈狭窄，没办法筹到数额较大的资金。如果治疗前需要垫付成千上万的医疗费，这对土瑶家庭来说是很不现实的，所以他们不得不放弃治疗。

土瑶之所以被称为“土瑶”，有些人说是因为他们全身上下都是土灰灰的，特别不讲究卫生。当然这是因为他们终日与土地为伴，加之以前没有钱买换洗衣服，一件衣服通常要穿很久才换洗，所以在外人看来是不讲卫生。随着经济水平的提高，土瑶的卫生有了改善。家家户户都拉水管将干净的溪水引到家里，村民也有能力购买换洗的衣服。如今土瑶人也爱卫生，他们即使不出去干活也要洗澡，换洗衣服，不管是小孩还是老人。土瑶人说不洗澡睡不着觉。客人到家里都特别热情地招呼客人洗澡。土瑶的厕所也是卫生条件改善的一个体现。以前土瑶寨子没有厕所，到处都可以成为“厕所”。现在少数家庭开始在家里修建卫生间，下雨天要方便也可以不用出门。不过，2013 年村委会为马窝寨修建的垃圾池也未能起到应有的作用，村民还是习惯于随手扔垃圾，特别是在小卖部门口的路上，常常垃圾遍地，下雨时顺着雨水冲到小溪里，严重污染了山里的水源。

沙田镇的 3 个瑶族村都是贺州市的贫困村，许多瑶族村民生病后因为贫困而无法支付昂贵的医药费而不得不放弃治疗。2008 年广西“新农合”全面覆盖农村居民，而沙田镇农村直至 2014 年初才开始正式施行，瑶族村民每人每年需要缴纳 90 元，生病住院治疗时可享受到相应的医疗补助，这在一定程度上解决了瑶族村民“看病难、看病贵”的问题，相应地减轻了土瑶群众的医疗负担。

---

① 信息提供人：邓亚先；访谈人：何彩秋；访谈地点：狮东村石岔小组；访谈时间：2015 年 8 月 8 日。

第七节　传统节庆

马窝土瑶平时忙于种植农作物，护理山林和外出“打山工”，只有在节日到来时才停下山林的工作，待在家里庆祝节日。马窝土瑶传统的节日主要有春节、正月初四、清明节、农历七月半、盘王节和冬至。春节和农历七月十四是马窝寨最为隆重的节日。马土瑶的传统节日很多与宗教信仰有关。春节奉祖先、土地神，正月初四拜社王，清明节祭祖扫墓，农历七月十三拜大王庙，农历七月半祭祖、拜社王，农历十月十六祭始祖盘王，只有冬至日待在家里休息不用做农活。

每年的农历腊月二十养有年猪的人家开始杀年猪，然后邀请亲朋好友大吃一餐后，吃不完的猪肉割成约 3-4 斤重的长条，用食盐抹上，用竹篾把一条条穿好，挂在炉灶上让烟熏火烤，待肉表面上的水分干后取下和上炒好的玉米粉，待玉米粉全部均匀地裹住肉条，便可将之放入土缸中腌制，密封好后就制成土瑶的特色风味食物“酸肉”了。土瑶的老一辈人都会腌制“酸肉”。大年三十贴对联，祭拜列祖列宗。以前的对联是请村里的老师手写的，现在一般从沙田镇上买来，也有一些家庭的对联还是请村里的老师帮写。刚刚新建好的房子，若还没请师公做进新房的仪式则当年春节不可贴对联。大年三十早上进餐前要杀鸡祭拜祖先，在祖先神台上摆上 3 个酒杯、3 双筷子、1 碗白米饭，直到大年初一晚上才把所有的祭品收回。马窝土瑶也在清明节扫墓祭祖。届时，每个家族安排轮流一家作为“事主”负责购买祭品，负责召集本家族的亲戚去给祖先扫墓。扫墓回来之后，族内每家每户派一个代表到“事主”家吃一餐，一般都是在早上吃。土瑶地区流传“清明吃早餐，七月半吃午餐，大年三十吃晚餐”的说法。马窝土瑶正月初四和七月十三组织村民到山脚下的盘王大庙举行祭祀。农历七月半是马窝土瑶最隆重的节日之一。届时，正值农闲时期，村民从农历七月十三就开始过节，一直到七月十五晚上时止。农历七月十四媳妇要带丈夫和孩子回娘家，到农历七月十五早上回来。七月十五奉祖先和社神，祭品拜完之后就可收回，当天即可食用。盘王节在农历十月十六，当天不用祭祖，村民休息在家吃一顿丰盛的晚餐即可。冬至当天村民不外出干活，也不用祭拜祖先，各家各户在家准备丰盛的晚餐。

第三章　马窝寨的经济生活

1949年新中国成立后，马窝寨所在的贺县境内开展了一系列涉及土地、经济、政治制度的改革活动，从而对当地社会、文化以及人们的日常生产、生活都产生了非常重要的影响。为了让读者更为全面地了解当地的发展历程，并与当地在改革开放以后的发展形成对比，本章将沿着时间序列从村落经济变革和村民的经济活动两方面，介绍马窝寨经济发展的基本概况。

第一节　传统的经济生活

瑶族是一个山地民族，以发展农林业为主。过去主要在坡地上种植旱禾、玉米、红薯、芋头等作物，林业主要是种植杉木、松树和茶油树。土瑶因居住在山区，水田极少，粮食产量低，过去很多土瑶家庭一年的粮食收成往往不够一家人的食用。马窝寨在沙田镇的10个土瑶村寨中，算是经济条件较好的，但寨子里每年都有不少的家庭需要向他人借粮才能勉强度日。过去，土瑶的经济来源少，辛苦劳作一年的收成若是够整个家庭全年的开销，已经是“富足”的生活了。

一、经济结构

传统土瑶经济以农业林业为主，个别家庭还辅以手工业。但在20世纪50年代实行的农村大集体，林业却占据着首要的地位。土瑶人利用山区的优势种植杉木、松木、油茶、油桐、茶叶等山区经济作物。下面是在马窝寨盘孝荣家中收集到的一份反映1951年土瑶人如何依靠山区的优势发展社会经济的资料。

在1951年开春，我就召集各选区主任、老人、妇女、青年来开会。在会上一边动员，一边回忆，忆新旧社会的对比，忆山区有什么资源。大家都说，住山就要靠山吃山，向山要粮，向山要钱的路子。大家思想统一后，表示决心大战三年，种茶叶。经过三年辛勤劳动，种下茶叶面积2200亩，到1953年初，收茶叶9万多斤，全部卖给国家，得到人民币54000元，人均收入40元。因为党制定了富民政策后农民尝到了甜头，接着在当年冬天，召开了一次总结评比会，会上大家决心更大，提出因地制宜再奋斗三年，把荒山都种上茶叶，恢复老茶园。在种茶的同时还大力种植杉树，在杉林套种油桐。经过三年的苦战，到1956年种下了杉树30060亩，成林成片，生长茂盛。种下桐油由于2600亩，茶叶5600亩，1956年冬收油桐56000多斤，折人民币11200元，茶叶收36万斤，折款216000元，基本上解决了整个乡人民群众的温饱问题，又为今天打下了坚实的物质基础。①

马窝土瑶所居之地，地处山区，山场多，水田少。1964年中国科学院民族研究所广西少数民族社会调查组的报告显示，马窝寨所在的狮狭民族乡1958年水田仅有352亩，而山场则比较辽阔，开荒2612亩。粮食作物有稻谷、玉米、红薯等。稻谷的收获量每年不足自食，瑶族人主要经营经济作物，如茶叶、油桐、油茶、竹子、杉木等。其中，以经营茶叶为主，产量很多，故在高级社时有“茶叶社”之称。茶叶的经营已有较长的历史，收入占总收入的一半以上。抗日战争前，茶叶最高年产量曾达到50万斤，而在战后，由于销路不畅，价格低，米价上涨，农民不得不将大部分茶林烧毁，改种粮食，致使茶叶产量大为下降。②

马窝寨的农业种植以山地为主，但也有少量的水田在牛洞寨附近。土瑶搬到现在的马窝居住之后，为了省时省力，常常在田边搭一个简易的房子，称为“田寮”，供耕种或收割时休息和吃午餐。由于山里气候多变，每年只

---

① 资料提供人：盘孝荣；采集人：何彩秋；采集地点：马窝寨；采集时间：2014年7月25日。

② 广西区编辑组：《广西瑶族社会历史调查》（三），北京：民族出版社2009年版，第196页。

图 3—1　左图为马窝寨现今的茶场，右图为村民在修剪茶叶

能种一季水稻。1987 年农村家庭联产承包责任制实行后，马窝土瑶的生产积极性高涨，不过虽然精心护理水田，但一年的粮食产量依旧很低，常常要靠玉米、红薯等杂粮补充食物。土瑶山区盛产竹子，当地人把称为“南竹”的竹子从山里砍下来之后破篾，编织箩筐或簸箕，拿到沙田镇上去卖。解放前的土瑶人生活贫困，一年中有半年要靠借粮或吃杂粮野菜度日。农业的收成少，林业经济的效益又漫长，一片杉木通常需要 15 年以上才可以砍伐变卖，若是交通不便，甚至都无法售出，因此就没有了收入来源。手工业的收益很少，马窝寨老人回忆，解放初期，村民在沙田镇上卖出两个簸箕的钱只够换回一包盐或两斤大米。土瑶人认为自己没有做生意的头脑，只是默默地在自己的山林、田地里耕作或是到深山密林里采摘山货拿到圩市上销售。过去土瑶人喜欢在山里养蜂，但蜜糖主要是自己食用，很少拿出去卖。各家各户饲养的猪、鸡、鸭也只是在逢年过节或是举行仪式时才宰杀，几乎不会拿出去卖。总之，解放前和解放初期的土瑶山区，人们的商品意识非常淡薄。

二、集体经济

1949 年前，土瑶各家各户在自己的田地劳作，砍完一山种一山，由于耕作方式和护理方式落后，农作物的收成并不高。1958 年，农村集体合作化生产，土瑶聚居的狮狭民族乡属于沙田公社，当时各个村寨进行集体大生产，主要种植茶叶。马窝寨村民盘绍明呈给沙田镇政府的报告显示，因为土瑶地区的茶叶种植成效显著，使财贸、税收和农民的生活都有了很大的提高。报告中有一部分提到：

1958 年公社抽调我到沙田公社担任副主任，我当时分管林业、财贸。我想沙田财贸主要靠狮东，于是我就前往狮东大种茶叶、杉木等，为财贸服务。由于成绩显著，当年我再次被评为林业生产的模范，于 10 月份出席全国林业先进代表大会。几年的辛勤劳动，换到累累的果实。到 1960 年收入茶叶 44 万斤，使财贸、税收都大幅度增长。[①]

农村合作化生产使马窝土瑶的生活有了起色，很多家庭从一贫如洗到有能力解决温饱，整个土瑶社区的经济发展面貌发生了很大的改变。土瑶占据了大片的山林，不仅分布在本寨子的周边，在其他寨子的周边也有分布。若集体去到较远的地方耕作，耗时耗力，但是丢荒又可惜，所以把山林租给过山瑶或其他土瑶寨子的人耕种。土瑶最早来到贺州的山区开荒耕种土地，之后到来的过山瑶只能从土瑶的手中批种土地。1954 年广西土地改革，划分各个村寨的山场。1971 年农业生产合作化时期，各户的山场收归公社集体所有。1981 年分田到户之后，按集体合作化之前的山地划分把田地还给各

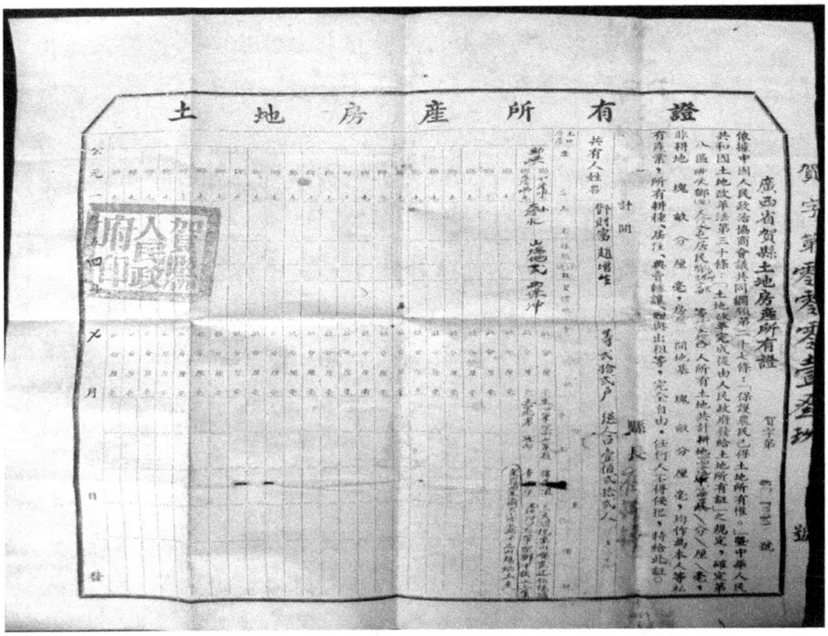
土地房產所有證

廣西省賀縣土地房產所有證

图 3—2　1954 年狮东大冷水寨土瑶村民的土地房产所有证[②]

① 资料提供人：盘孝荣；采集人：何彩秋；采集地点：马窝寨；采集时间：2014 年 7 月 25 日。

② 资料提供人：邓接连；采集人：何彩秋；采集地点：大冷水寨；采集时间：2014 年 7 月 23 日。

户。这时山场和土地的划分并不是平均分配，各户占有的山林多寡不一。各个村寨也不相同，所以山地少人口多的村寨需要向其他村寨租种土地。1990年后，土瑶各村寨之间仍然有租种山林的现象。一般都是在临近的两个村寨之间进行租种，如马窝与北都或马窝与水竹的山林。下面所示的协议书是1995年马窝与水竹承批山场种植时所设立的协议：

承批山场种植协议书[①]

甲方：马窝寨

乙方：赵木庆 赵元周 赵满春 邓金保

1. 甲方有太公传下山场一处坐落地名水竹大竹底，东至进应山场为界，南至大界顶为界，西至老邓山场为界，北至老邓山场为界。因此处山场相距甲方远无法耕种，现承批给乙方赵木庆等四户人开荒耕种。

2. 甲方批给乙方耕种的山场范围内任何人不得侵占开荒耕种，如发现有人侵占甲乙双方有权利给予制止。

3. 甲方批给乙方山场随由乙方种植杉木、油茶、竹等农作物，乙方所得收成，其中杉木成材后采取三比七分成。甲方得三，乙方得七。但必须甲方到场，双方议价之方可拍卖。

4. 甲方在每年的正月十二派人到乙方承批者家商量收取山场记钱叁元陆角正。

5. 此处山场承批可由乙方随种随得。如甲方在特种的情况下需耕作，乙方应退出给甲方。

6. 本协议一式两份，甲乙双方各一份，望共同遵守。

甲方代表（签名）：盘土生 盘转胜 凤水旺 盘秀林 盘水庆
盘弟九 凤转旺 凤满生 凤春连

乙方代表（签名）：盘客观 盘接连
代笔人：盘秀城
公元一九九五年正月十八日立写

马窝寨因山场与本村的距离较远，故租给水竹寨的村民耕种。承租土地

① 资料提供人：凤转旺；采集人：何彩秋；采集地点：马窝寨；采集时间：2015年8月12日。

的一方除了要每年给马窝寨一定数额的租金外，林木收成之后还要与马窝寨分成。土瑶开荒耕作的山地第一年一般种旱禾或玉米，另外还有红薯、芋头等杂粮，第二年开始种植杉木、油茶等林木。虽然土瑶一年的农事活动都安排得很紧凑，但土瑶历来实行刀耕火种的耕作方式，使得土地愈加贫瘠，所以农作物的产量也很低。土瑶在一定程度上，尚保留有所谓“刀耕火种”的残余，在砍山烧山之后，未经刮地松土就将黄粟种撒播在火灰上，过一定时期除一次草就没有什么工作了，直到收回时为止。直至 20 世纪 50 年代这种耕作方式还残留于大冷水一带的土瑶聚居区内。[①] 为解决劳动力不足的问题，过去土瑶的集体生产中还采取集体开荒和“打会”的方式。集体开荒即由很多户共同开垦一个较大的山场，按各户参与的劳动力分成若干股，将来收获时，则按劳动力平均分配产品。至于在劳动过程中所需的生产工具及每日的粮食则由各个成员自备，种子则各股平均负担。[②] 集体开荒一般是在整个村寨进行。“打会”是同一个寨子或不同村寨的家庭之间的一种劳动互助方式，即某一户在下种及收获时，因特殊原因，一时劳动力不足时，则请一人出头在同村或其他村邀约别人相帮，人数决定后，主家即备办饭食招待作为酬劳，如果是下种，则在当时备办一餐家常便饭即可，待收获时，再杀猪酿酒盛情招待一番。如果是帮忙收获的话，则仅招待一餐酒肉即可。[③] 马窝寨的集体山场在 1949 年前和新中国成立初期用来种植茶叶，“文革”期间茶叶被全部砍光烧光，1981 年分地到户时也没有把集体的土地划归个人，依旧属于村集体所有。

三、家庭经济

改革开放后，土瑶社区也和中国的其他农村一样，开始家家户户在自己的山地里耕作。分田到户后，农民的生产积极性提高，以家庭为单位的生产劳动比 20 世纪 50 年代的集体大生产收益更高。土瑶的家庭收入也开始有所提高，经济生活出现了一定程度的改变。个别家庭除了解决温饱问题之外，还能购置家用电器等用品。1988 年黄淑娉、龚佩华两位学者在马窝寨调查

① 广西区编辑组：《广西瑶族社会历史调查》（三），北京：民族出版社 2009 年版，第 202 页。

② 广西区编辑组：《广西瑶族社会历史调查》（三），北京：民族出版社 2009 年版，第 199 页。

③ 广西区编辑组：《广西瑶族社会历史调查》（三），北京：民族出版社 2009 年版，第 199 页。

的报告中写道：

> 马窝寨共有41户，261人。经济收入属于上等户的约有7户；属于中等户的约有24户；属于下等户的约有10户。
>
> 上等户盘绍明家：共有14口人，全劳动力4人，半劳动力2人。……全家共有6亩水田，年产粮食6000多斤，自食有余，余者多用于煮酒；林业收入每年1000元左右；茶叶收入300元左右；油茶收入500元左右（其中自食部分约300元，其余出售可得200多元）。另外每年养两头猪，约有四五百斤肉，自给有余。1982年分得两千多株林木，自家又中了一万多棵。全家大小十余口人，每年每人可做四套新衣。家里蚊帐、被褥较齐全，还有缝纫机一部，自行车三部，并计划买一台电视机，因目前山里供电不正常，暂未实现。
>
> 经济收入中等户盘土生家，共有5口人，全劳动力4人。全家共有三亩水田，种两造，年收入1000斤干谷；开旱地5亩左右，种红薯收2000斤，木薯收1000斤，玉米收300斤，芋头收1000斤，小米收300斤，粮食够吃有余。穿衣靠卖茶叶，茶叶可收入300元左右；油茶产量不稳，好的年成除供全家自食外，还可卖出得600元左右；种的杉木被偷，没有收入。
>
> 经济收入下等户凤客成家，共5口人，全劳动力1人，半劳动力1人。这家人因孩子小，妻子要管三个孩子，家务重，缺乏劳动力。种一亩三分水田，亩产600斤，开种旱地十余亩，粮食仍然不够吃，每年缺一个月口粮。只有少量茶叶和油茶，夫妇两人拖着三个孩子无法开荒，所以无法营造经济林，也无法种植其他经济作物。①

1988年，马窝寨的家庭已经出现了经济收入有上、中、下等户的区别，粮食的收成、林木的经济效益是影响土瑶家庭经济生活水平的主要原因。土瑶家庭出现了明显的贫富差距。上等户和外面联系多，重视学习文化，善于计划经济，婆媳、妯娌相处较和睦，至今尚未分家。劳动力人口数量多，且分配合理，则经济生活水平相对较高。土瑶家庭收入来源少，一直以来都养成了拮据的生活习惯。他们形成自给自足的自然经济，种植的农作物一般用

① 黄淑娉、龚佩华：《广西壮族自治区贺县土瑶社会文化概况》，1988年手写稿，第15-16页。

于自己消费。除了个别村寨种植生姜会拿到沙田镇上变卖，但收益并不高。一些村民编织簸箕、网袋拿到沙田镇上售卖也只是换回所需的食盐或大米。若仔细观察一个土瑶家庭的消费结构，就会发现食品的消费占据绝大部分。其次就是参加社区婚礼或其他仪式的开支，家具的消费并没能列入其中，更别说家庭经济对小孩教育的投入了。

各个土瑶村寨在进行开荒种植时需要大量的劳动力。在集体大生产时期，集体劳动具有很大的优势，当集体大生产变成了一家一户的独自劳作时就会出现劳动力不足的情况。于是就会出现了“换工”这样的劳动互助方式。换工是一种范围最小的劳动互助方式，只限于户与户之间少数或个别的劳动力交换。即是某一户因一时劳动力不足，而请亲戚朋友帮忙代做，日后又再以工偿还劳动日。这种换工除了对方招待饭食之外是没有任何报酬的。[①] 土瑶社区的人群之间交往较为密切，除了劳动互助之外，各个家庭的红白喜事都会互相帮忙。

第二节　经济生活的现状

土瑶的生活水平长期处于低下的状态，集体经济的发展并没有给土瑶的家庭带来长久的经济收益。集体经济受到破坏后，土瑶生活回到贫困的状态。改革开放后，土瑶的家庭经济生活才有所变化。

一、集体经济

土瑶村寨在人民公社化时期参与到集体劳动中，村民的山地全部用来种茶叶，茶叶的收入使得土瑶人的生活水平有了提高。土瑶社区的集体生活不仅表现在劳作上，还表现在日常的生产生活中。土瑶每年都有集体修路的习惯，现在依然如此。马窝寨通往牛洞寨的道路是全村人合力修通，各家各户出钱出力，道路的修通也造福了整个村寨。因受 1964 年全国农业学大寨的影响，为了向山造田种粮，马窝寨集体种植的茶叶被烧毁破坏。正如马窝寨

① 广西区编辑组：《广西瑶族社会历史调查》（三），北京：民族出版社 2009 年版，第 199 页。

民盘绍明向政府呈交的报告中所写的那样：当时正是农业学大寨的热潮，不管什么平原山区，都要造田造地。在山区不因地制宜，做了造田地。不管造林扩林，结果砍光、分光、吃光。连茶山都全部丢荒无人管理，使茶叶由44万斤下降到4000斤。[①]2013年马窝寨恢复种植茶叶，在村集体山林种植了340亩茶叶。若是在茶叶种植和护理时家里有一人出工，则这个家庭在茶场就“有份”。当然，这些都是在村民的自愿之下。若是家里劳动力不足，不能到茶场干活，则村委会将之视为自动放弃在茶场的占有权，之后茶场的收益这个家庭也不再享有。

过去村集体不仅拥有全部土地，其他的生产资料和生产工具也都是归村集体所有。现在马窝寨的集体山林大约有500亩，除了种植茶叶之外有一部分任其丢荒，而且在此生长的树木不能让私人占为己有。分田到户之后，土地成为各家各户的私有财产，生产工具也都是各家各户所有。土瑶村寨与中国的其他广大农村一样，各家各户的农事活动基本上都是在同一时间段内进行，兹根据广西区编辑组编的《广西瑶族社会历史调查（三）》的内容和田野访谈资料的内容，对马窝寨一年的农事活动进行概括如表2—1所示，当然在时间上可能存在些许的出入。

土瑶人根据居住的环境和气候因素安排一年的农事活动，一般是各家各户单独进行，但亲戚和邻里之间经常互相帮助，形成一个劳动互助的小团体。他们在播种、收割和砍山的时候，相互配合更容易快速地完成农活。在茶场除草或采摘茶叶一般都是村里的集体劳动。届时，每家每户有一人出工，相互配合。

二、家庭经济

土瑶经济生活水平不高，主要是因为家庭收入来源少。马窝寨的家庭收入来源有外出务工，包括“打山工”和进城务工，或靠砍伐木材，种草药和养野生动物，还有采集山货以及手工编织业等增加收入。不过，土瑶家庭一年的经济收入首要是“打山工”所得，次之是林业，另外个别家庭还有养殖业、手工业的经济收入。土瑶村寨近年来与外界的联系逐渐频繁，多数家庭

① 资料提供人：盘孝荣；采集人：何彩秋；采集地点：马窝寨；采集时间：2014年7月25日。

表 2—1　　农事活动安排表

季节	主要农事活动
立春	开荒地
雨水	种杉木，种茶叶
惊蛰	开荒地
春分	犁耙水田
清明	播种，种红薯，种西瓜
谷雨	砍山，采茶叶
立夏	除草（杉木林、茶场）
小满	种玉米
芒种	护理水田
夏至	除草（水田、红薯地）
小暑	修剪茶叶让茶树更快出新芽
大暑	摘西瓜
立秋	收稻谷
处暑	收玉米
白露	采茶叶
秋分	除草（茶场、油茶树）
寒露	收红薯、芋头
霜降	摘油茶果
立冬	收藏红薯、芋头种
小雪	砍柴
大雪	榨油
冬至	砍山除草（杉木林）
小寒	砍柴
大寒	砍柴

都有一个以上成员在广东或湖南打工。若是夫妻两人一起外出务工，则家庭经济生活水平相比于在家务农的家庭要高。

土瑶地处山区，而且村寨都是建在半山腰上，周边平地较少，几乎没有水田，所以种植水稻不够家中每年的粮食消费，每家每户都得到镇上买粮回来才够全家人食用。在山区，无论是土瑶还是过山瑶的经济来源都很少。再加上土瑶的文化水平不高，想去城市谋生比较困难。多数村民只能留在村里，每天天不亮就开始走山路到山里干农活，种玉米、茶叶、种树、护理茶叶或树苗等。每年的农历三月、四月、七月、八月这四个月份，村里的青壮年都外出到贺州的其他县镇去“打山工”，即替外地老板植树或砍树。村里青壮年要离开家半个月甚至一个月，一直住在山里，大伙一起请人专门煮饭菜。他们一般从承包商那里承包一大片或几片山林，在规定的时间内做完工作，领到工钱之后大家平分才会回家。村民说“打山工”非常辛苦，而且风餐露宿，工钱平分下来之后每人每天最多有100块钱收入。但是村民每年只在这四个月中的几天或是十几天才有工钱拿，而且不一定每天都会有活干，所以他们外出赚钱的时间加起来最多也就两个月，甚至更少。估算一下，若是每家最多有2个劳动力在这4个月内出去“打山工”，每人每天100元，两个人就每天200元，减去因其他事情耽误而不是每天都能出去做工的情况和实际每个月只有几天时间可以领到工钱的情况，结果算下来这两人这四个月所得工钱最多也就10000元。这是两个人的收入，而实际上出去“打山工”的每家每户基本上都只有一个人，因为家中也有农活需要干，而且还要照看老人和小孩，所以每个家庭外出打工所得到工钱实际上仅为5000—6000元左右。这么一算下来，每个家里有小孩和老人的家庭，每年的年总收入最多也只有七八千元，若家中的劳动力还有其他的专业技术，则可能收入会比较高一些。如一些男子会修建房子，则会有人请去建房，每天也有100元钱的收入，修建一个房子最多一个月，也会有2000—3000元的收入，所以这样的家庭可能生活就较为宽裕一些。

林业是土瑶家庭中最大的一项收入来源，但并不是每年都有收入。土瑶在山上种植的杉木一般是以15—20年为一个周期。每家每户几乎都会种3000棵以上的山林，砍伐变卖时一方可收入900元。马窝寨有些家庭的山林都种上了杉木，最多的有近百亩山林。若是日后砍伐变卖将会是一笔可观的收入。就如金竹村的过山瑶所说的：“他们土瑶以后会比我们过山瑶有钱，因为他们有很多山林，以后卖杉木就可以有很多收入，可我们过山瑶没有那么多山地，想种也没办法。”一些较富裕的土瑶还去承包其他村民的土地来种杉木，到时候按照一定的比例对卖林木所得进行分成。杉木种植后要护理3—5年才可成林，若雨水充沛，阳光充足，15年后即可成材。砍伐之后的杉木桩可以再长成林木，只不过生长速度变慢。有些土瑶会再重新种植一批新的树苗。近年来，马窝寨有人开始培植铁皮石斛。铁皮石斛生长在深山老林里，它的枝干和花朵都是名贵的药材，可泡茶或熬汤，摘下来之后它又可以再生。所以村民在农闲时期到深山里采摘时，会把铁皮石斛挖回来，在家里进行人工培植，但是不能施肥，任其自由生长。石斛长出嫩芽之后便可采摘晾晒，晒干后可拿到沙田镇或其他地方出售，每斤可卖 300 元，这也是一笔可补贴家用的经济收入了。由于现在很多深山老林已经被开荒砍伐，铁皮石斛很难找到，所以变得越来越珍贵。马窝寨有一户人家在自家楼顶上种植铁皮石斛和其他草药，每年从中可得 5000 元以上。土瑶除了种植草药之外，有些人在农闲时期也会到山上采摘一些如灵芝之类的山货拿到沙田或公会的集市上去卖，以贴补家用。妇女和儿童在农闲时经常上山采摘各种可以变卖的植物，如在七八月份时到山里摘“山樟籽”，以每斤 1 元的价格卖给村里的小卖部老板，大人一般每天可以摘到 50 斤。在其他土瑶村寨还有一些村民开始大量人工养殖土鸡或石蛙，如大冷水寨的土瑶村民邓接转在自家的山林里养了 100 多只土鸡，另外还在山冲里养殖石蛙。他说，在初期确实没有收入，但是他相信两三年后就可以把成本赚回来。一些有点文化基础的村民商品意识逐渐提高，不仅仅停留在自家“一亩三分地”上，而是发现了许多不同的经济收入渠道。

图 3—3 土瑶村民在自家楼顶培植的铁皮石斛及其他草药

图 3—4 土瑶村民采摘的山樟籽

目前在土瑶地区，最大的消费是建新房。沙田镇的土瑶目前基本都被确认为低保户，即每户每年人均纯收入低于1800元。如果一个普通的土瑶家庭想依靠自己的经济收入来建造一个新房，费用是相当昂贵的。在山区建造一个占地50平方米的一层水泥房所需费用约为50000元，因此需要外借或是得到政府的补助才可能做到。政府对危房改造的补助有明文规定，规定茅草房的补贴是每户50000元，泥土房是每户15000元，而且每年都有指标，每个村按户数的比例来分配指标。村干部把指标下达到需要建房的家户，若是这一户想今年建新房，而且有财力先把房子建好，就可以找村干部拿镇政府所发的申请表来填写，政府审批通过后，同时这一户也建好房子，就等到政府工作人员前来拍照验收，通过之后才把补贴资金下发到村民的银行卡上，一般分两次发放。在危房改造问题上，很多环节都存在“隐患”。比如有些村干部不作为，存在私心，谎报危房改造的家户，把不该划为危房改造的家户也划为危房改造对象，而一些已经岌岌可危的房子却得不到改造；有些村干部还向上一级政府多报危房改造的户数，然后从中获利，曝光后引起民众的不满，也损害了民众的利益。马窝寨有2个年轻的村干部利用职务之便，贪污本应属于村民的建房补助金。他们两人与金竹村、狮东村的一些村干部合谋谎报本村修建房屋的数量，等到政府把补助金发下来之后就收入个人囊中，村民完全不知。村干部将贪污所得用来修建和装饰自己的房屋，而一些真正需要政府资金补贴的村民依旧住在破旧的木板房里。马窝寨贪污的村干部是上级部门来调查的时候被揭发出来的，直到他们被公安机关逮捕之后，村民才知道他们贪了自己的钱财。在黄南寨也有类似的情况发生，而原来贪污的村干部已经逃跑。另外，还有一个问题是政府把指标发下来了，村民也借钱建好了房子，但是政府工作人员却迟迟不来验收，所以补助金也就无法到位，这样村民的生活就更捉襟见肘了。有些村民因为在亲戚朋友处借不到建房的资金，想去银行贷款，又没有可抵押的东西，不得不去借高利贷。这样一来，补助金不按时到位的情况使村民的生活受到了极大的影响。还有一个更为严重的问题是，一些村民因为没有文化知识，不知道怎么到银行查询或取款，所以只能由一些相对来说文化水平较高的村干部带去取款。听一些村民反映，一些村干部从中勒索村民，谎称每笔补助费需要上交百分之多少的费用。我们经过多方了解，证实在沙田镇的一些土瑶村寨确实存在这样的情况。村民的消费在房子上占了绝大部分，再加上平时村中的婚丧嫁娶也需要花费一些财物，而且若家里有小孩和老人还要考虑孩子上学费用和老人生病所需的治疗费用。在山区的土瑶经济来源很少，但是在消费方面却也不少，收支严重失衡，导致他们的生活水平还是一直处于低水平的状态。

第三节　经济生活的变迁

土瑶的经济变迁最主要体现在家庭经济生活的变化，随着土瑶与外界的联系加强，土瑶社区在市场经济的推动下经济结构发生了较大的变化。首先是非农职业人口的增多。马窝寨 2000 年开始有人到广东等沿海城市务工，之后陆续有村民到广东或湖南等地务工。到广东、深圳等地务工的人主要是青壮年，一般是进到一些电子零件加工厂当流水线的工人。到湖南等地务工的主要是中年夫妻，主要从事的是水泥建筑行业的工作。即使不外出的村民也有个别人开始短暂从事非农职业，如木工或运输工。但到了农忙时节又会参与到家里的农事活动。其次就是生产方式的变化。过去土瑶从汉人集市买来铁制的劳动工具，如锄头、柴刀、镰刀、铁铲等。每年耕种时从汉人那里请来耕牛或农用拖拉机来犁田，除草时也是用了喷雾器喷洒农药，若是水田在平坦的道路两边，则在收割时请山外的收割机进到山里来帮忙收割，一天 300 元。① 现在每家每户也都购置了摩托车，在收割时用来搬运稻谷。最后是家庭生活条件的改善。土瑶家庭生活的变化，主要体现在消费水平和消费内容的变化上。随着土瑶家庭的温饱问题得以解决后，他们可支配的资金逐渐增多。虽然很大一部分用来修建新房，但在修建新房之后会用来置办家具。在马窝寨，一些富裕的家庭购置有电视机、洗衣机或衣服甩干机、电冰箱等。一般在村里要辨识哪一家的经济条件较好时，只要看他们的房屋修建和装修的华丽程度以及家里摆放的家具即可知。土瑶一直以来都是从汉族地区购买新衣服，他们自己不会制作。传统的土瑶服饰也是买回来后，妇女会在衣服上进行装饰，现在的服饰已经和汉人无异，都是从沙田镇或是八步区买来的。

从 1988 年黄淑娉和龚佩华两位学者的报告中得知，当时马窝寨的家庭

---

① 信息提供人：盘道养；访谈人：何彩秋；访谈地点：马窝寨；访谈时间：2015年8月1日。

存在贫富差异，有经济水平上等户、中等户和下等户之分。如今25年过去后，马窝寨也与其他农村一样存在较大的贫富差距。他们除了家庭经济生活水平之间的差异外，与外界的联系和受教育的程度也具有明显的差别。至2015年，马窝寨65户中有20户建了两层以上的楼房，27户建成一层的楼房，剩下的18户目前还是泥瓦房。虽然整个村都是贫困户，但是房屋和家具等方面存在较大的差别。

> **【案例3—1】** 盘土金家共5口人，全劳动力2人，半劳动力1人。盘土金，40岁，文化水平是小学四年级，18年前和同村的姑娘盘接妹结婚后生了2个儿子、1个女儿。大儿子17岁，偶尔出去打山工，女儿在上初中二年级，小儿子在上小学五年级。因儿女在学校读书，每个学期的生活费靠他和妻子两人外出打山工，每年打山工所得的劳动报酬大约有6000元，采草药或灵芝等山货可得1000元，除此之外，再无其他经济来源。家里又没有其他的劳动力，所以生活过得很拮据。家里的水田不足1亩，每年最多可收获15袋稻谷，不够全家人一整年的食用，还需从集市上买米来吃。家里养了1头猪，要等过年时才杀。现在一家人还挤在破旧的泥土房中，因年久失修，墙面已经出现了几道很大的裂缝。进入到他们家内，在神台旁边有一台小的电视机，看起来应该有一定的年代了，画面都变成了蓝色，隐约还看到一些彩色的画面。神台后面是主卧，女儿睡在阁楼上，两个儿子住在离家不远的一个木板房里。他们家进门右手的小屋子是厨房，正中间有一个灶头，摆放两口锅，旁边还有少量的碗筷，看上去有些许的寒酸。①

在这个家庭中，教育消费占了大部分，劳动力少加之没有其他的技能来获取经济收入，因此在马窝寨算是比较贫困的一户人家。整个寨子有18户还是泥土房，他们没有修建新房的最主要原因还是经济条件差，即使有政府的补贴，他们也暂时没有财力建成新房，所以不得不继续住在老房子里。在中国的广大农村，每个村落都存在贫富差距。在马窝寨也有几户家庭的生活条件是比较好的。

---

① 根据何彩秋2015年7月25日在马窝寨对盘土金所做的访谈记录整理而成。

图 3—5　马窝土瑶村民的厨房

【案例 3—2】 盘七连家共 10 口人，全劳动力 6 人，半劳动力 1 人。盘七连，33 岁，初中毕业，是家中的大儿子，父亲盘冬旺，56 岁，是上门女婿。母亲盘客兰，54 岁。外婆 84 岁，在沙田镇带 2 个上幼儿园的曾外孙。妻子在八步市区的某酒店当服务员。四弟和弟妹在家务农。目前家中有 3 个小孩，年纪还小。盘七连现为新民村副主任，每个月有 400 元的工资，本人开一辆大货车，往返于沙田镇的各个山区，帮村民拉建房子的钢筋水泥或木材。按路程的远近来算，往返一次的费用有 1000-2000 元。家里的农活都是父母和四弟来做，他很少在家干农活。家里种了 1 亩多水田，每年可得 30 袋以上的稻谷，足够全家人一年食用。家里人均年收入高于 2000 元，收入来源除了盘七连与妻子所得之外，其四弟也常外出打山工，而且他们家里林地多，种了十几亩的杉木，林业收入也是他们最大的一笔收入来源。盘七连在年轻时作为马窝寨第一批到广东务工的村民，所以对外界的了解比较多。现在他两个孩子都在沙田镇上读幼儿园，每个学期花费五六千元的学费，但是他都很乐意为此付出。家里的房子也是马窝寨最早修建的，两兄弟同住在一个两层的楼房里。家里有两台电视机、一台洗衣机、一台电冰箱，两辆摩托车、一辆大货车以及一辆小轿车。生活条件在村里算是比较好的人家了。①

案例（3—1）和案例（3—2）是马窝寨土瑶“穷人”和“富人”的一个真实写照。两个家庭产生贫富差距的原因有很多，有劳动力的数量问题，还

① 信息提供人：盘七连；访谈人：何彩秋；访谈地点：马窝寨；访谈时间：2015 年 7 月 27 日。

有家庭成员的学历问题以及对外界的接触情况等等。这些因素都会影响到一个家庭获取经济和外来资源的方式。土瑶家庭经济生活的变化同时也影响到整个土瑶社区的经济发展。如今在农村社会，房屋的新旧、家具的多寡成为衡量一个家庭贫富的重要标准，而在过去缺衣少食的年代，粮食收成以及保暖衣物数量才是人们相互攀比的指标。经济发展确实改善了土瑶人的生活，而在温饱问题得到解决之后，人们最应该改变自身的精神风貌，然而从这几十年的土瑶教育发展来看，他们的教育水平并没有得到明显地提高。因此，土瑶生活的改变不仅仅只是在经济上有所变化，还应同时从经济以外的其他方面做出改变。

第四章　马窝寨的婚姻家庭

“婚姻是一种独具风采的制度。”[①]婚姻在人类的繁衍中起着重要的作用，没有婚姻就没有人类社会。婚姻家庭是人类学研究的经典课题之一。人类学家对婚姻下过许多定义，却鲜有成功者，因为总有例外的情况出现。韦斯特马克（Edward Westermark）认为婚姻是“得到习俗或法律承认的一男或数男与一女或数女相结合的关系，并包括他们在婚姻期间相互所具有的以及他们对所生子女所具有的一定的权利和义务”[②]。凯瑟琳·高富将婚姻视为“习惯之协议，用来确立新生儿的法律地位，使他们成为社会可接受的分子”[③]。哈维兰（William A.Haviland）认为婚姻是“社会认可的一个或多个男人（男性或女性）与一个或多个女人（女性或男性）的关系——相互之间有持续的性接触的权利”[④]。从哈维兰给婚姻下的定义中可以看出，婚姻既包括对偶婚（多个男人与多个女人），也包括一夫多妻制婚姻（一个男人与多个女人）、一妻多夫制婚姻（一个女人与多个男人）、一夫一妻制婚姻（一男一女）、同性恋婚姻（男性与男性或女性与女性）。因此，这个关于婚姻的定义涵盖了世界上绝大部分的婚姻形式。[⑤]

人类学者对家庭存在着不同的理解。有人认为家庭是“由两个或更多

---

① ［美］罗伯特·F·墨菲（Robert F. Murphy）著：《文化与社会人类学引论》，王卓君、吕迺基译，北京：商务印书馆 2004 年版，第 86 页。

② ［芬］韦斯特马克（Edward Westermark）著：《人类的婚姻简史》，刘小幸、李彬译，北京：商务印书馆 1992 年版，第 1 页。

③ ［美］罗杰·M·基辛（R. Keesing）著：《文化人类学》，张恭启、于嘉云译，台北：巨流图书公司 2004 年版，第 235 页。

④ ［美］威廉·A·哈维兰（William A. Haviland）著：《文化人类学》第十版，上海：上海社会科学院出版社 2006 年版，第 227 页。

⑤ 周大鸣主编：《文化人类学概论》，广州：中山大学出版社 2009 年版，第 155-156 页。

的人通过血缘、婚姻或收养关系所组成”[①]。有人认为“家庭是由一定范围的亲属（如夫妻、父母子女、兄弟姐妹）所组成的社会生活细胞。”[②] 有人认为家庭是“建立在婚姻关系和血缘或者收继关系基础之上的基本社会组织形式”[③]。有人认为“家庭是一种社会集团，以共同的住处、经济合作和繁衍后代为特征”[④]。还有人认为“作为具体的家的两个单位，一是家庭，二是家户。家庭是以婚姻为基础的一个生活单位，父母子女三角形的出现就是一种血缘结合的单位的形成。而家户本身却是超血缘的单位，非血缘者也被包含在其中。家的这两个最基本单位，又构成了中国社会中两种基本关系的基础，即血亲关系和地缘关系的基础。”[⑤]

婚姻与家庭难解难分。婚姻是建立家庭的前提，家庭是缔结婚姻的结果[⑥]。家庭之内也包含着婚姻关系，但亦有婚姻失去家庭犹存的情况[⑦]。人们对婚姻家庭的观念以及行为方式的变化必然是社会变迁的重要体现。在本章中，我们以 20 世纪 80 年代以来马窝寨土瑶在婚姻家庭方面的变化为重点，对当地社会文化的发展变化进行完善和补充。为了使本章内容显得更系统和清晰，我们将其分为传统婚姻习俗、传统家庭形态和婚姻家庭的变迁三节。在传统婚姻习俗这一节中，我们整体上将其分为婚姻形式、婚礼习俗和婚育观念三部分逐一进行详细描述；在传统家庭形态这一节中，我们主要从家庭结构、家庭规模和继承体系三个方面展开论述；而在婚姻家庭的变迁这一节中，我们则从婚姻的变迁和家庭的变迁两个维度进行分析。在叙述过程中，我们从整体上对相关内容进行概括；之后，在每个叙述主题中附有表格及个案材料，从而使本章的内容显得更为充实。

---

① [美] 威廉·A·哈维兰（William A.Haviland）、哈拉尔德·E·L·普林斯（Harald E. L. Prins）、邦尼·麦克布莱德（Bunny Mcbride）、达纳·沃尔拉斯（Dana Walrath）著：《文化人类学——人类的挑战》，陈想超、冯然等译，北京：机械工业出版社 2014 年版，第 219 页。

② 林耀华主编：《民族学通论》，北京：中央民族大学出版社 1997 年版，第 302 页。

③ 孙秋云主编：《文化人类学教程》，北京：民族出版社 2004 年版，第 211 页。

④ 庄孔韶主编：《人类学概论》，北京：中国人民大学出版社 2006 年版，第 265 页。

⑤ 麻国庆：《家与中国社会结构》，北京：文物出版社 1999 年版，第 12 页。

⑥ 林耀华主编：《民族学通论》，北京：中央民族大学出版社 1997 年版，第 301 页。

⑦ 朱炳祥：《社会人类学》，武汉：武汉大学出版社 2004 年版，第 93 页。

第一节　传统婚姻习俗

一直以来，土瑶对婚姻十分重视。解放前，土瑶实行严格的内部通婚，不能与过山瑶结婚，更不能与山外的汉族、壮族缔结婚姻。比如，马窝寨的土瑶和北都寨的过山瑶在 1980 年以前从来就没有通婚的例子，即使两个村子之间仅仅相隔一座山，来往的山路大约 3 公里而已。土瑶认为过山瑶“嘴巴恶”“不够勤快”，所以不愿意与过山瑶结为姻亲关系，但平时还是可以做朋友。土瑶不愿意与山外的汉族、壮族通婚的原因是祖先“盘王”传下来的规定，不准嫁“国民”。土瑶人说，不与外族通婚，这是在盘王时代就定下来的规定。所谓盘王令“十二姓瑶人子孙，自行嫁娶，不许与外族交婚”违者要受罚。[①] 解放前，土瑶禁止同姓结婚，认为同一个姓氏的是同一个祖先，强行结婚是对祖先的不敬。结婚时办酒，村里人也不会去吃，而且认为他们生出来的孩子会有残疾或是长不大的。

土瑶青年恋爱自由。土瑶孩子一般长到 15 岁之后，就可以自由地在土瑶社区内寻找异性谈情说爱。土瑶家庭的孩子一般较多，孩子长到一定年纪，父母就会在房子两侧用木板盖一间小房子供适婚的青年男女在里面谈情说爱，甚至同居，当地土瑶人称为“勉切邦”(即“言情房”)。男子会在半夜来到“勉切邦”门前敲门，若该男子也是女子的意中人，女子就会让男子进门，双方开始互吐爱意，互送定情信物。通常男方会送给女方一根锄头柄，识字的男子会在柄上用毛笔写上几句情歌的歌词，若是女的同意与其谈恋爱，就会编织一个网袋送给男方，作为定情信物。若是到时候女方反悔了，就把锄头柄还给男方。若是女方把男方给的信物用坏了，而且之后又不同意男方的求爱，需赔一些钱财给男方即可。

1949 年前，男女青年可通过唱歌相识，通过山歌传情。“唱山歌一般是在重阳节、中秋节、贺新节等节日，也有在人家的婚礼宴席上对唱。唱山歌活动，从秋收开始到第二年春分，春耕开始就不准唱了，否则误了庄稼活

① 龚佩华:《广西贺县土瑶的社会和文化》,《广西民族研究》1990 年第 3 期，第 94-102 页。

路，就会饿肚子，人们对此十分自觉遵守。”[①] 青年男女在对歌中用歌声介绍自己，表达自己的情感，倾吐情意，双方容易产生感情。在田野调查中，我们询问现在40多岁的夫妻两人是如何认识的，大部分都说是双方在“歌圩”上认识的。他们略显羞涩地告诉我们说，那些单身青年男女去看歌圩其实最大的目的是去“物色”另一半。如果男子在歌圩上看到自己中意的女子，就会眉目传情，有时还会拉上身边的朋友帮忙去打听女子的情况。若是双方都觉得满意了，两人就不约而同地走到另外一个地方去开始私下了解。瑶族是一个喜欢用歌声表达感情的民族，以前青年男女在谈恋爱时常常用歌声来互诉衷肠。在田野调查中，我们在马窝寨盘道养家处收集到一本他在2012年编写的《瑶族长歌》，歌本里面收录了土瑶的19首歌曲，内容包括瑶族十二姓谜歌、计算歌、盘地王瑶情歌、男情寄歌、十二节日歌、谜语歌、十二个月花歌、贫穷歌、问路歌、带路歌、朝上歌、初相逢情歌、白天歌、天亮洗脸歌、收歌书歌、送情歌、正月歌、立春歌等。其中盘地王瑶情歌、男情寄歌、初相逢情歌、送情歌是明显表达瑶族青年男女之间爱意的歌曲。现把其中的《盘地王瑶情歌》和《盘地王瑶写情信寄歌》摘录如下：

《盘地王瑶情歌》

今年果然收成好，云开散合共谈情。
想着苗秧不在礼，无样点肌难对情。
化杏远来到仙府，庭步一时富贵圆。
庭步一时礼义重，酒肉满桌奉化侠。
经过娘村老嫩小，经过娘寨各老幼。
浅水偶滩莫笑谈，不使经娘老嫩小。
娘村老嫩多欢喜，众村老嫩听新闻。
初行未知想几问。
问妹门前怎样桥？问妹门前么砌起？么人砌起把郎来？
贱小门前架木桥，小贱门前石头起，老人砌起报龙来。
隔岸山头看娘屋，见娘家底好家庭。
四面红砖建起屋，全家富贵无贫穷。
隔岸见娘未变屋，竹围草盖是贱园。

① 黄淑娉、龚佩华：《广西壮族自治区贺县土瑶社会文化概况》，1998年手写稿，第27页。

七杈八顶是娘屋，天下最穷就是娘。
屋后条龙来得好，龙脉条沙来得匀。
门口江水弯弯转，十代聪明九代官。
屋背条龙来不好，龙脉条沙来不匀。
门前江水没有弯，无代聪明无代官。
踏入妹家看娘屋，富贵奉茶又奉烟。
难见娘情礼又深，吃了不知何谢情。
贫居不知贵人到，一样未有难对情。
前途遥远风吹合，守安逍遥齐会逢。
杏限天分地赐转，世上投生没忘修。
日夜愁情挂在心，水里无鱼怕空滩。
飘来偶逢天仔锦，得见情龙在广京。
年年月月挂在肚，欢朝会着贵妹侠。
水深行船不怕浪，齐齐偶合共行游。
留投初入郎村寨，十处修心可很难。
快乐空守千愁偶，步步比如水下难。
永水朝为科才好，聪明富贵礼情通。
笔架科堂第一品，文才贤女满朝中。
困久荒滩无科考，不知礼情莫怪侠。
笔字未曾学得好，要讲文才难上难。
新年会逢好日子，今夜相思投偶连。
苗草多思无人知，叩仙舍福解愁情。
苗草飘连到仙府，得偶金同福贵侠。
天思难显桥深上，意重难飘四海桥。
太阳过天有两路，夜里太阴日太阳。
思量共娘齐修福，又怕皇上意未开。
心思可绝心愁忌，泪落胸前难改为。
报龙有心金思赐，舍留北斗照荒基。
无道报娘留半意，海水断声未断思。
有情莫断浅滩水，采稳千情永万年。
二人有情莫忧意，九百年庚世未离。
齐肌要挂缘林府，共合情由水样长。

出门得见人双好，逢着花开所摘朵。
水缸有水重挑担，好妻连个不为多。
听着有情心欢喜，报龙归去问龙双。
若有龙妻广开良，愿驾龙园做二妻。
怕无福，为贱蒙俠年纪高。
妹是青年学生样，贱小年高难共修。
一夜谈情话得好，有花没福也定难。
未久天光各自去，各自归家欢不欢。
日出东门广照家，一为苗草修福迟。
望好娘花广阳照，思伴外朝照半俠。
郎有广京崔连殿，再好遮凉难到乡。
报郎留心对现世，千莫飘思照外街。
见妹聪明又善良，怎得老人转嫩时。
共得嫩俠成妻对，千愁万意得分肌。

《盘地王瑶写情信寄歌》

执笔写歌去会妹，写歌去会共弟连。
共弟交情日久了，二人同意一条心。
齐心会情情心旧，交到如今不舍弟。
妹是一心连弟意，望着由心想心事。
年年有次共兄话，不舍离弟亏妹愁。
日夜守兄守到夜，夜间守弟到天光。
做工不安坐不成，夜里梦着夜里见。
弟见蜘蛛莫好打，正是妹心跟弟行。
妹赤有双弟有对，弟不念娘妹要连。
应念别人妹净念，不怪情兄不会侬。
久久交娘妹净念，连半别人连半侬。
朝朝妹出前门望，十朝望了没朝逢。
望见东边真好色，东边有朵好花游。
东边有朵真花好，难得到侬共一支。
难得画眉吕共叫，难得鸳鸯俩共分。
难得共桌茶共饭，难得金鸡合共笼。

难得共兄屋共住，难得鲤鱼侬共塘。
鲤鱼要吃金鱼子，没水养鱼养不活。
行路无人没句话，久久见兄心正同。
阳世不交二世交，交结排逢后世连。
弟想别人说一句，不念别人报句情。
亏妹想弟不配定，交情今世解心愁。
是妹同心报弟听，阴阳二世结交连。
刘三住定交情义，不是主终共结双。
爹娘生妹缘分小，留妹今世结想思。
鱼子上滩爱水大，齐家结义就年轻。
年去年来齐又老，齐家老了没心机。
妹是真心共弟念，无缘补得共同双。
今世无缘留后世，留如二世结良缘。
可惜弟今不共屋，亏娘日夜尽思良。
百样愁心净想弟，望弟有心连半娘。
管男管女来连弟，弟今不连妹定连。
从古千年不别弟，万条管了不离弟。
妹是照心照肚话，报弟千年莫愁心。
松柏千年不落叶，俩人交情莫愁心。
今日文言去报弟，千心万意共弟连。
踏在歌堂见尽连，真心想弟无奈连。
上元甲子不同会，下元甲子不共州。
台上明灯难共照，县上路头难共行。
白马上山龙下海，思良骑马弟骑龙。
想着分离水口路，深湾海内又难逢。
亏妹无缘没福分，见尽黄金无福收。
黄金坪地刘三造，岭上开花妹定连。
今日花枝种在内，心想去连共一支。
未想移根归屋种，千年挑水去润林。
朝赤不逢无归弟，夜赤不逢无归兄。
今夜画眉不舍对，怕弟不连不奈何。
深山只有千年树，世上难逢实心人。

今日知兄同一意，不知明日哪条心。
行过四边妹不念，心想连弟在世交。
交到百年念百岁，念到太阳不会行。
早日不连为何难，不是哪时见情兄。
粥饭时时吃不下，不是何时见阳间。
今夜再来念过弟，不知想连不想连。
望弟相连报句话，亏妹想弟年过年。
朝朝行路无朝见，十朝想了没朝逢。
心想去连路上等，久了不知弟内心。
怕弟有新不想妹，应思应想都为难。
别人过路娘共弟，共弟来寻到妹门。
睡到半夜睡不着，想弟不睡到天光。
为着早时齐工话，上句各游下句思。
共句话言下句思，合得世间四海人。
上句言由下句记，合得世间记在心。
千句言语共句话，望弟有心共妹连。
不写了，应写千言都是同。
有心一句值千句，无心万句当无知。
亲手写成交过弟，望弟有心接妹言。
单手接相富贵烟，不知哪日还陪情。

《瑶族长歌》的歌曲大都是男女对唱或一问一答式的情歌。比如《盘地王瑶情歌》就是男女对唱的情歌。《盘地王瑶写情信寄歌》把歌词写成一封情书，从女子的角度来表达对心上人的爱慕和依恋之情。另外还有合唱歌曲，比如婚礼上的酒歌。通常以七字为一句。唱时，时而高亢时而低沉，一字一句全部唱出来，没有固定的旋律和音速，可快可慢。男女约会时为了能与心上人相处的时间变长，经常故意放慢音速，在一个字或一句歌词的后面还要加上一个长长的尾音。

传统土瑶社会实行族内婚制，严禁与外族通婚。这与土瑶的传统习俗及长期处于封闭的山区环境有关。在封闭环境下，人们选择拒绝外来的事物以此达到保护自己，维护本族群安定环境的目的。另外，可能与历史上遭受到外族或外支系的侵扰有关。土瑶先于过山瑶来到贺州定居，但整体生活水平一直低于过山瑶。土瑶与过山瑶之间不通婚，从经济角度分析也是土瑶因害怕受到歧视而选择借此保护自己生存下去的心理。传统土瑶社区禁止同姓结婚，实际上与土瑶所处的山区环境和实行族内婚制有关。土瑶人口少，实行族内婚就导致整个社区的关系网络错综复杂，同姓之间基本上都是沾亲带故，严禁同姓通婚其实是为了防止近亲结婚而导致出现新生婴儿残疾的现象。因为在土瑶社区，家中若有病残的人，不仅不能增加劳动力，而且还加重家庭的负担，将会导致家庭生活水平难以提高。

一、婚姻形式

人类社会曾经历过血缘婚、对偶婚、一夫多妻等婚姻形式，直到发展到现在的一夫一妻制婚姻。传统的中国婚姻缔结形式是“男婚女嫁”“父母之命、媒妁之言”。特别是在男尊女卑观念风靡的封建社会，主要实行的是一夫多妻的婚姻形式。婚姻是排除了杂乱的性交状态而建立起来的一种文化制度。[①]

土瑶传统的婚姻形式有“男婚女嫁”的嫁娶婚，“招郎上门”的入赘婚，严格实行一夫一妻制。在土瑶社区，男女青年以自由恋爱为主，通过“歌圩”或他人介绍认识对方，若是双方觉得合适就互为“勉切”，确立恋爱关系。当他们将恋爱的事情告诉自己的父母之后，如双方父母也觉得合适就开始为儿女的终身大事张罗。一般是男方父母会托媒人到女方家提亲，若是女方父母和族人也同意这门婚事，就会把女子的生辰八字拿给媒人带回男方家。媒人把女子的生辰八字带回男方家之后，男方的父母请土瑶的师公合男子和女子的生辰八字，若是相合则请师公为其挑选吉日举办婚礼。若是男女两人的八字不合，而两人想在一起的意愿又十分强烈，则男方须请师公做一场法事，消除这种不合的因素。若是女子“招郎上门”，则由女方家操办这些事情。土瑶没有重男轻女的观念，父母对女儿要嫁出去还是招郎入赘是没有异议的，全凭男女双方的意愿，有时也会考虑到双方的家庭状况。若是女方家庭条件较好，则男方多半选择入赘。在马窝寨，有 12 人从沙田或鹅塘的其他土瑶村落入赘而来。在过去，来自外寨的赘婿若想取得村里的成员资格，则必须要在摆酒结婚之后或是在结婚之前在家里宴请全村人吃一餐便

① 庄孔韶主编:《人类学概论》，北京：中国人民大学出版社 2006 年版，第 261 页。

可。之后他们可以一起祭祀自家的祖先，可以一起祭祀村社庙宇。

1949年前，早婚在土瑶社区十分普遍。马窝寨的盘元兰，今年60岁，在家中排行第三，上面有两个哥哥。母亲81岁，身体还很硬朗。按两年一胎的正常情况计算，她母亲在17岁就已经生育孩子。这种情况在土瑶地区算是比较普遍。男女青年15岁或16岁就开始谈恋爱，男女双方自由恋爱到17岁或18岁就开始谈婚论嫁。土瑶习惯早婚有许多原因。首先，由于土瑶山区农业生产技术相当落后，人们的生活条件比较艰苦。为提高家庭经济条件，急需更多的劳动力才能获取足够的生产生活资料。早婚带来一个结果就是可以早点为家庭注入新的劳动力。因为早婚，出生的孩子与父母年龄相差不大，孩子长大之后又可以成为父母劳动的帮手，而父母或祖父母年老体弱时也可在家帮忙照顾小孩子，劳动力得到最大的利用和分配。其次，土瑶的早婚还有社会因素的重要影响。土瑶男女互为“勉切”（情人）后晚上便可到对方的“勉切邦”去谈情说爱。若相处觉得合适就结婚，不合适就分开，这是双方家长都默许的。土瑶社区和家庭提供了青年男女可能早婚的场所，默许和鼓励早婚也是土瑶早婚的一个因素。土瑶的早婚还有个人因素在里面。土瑶社区文娱活动很少，小孩子在村里常常和年长的哥哥姐姐一起玩耍，容易早熟，看到别人谈情说爱，无形中也影响了他们的婚恋观念。

二、婚礼习俗

土瑶男女一旦结为夫妻，就必须“摆酒”，宴请宾客。男女两人共组家庭，在有经济能力的情况下要操办一场盛大的婚礼，宴请村寨内外的亲戚朋友，整个婚礼仪式大部分都长达三天三夜之久。土瑶人在一生中都想举办一场属于自己的婚礼，一是向他人展示两人合法的夫妻身份，二是正式昭告村中的所有人自己的家庭在村集体中享有共有财产的合法权利。正如有些土瑶村民所说的那样，“两人结婚生子之后还要摆酒，这样孩子以后在村集体的林地等共有财产才有份。”若是已经生育孩子的夫妻双方有一人在“办酒”前去世了，过后也要补办一场简单的婚礼，请师公到家里来做一场仪式，邀请双方的至亲和男方村里的乡亲一起吃一餐。这时“办酒”是为了让去世的一方在阴间的家族里也有一个名分，特别是嫁进来的女子和入赘的男子。这样做才使得去世的一方不会变成孤魂野鬼。婚礼的举行不仅代表男女双方姻亲关系的建立，更重要是得到整个家族和村落的认可，而这个家族和村落不仅仅是指现世的人间世界，还包括人死后去往的神灵世界。

对于土瑶人来说，一场盛大的婚礼无比重要。在土瑶人的婚姻观念中，婚姻不仅仅是男女两人之间或男女双方家庭之间的契约关系，同时也是作为人生关口中的一个重要仪式。若是在结婚当时因经济困难或是其他原因未能举办婚礼的，等到有足够的经济能力之时不管年岁多高都要举办婚礼，邀请亲朋好友前来参加。土瑶举办婚礼需要花费较大的财力物力，若是男女双方家庭经济条件好的，一般准备一年即可结婚；若是男女双方条件都不好或是有一方经济条件相对较差的，则需要准备 3 至 5 年或 10 年以上才可举行婚礼，所以在土瑶社区，有许多夫妻都是已经共同生活很多年，并且都已经生儿育女了才补办婚礼的。比如马窝下寨的盘连青今年已经 56 岁了，30 年前已经和妻子共组一个家庭，如今儿女都已经成家，他也有了 3 个孙子孙女了，但是因为结婚当时没有足够的钱财举办婚礼，所以在 2016 年补办了一场盛大的婚礼，邀请村寨里外的亲朋好友一同前来庆贺。整场婚礼花费 3 万多元，是之前准备 2017 年修建新房所备用的资金。

在土瑶地区，男女婚姻关系的确立是以举办婚礼为标志，只有举行了婚礼才算正式结婚。正如土瑶村民所说的，以前老一辈人结婚一般都没有结婚证，而是必须举办一场婚礼才算结婚。婚礼一般在每年农历十月份开始，每年的农历六月不办酒席，不办喜事，传说这是因为六月是一年的中间月份，象征一个人只是走到了中间的年龄，不适宜办喜事。另外，土瑶的婚礼只办酒席，不兴拜堂。

举行婚礼前，男方父母亲自到村里请人来帮忙操办婚礼，一般要请 80-100 人不等，主要负责后勤工作。男方父母去到人家家中说明来意之后，给每个人递上两根烟作为信物，对方接过烟后届时会到结婚的人家中帮忙。村民之间都是互相帮忙的，几乎没有人会说不去帮忙的。因为不管是在沙田镇还是在鹅塘镇居住的土瑶，他们在地理空间上的距离都很近，而且每个寨之间都有小路相通，再加上土瑶世代在此繁衍生息，各寨之间都有姻亲关系。因此，若有一个土瑶寨举办婚礼，其他土瑶寨的村民都会有人前来参加，而且会穿上土瑶服装，以示庆贺。

土瑶婚礼花费财物很多。主家需提前准备很多猪肉、大米、酒水等食物，这在解放前会成为一个家庭最大的一项财物支出。解放前和解放初，男方要给女方父母 69 斤猪肉，69 个银圆，给送新的人每人 7 斤猪肉，给新娘外婆家 40 斤猪肉，因此很多人结不起婚。1952 年，时任乡长的盘绍明作为唯一在乡镇机关中任职的土瑶人，召集各村头人，讨论减少结婚礼钱，得到了大家的赞同。把给女方父母的猪肉从69斤改成39斤，69个银圆改为39元人民币（其中9元给新娘的母亲），给外婆家的40斤猪肉也改为4斤半猪肉。[①] 在生活条件艰苦的土瑶社区，操办一场婚礼对一个家庭来说都是一笔巨大的支出。男方家除了要送钱送物给女方家之外，还要宴请寨子里远近亲戚，整个婚礼一般都长达三天三夜。

土瑶婚礼大致分为四个步骤，即送嫁、接亲、敬烟酒和吃晚饭。送嫁在女方家举行，接亲、敬烟酒以及吃晚饭都在男方家举行。若男子到女子家入赘，则婚礼环节也如此，只是送嫁正好是在男方家举行，其他仪式则在女方家举行。婚礼前一天，男方家请本村寨前来帮忙的亲戚一起在家里吃一餐，开始准备婚礼。

图4—1　土瑶新娘送嫁队伍中的一部分

到晚上八九点的时候，还要请师公在家中大门内的左侧摆坛念经向家中的祖先“报告”，坛上供奉一个香炉、五碗白米、一碗猪肉、四个酒杯。白米上放一个内装一块钱的红包，每碗白米还插上三炷香。师公念经、抛筶杯、烧纸钱，倒酒之后即宣告已经将这桩婚事向主家的祖先一一报告了，祖先也已经同意举行婚礼。婚礼第一天，早上要先请师公念经请祖先吃饭，主人家以及请来帮忙煮饭、煮菜、烧酒、倒酒、舀饭，伴酒的6个村民“代表”到坛前跪拜，他们一一接过师公手中的酒水喝下后，证明祖先已经答应他们给这场婚礼帮忙做事。之后，婚礼宴席中的客人才可以开始用餐。到了下午3点，师公还要再次摆坛念经。这次供奉一个猪头、一只鸡、一条猪尾巴、一个猪肝、两碗米饭和两双筷子。意思是把跟随祖先前来喝喜酒的其他

① 黄淑娉、龚佩华：《广西壮族自治区贺县土瑶社会文化概况》，1988年手写稿，第28页。

龙神送走，之后就可以把所有的祭品收走，后勤开始准备晚餐。傍晚，男方家请两个人带上39斤猪肉和1包盐，以及两个媒人去到女方家，晚上在女方家就餐住宿，而女方家的亲戚也在当晚到女方家吃一餐。与此同时，男方家的亲戚带上贺礼到男方家庆贺，一般带上几十块钱的红包、水果或酒水。主人家安排人在门口接收红包和贺礼，并一一登记在册，待第二天早上用一张红纸把前来男方家庆贺婚礼的名单写好并张贴在家门口公示。在20世纪90年代以前，来喝喜酒的亲戚一般会送棉被、毯子或者毛巾给新郎新娘即可。现在都改封红包了，一般都是21元、51元不等，一般数额都不大。前来庆贺的亲戚朋友都会收到主人家的喜糖、热茶还有两根烟。待所有宾客到齐后，晚餐正式开始。晚餐比较丰盛，摆长桌宴。主桌坐着师公和新郎的舅舅、叔伯等，背对神台，正对着大门。婚礼第二天，新娘及其亲戚随媒人一同前往男方家，送嫁队伍包括男女老少，少则几十人，多则上百人。若是新郎新娘来自两个距离较远的寨子，需要走很长的山路，送亲队伍要算好出发时间，一般都是下午要到男方家。接新队伍到男方家后，由厨房人员在门口放一个盆，盆里装清水，分别用红绳绑住两根交叉的茅草置于盆中。门口还放一只已经割喉的公鸡，新娘在媒人和接亲婆的引导下跨过水盆，进到家中的大厅，在接亲婆的带领下进入新房，此时接亲环节结束。男方家热情接待来自新娘家的亲戚，一一给每一个人送茶水和两根烟。晚饭时，新娘的父亲、舅舅和叔伯也坐上座，位于师公的左手边。此时新娘自己和陪亲婆在新房里吃晚饭，一直待到敬酒环节开始时才从房间出来。

图4—2　土瑶新郎和新娘

在婚礼中，新郎、新娘的服饰是一大亮点。无论新郎、新娘家境好坏，结婚时双方父母都会为自己子女置办一套漂亮的服装。传统上，土瑶妇女一般喜欢把前额和耳边的头发剃光，戴桐木皮制作而成的圆形帽，以白纸染成黄或绿色贴在帽子外缘，再用黑色画上一条条竖线，之后用透明的玻璃纸覆盖在上面，远远望去闪闪发光，在顶上盖上6—8条对折毛巾。土瑶新娘的服饰装饰得很华丽，新娘的帽子在普通的土瑶帽子上加上一条“仙巾”，由长175厘米，宽30厘米的毛巾折叠而成，上面绣上诗句和图案，除了方形的图案外还有形似莲花的图案，都是由黄、绿、橙三种颜色的丝线绣成。新娘帽子上叠上18—20条对折毛巾视为最隆重的装饰。帽顶上戴一个重约3斤的流苏线彩色绑带，从头顶分两边，长到手肘处，每边都挂上10个由银色的小珠串成的绑带。背上挂上彩色的绑带，每边挂上8个铃铛。一条由黄、橙、绿三种颜色混合绑成的绑带，从帽顶到脖子处，用来固定头上的帽子。女子上身着蓝白短上衣，有两层，里层是白色，外层是蓝色，上衣按上扣子，但是没有开扣眼，不用扣上扣子。在袖子两边绑上由红色流苏制成的“肩带”，是作为进入婚姻阶段的标志。另外，女子还在上衣的里面穿上一件黑色的长袍，围上自己绣好的红色腰带，长袍下边的裙摆开衩，直到腰的位置，前面的下摆要折叠之后插在腰带上。新郎的服饰较为简单，头上戴8—10条毛巾，另外一层还套上一条绣上八句情歌诗句、图案的“仙巾”。上身穿有4个口袋的蓝色对襟短衫，右手绑上一条“仙巾”。下身着裤筒肥大的蓝色长裤，衣服和裤子的颜色都是白里蓝外，胸前戴上由银色小珠串成的绑带。一套新娘的服饰加上成本和劳务费都需要千元以上，新郎的服饰简单朴素，一套只需两三百即可。每当村里举办婚礼，上了年纪的土瑶村民才会穿上民族服装，盛装出席。

图4—3 盛装出席婚礼的土瑶男女

结婚当晚“吃晚饭”这个仪式程序最为隆重，是整个婚礼的高潮阶段，一共分为四个环节，即交亲、结婚（敬酒）、立大名、满堂红。交亲环节即男女两家的父母相互敬酒。若父母不在则由家中的叔伯代替。入席喝酒吃饭时师公坐在正中间，男子都是坐在正对门口的桌边，女子坐在男子的对面，如图 4—4 所示：

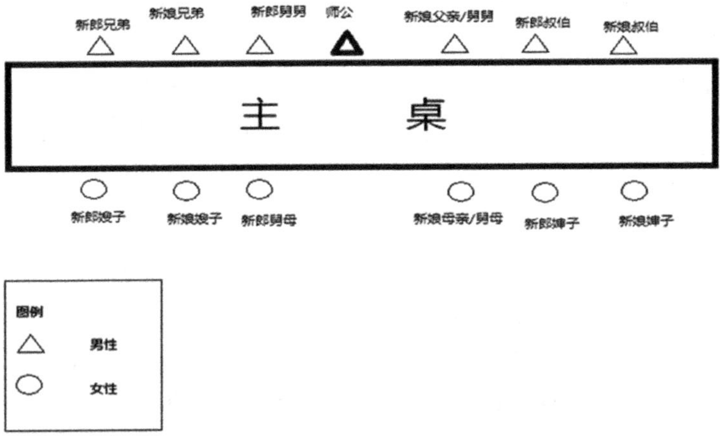

图 4—4　土瑶结婚吃饭时主桌的座位排列

师公的左边是新娘的父亲或舅舅，再往左是新郎的叔伯，再往左又是新娘的叔伯。师公的右边是新郎的舅舅，再往右是新娘兄弟，再往右是新郎的兄弟。若是新郎和新娘的舅舅人数多而且都到场参加婚礼，则在主桌上叔伯和兄弟的位置由舅舅来坐。新郎和新娘的亲戚互相挨着就座，一般人数不限。男子的对面要相应地坐上自己的妻子或姐妹，师公的对面座位可空着也可留给其他贵宾就座。主桌上的人数必须成双成对，即男女人数要相等。男方父母不入席，敬酒时才来到主桌与大家见面。男方父母来主桌与大家敬酒时，最先开始敬师公，再向两边的亲戚敬酒，每个人两杯酒，师父要喝四杯，而且每个人都需吃一块猪肝或猪肚。敬酒的过程中都要唱酒歌。所有的酒歌都是用当地的土瑶话唱的，各个环节唱的歌词内容都不一样。唱歌敬酒之后，交亲仪式结束。结婚环节即新人向亲人敬酒，两位新人由陪亲的人陪同出来敬酒，和交亲环节一样给主桌人敬酒，这个环节就要吃猪肉，一杯酒一块肉，敬酒过程中所唱的歌内容也不同。另外，新郎新娘还要互相喂对方鸡腿，两根鸡腿用一根红线连着，旁边的亲戚在唱酒歌，新人要把鸡腿吃完，吃剩下的骨头要留着绑好放在枕头底下，象征夫妻百年好合。敬酒吃肉之后，新娘回到新房里，新郎继续陪大家喝酒，“结婚”环节结束。

“立大名”是土瑶特有的一种婚礼习俗，即男方家中的长辈与师公商量，按家族中的字辈排行，在婚前就已提前安好大名。待到婚礼的“立大名”仪式环节时，由新郎新娘一起向大家宣布。婚礼中得到的大名在一般情况下都不会用到，只有在进行消灾解难等宗教仪式时才会用到。“立大名”之后，新郎新娘再敬主桌人一次，再吃一次猪肉，再唱酒歌，“立大名”仪式环节结束。

“满堂红”是土瑶婚礼最为热闹的环节，男方舅舅向前来帮工的村里人敬酒，敬主桌的人，敬亲戚朋友。到敬女方家的亲戚时需要敬上更多的酒，喝酒的杯数由新娘家的远近决定，如果新娘是从较远的村庄嫁来，只需喝 8 杯酒，若是附近的村庄，则要喝 16 杯，若是本村就有 20 杯之多。边敬酒边唱“进库酒”歌，只要会唱的都可一起唱，歌词的内容是“天德合夫，月德合妻，贵子结成，贵妻秀女，添灯添财，荣华富贵，千年万代，亲安主乐，满堂进库。”全场唱歌祝福新人百年好合等意。敬完酒之后，大家都可以自行休息或继续喝酒唱歌通宵达旦。第三天早上，女方家的亲戚在男方家吃完早饭之后就赶回去了，男方家一般要送 10 斤猪肉给新娘父母或是由他人带去给新娘的父母。此时，在男方家帮工的村里人再在男方家吃一顿晚饭，帮忙收拾男方家务，此时婚礼才算真正结束。

土瑶没有规定婚后三天新娘要回门的习俗，而是要选定合适的日子新人才能回娘家探亲。婚礼当天，师公已经把新郎、新娘回娘家的日子算好，待到婚礼时就宣布新人回门的日子。回门当天，新婚夫妇要带上一些礼品，主要是一些酒肉。另外，新郎母亲也一起陪同，并且要在新娘家住两天。回男方家时，女方父母要送到男方家，若父母没时间陪同，可以由新娘姊妹一起回到新郎家，可留宿也可不留宿。新婚女子在结婚之后的三年，每年都要回娘家三次，如正月初二或初四或初六，清明节当天或第二天。另外，农历七月十五当天要回娘家，可在娘家住一个晚上。若是入赘的，就是回到男方的家，时间安排上与女方回娘家一样。

传统中国社会的婚礼习俗是周代沿袭下来的婚聘“六礼”，包括纳彩、问名、纳吉、纳征、请期、亲迎六个程序。土瑶的传统婚礼习俗虽然没有全部按照这样的仪式程序进行，但是无形中也受到汉族婚俗文化的影响，比如问名，即男方请媒人询问女方的生辰八字，合八字，卜凶吉的做法。土瑶之所以为外人所知，除了他们特有的服饰之外，其独特的婚俗也是吸引山外人眼球的一大亮点。

三、婚育观念

婚育观念反映了人们对婚姻生育现象的基本认识，是人们对婚姻本身、两性关系、生育和家庭等伦理行为与关系的态度及其价值取向。婚育观念影响着人们在婚育年龄、婚育动机和生育子女等方面的选择。婚育观念与文化水平、经济条件息息相关。土瑶传统生育观念与其生活环境和独特的风俗习惯密切相关。

过去土瑶生活条件艰苦，生产力水平低，生活环境十分封闭。以解放前为例，多数青年男女白天上山干活，晚上没有什么娱乐方式调解心中的苦闷，特别是处于青春期的男女。而土瑶特有的"勉切邦"习俗，则为青年男女提早了解两性关系提供了场所，但却导致容易出现早恋、早婚的现象。土瑶社区对男女婚前性行为相当宽容，对私生子也不存在歧视的心理。但也并不是说完全没有任何约束。"勉切邦"只是把男女双方的性关系确定下来而已，还要根据双方的意愿来决定这种关系是停止还是继续。若是继续则有可能发展成为夫妻关系，若是停止男女双方或家人也不会因此而成为敌对关系。因为每一个土瑶村寨的村民之间基本上都沾亲带故，日后也会有劳动或生活上的往来。若是变成敌对关系，对双方家庭的生产生活都会有影响。土瑶的交友通婚是在一定的地域和人群范围中进行的。地域上是在大桂山余脉深处的二十四条土瑶山冲里，人群是土瑶人内部。即便如此，土瑶内部在婚姻交友观念上还是有明确的规定，即不准近亲结婚，堂表兄妹之间不准谈恋爱，更不能结婚。

土瑶传统的婚育观念还表现在婚姻形式上。土瑶社区除了"男娶女嫁"的嫁娶婚之外，"招郎上门"的入赘婚很普遍。马窝寨共有 65 户人家，有 12 户人家的女子"招郎上门"，另外还有 3 人入赘到附近的土瑶村落。入赘男子同样享有继承女方祖辈家庭财产的权利，孩子既可从父姓也可从母姓，不过一般从母姓的居多。土瑶人口少，生产水平不高，要提高生活水平，需投入更多的劳动力。因此，在早恋早婚的基础上，早生多生的生育观念和行为在土瑶社区同样普遍。土瑶社区虽然崇尚多子多福，但不存在重男轻女的生育观念，儿子和女儿在家中的地位平等，因为女儿也可以招郎入赘，甚至家中有儿子的家庭，女儿也可招郎入赘，共同继承财产。解放前，离婚和再婚在土瑶社区极少。因为男女自由恋爱结婚，感情比较稳固。离婚的原因主要是女方无法生育，但一般也可以领养一个孩子。再者就是经济原因导致双方感情破裂，最后不得不离婚。再婚的女子在土瑶社区不会被歧视，特别是丧偶的年轻寡妇。因为山区生活，若一个家庭只有一个女性劳动力，生产生活十分困难。如果依附丈夫家族的兄弟，反而会增加他们的负担，所以一般都会鼓励她们再婚。她们可以招郎上门，也可以选择再嫁。

久居深山的土瑶形成了自己独特的习性，如他们多数性格温和，对待事物都有耐心和包容心。这体现在父母与子女、夫妻双方相处的过程中。在土瑶家庭里很少发生争吵。在亲子关系上，儿子遵从父亲，而父亲一般很少指责和批评儿子。在急需大量劳动力的年代，所有的家庭成员都是各司其职地劳动，婴孩趴在父母的背上跟着他们上山下地。父母很少打骂孩子，孩子从小和父母干农活的经历使得他们一般都懂得体谅父母，小小年纪就能和父母上山干活，能背负很重的山货。土瑶女子除了勤劳之外，对待丈夫和家庭都有很大的包容心。我们在田野调查中问一些土瑶妇女，如果发现丈夫在外面有情人了她们会怎么做时，她们的回答几乎都一样，认为只要丈夫不离开家和孩子，她们依然会坚守这个家，不会考虑离婚的事情。在对待家庭上，土瑶女子隐忍的性格使得她有强大的包容心。

第二节　传统家庭形态

摩尔根在《古代社会》一书中说："家庭是一个能动的要素，它从不停止在一个地方，而是随着社会由低级阶段到高级阶段，从低级形态发展到高级形态。"① 恩格斯在《家庭、私有制和国家的起源》一书中根据摩尔根的研究成果，认为人类的家庭形态随着习俗和生产的发展依次经历了血缘家庭、普纳路亚家庭、对偶家庭和专偶制家庭。恩格斯考察了各个历史时代及其不同阶段家庭形式的变迁，指出人类家庭形态的产生、存在和发展与受一定的社

① [美] 摩尔根（Thomas Hunt Morgan）著：《古代社会》，杨东莼、马雍译，北京：商务印书馆 1997 年版。

会经济关系的制约。[①] 瑶族迁徙频繁，因生活环境和自身因素的影响，其家庭形态也呈现出自身的特点。

一、家庭结构

家庭指的是在婚姻关系、血缘关系或收养关系基础上产生的，以情感为纽带，亲属之间所构成的社会生活单位。家庭是最基本的社会设置之一，以共同住处、经济合作和繁衍后代为特征。家庭结构是家庭成员的构成及其相互作用、相互影响的状态，以及由这种状态形成的相对稳定的联系模式。按家庭的代际层次和与亲属的关系可以把家庭分为核心家庭、主干家庭、联合家庭和其他形式的家庭。

土瑶村寨一般规模很小。沙田镇所有的土瑶村寨中，户数最多的寨子也不超过百户。户数少，人口相应也少。在土瑶社区，核心家庭和主干家庭是家庭结构的主要形式，联合家庭和其他形式的家庭少量存在。通过田野调查，以马窝寨的家庭结构为例进行分析，从而进一步了解土瑶家庭中的婚姻关系和亲子关系。马窝寨共有 65 户，430 人，平均每户约有 6 人，是土瑶寨子中人口较多的村落了。马窝寨的家庭结构主要有单身家庭、核心家庭、主干家庭和联合家庭。

表 4—1　马窝寨家庭结构类型表

家庭结构类型	核心家庭	主干家庭	联合家庭	其他家庭
家庭数量（户）	17	38	9	1
所占比例	26.2%	58.5%	13.8%	1.5%

注：数据来源于作者 2015 年 7 月在马窝寨实地调查之后整理所得。

从表 4—1，我们看到马窝土瑶主干家庭的家庭数量最多，超过整个寨子家庭户数的一半。核心家庭的户数所占的比例也比较大。在土瑶地区，联合家庭存在的概率较大，最主要是经济因素导致的。在生活环境艰苦的山区，一个家庭的劳动力越多，且劳动力之间的分配和合作越默契，则家庭生活水平也越高。土瑶生活在条件艰苦的山区，经济来源少，若是家中有四个

① ［德］恩格斯（Friedrich Von Engels）著：《家庭、私有制和国家的起源》，北京：人民出版社 2018 年版。

以上的成年劳动力，则更容易获取更多的生产生活资料。联合家庭的出现有时候也只是暂时的。如兄弟中有一个刚刚结婚，暂时还没分家，一起住在一个大房子里，共同起居生活，父亲还是一家之主。联合家庭将来会随着兄弟分家或父亲年老后失去权威而分解成两个主干家庭或核心家庭。在马窝寨，有一户是两个未婚的亲兄弟同住，在他们年幼时父母相继去世，由邻里和亲戚共同抚养成人。现在哥哥已经 30 岁，外出到广东务工。弟弟 25 岁，右腿有残疾，喜欢喝酒。2013 年，政府在土瑶地区进行危房改造时，帮助他们两兄弟修建了一间 50 平方米的房子。但因家中劳动力不足，家庭生活水平依旧不高。家庭中的夫妻、兄弟、亲子之间的关系对家庭结构类型的形成有重要的作用。经济因素、受教育水平程度等条件是影响家庭结构形成的主要原因。而在土瑶地区，影响家庭结构形成的最主要原因是经济因素。

二、家庭规模

土瑶所生活的自然环境和社会环境决定了他们若想获取更多的生产生活资料，则必须有足够多的劳动力。在土瑶地区更加能够充分体现“人多力量大”的寓意。土瑶的家庭规模大小不一，有十几人组成的大家庭，也有一个或两个人组成的单身家庭或核心家庭。土瑶的家庭一般都是三代或四代同堂的主干家庭。1949 年前温饱问题尚未解决，在极力增加劳动力获取生活资料的同时也在有意控制人口的增长。每对夫妇一般生两个或三个孩子，而且孩子长大后只留一个孩子在家继承家业，个别富裕的家庭会留两个孩子在家，当两个孩子都成家立业时才考虑分家甚至都不分家，其他的孩子都嫁出去或是入赘到其他村寨。1988 年，马窝寨共有 41 户，268 人。如今 25 年过去了，2015 年全寨总户数为 65 户，430 人，人口增长率为 60.4%。土瑶的家庭人口数量浮动变化不大，一般都是 6 口之家，即父母两人、夫妻两人以及两个孩子。四代同堂的大家庭人口数一般都有 10 人左右，即一个或两个曾祖辈、祖父母两人、父母两人、叔婶两人、再加上子辈，便组成了一大家子。根据实地田野调查，马窝寨的人口统计表分布如表 4—2。

通过表 4—2 和调查可知，马窝寨的家庭人口数在 5—6 人的比重最大，其次是人口数在 3—4 人的家庭。人口数在 1—2 人的家庭成员关系主要是父子、母子或兄弟，其中一户是年老的父亲与大龄未婚的儿子同住，另外一户是母亲和大龄未婚的儿子同住，兄弟关系的那一户是两个未婚的孤儿组成

表 4—2　马窝寨家庭人口统计表

人口数（人）	家庭数量（户）	所占比例
1—2	4	6.2%
3—4	17	26.2%
5—6	24	36.9%
7—8	9	13.8%
9—10	8	12.3%
10 人以上	3	4.6%
总计	65	100%

注：数据来源于笔者 2015 年 7 月在马窝寨实地调查之后整理所得。

的家庭。8 人以上的家庭有 11 户，多数家庭结构为联合家庭以及未婚子女数量超过 4 人的主干家庭。由于劳动力相对较缺乏，组建大家庭是获得更多资源的最好方式。整个大家庭共居一室，共同耕种田地山林，共享一个厨房，共同供奉一个祖先神龛，用当地人的话说就是“共吃一锅饭”。由联合大家庭到主干家庭或核心家庭的转变，多种因素在其间作用。经济因素是首要。一些人选择组建新的核心家庭或主干家庭是为了追求更高质量的生活。在还未有能力建新的住所从大家庭中独立出来，“同住不同吃”的方式也是一些土瑶家庭暂时选择的一种分家形式。

20 世纪 80 年代，中国开始在全国范围内实行计划生育政策。在广大的农村地区，特别是在偏远少数民族地区虽然也有波及，但对人口数量的控制力度还是微弱的，在土瑶地区更加如此。当年在马窝寨实行计划生育政策，主要是村干部带头实行，村民依旧会偷偷生 3 个或 3 个以上的孩子。至今，一个家庭中有 3—4 个成年孩子的户数不在少数。再者，由于农村医疗卫生条件的逐渐改善，婴儿的死亡率降低很多。村民的温饱问题解决之后，生活水平有所提高，使得老人的寿命变长。再有受早婚早育的风俗影响，土瑶社会常常出现四代同堂的大家庭。

从表 4—3 可以看到，马窝寨的家庭代数分布与其家庭结构类型分布基本吻合。三代同堂的家庭占绝大多数，基本能与整个村寨中主干家庭占绝大多数的情况相对应。一户是孤儿，而且未婚，所以是只有一代人的家庭。两代人的家庭数量正好与核心家庭的户数相符。有 6 户是四代同堂，同时也是家庭结构为联合家庭的大家庭。四代同堂的状态一般维持的时间不长，虽然

表 4—3 马窝寨家庭代数分布表

代数（代）	家庭数量（户）	所占比例
1	1	1.5%
2	17	26.2%
3	41	63.1%
4	6	9.2%

注：数据来源于作者 2015 年 7 月在马窝寨实地调查之后整理所得。

土瑶早婚早育的风俗习惯，使得一些人到 40 岁就能抱上孙子孙女，60 岁就可能当上曾祖父母。但是因为老一辈人在年轻时生活艰辛，干活都是肩挑背驮，年老时容易多病，所以他们的平均寿命在 70 岁左右，四代同堂的状态最多可以维持十年时间。因此，土瑶的家庭还是以一对夫妻“上有老，下有小”的家庭结构模式为主。年老的父母可以帮忙照顾年幼的小孩，这也是中国广大农村普遍存在的一种家庭结构模式。

三、继承体系

传统土瑶社会以父权家长制为核心，男性家长对家中的大小事务享有绝对的权威。他不仅掌握整个家庭的经济大权，而且对子女或家庭中其他成员的生活琐事都有权利干涉或指导。在家庭中，家长一般由男子担任，妇女的地位低于男子。过去媳妇和公公不能坐在同一条板凳上，一般媳妇的座位要低于公公的，吃饭时媳妇甚至要端碗站着吃。[①] 虽然现在土瑶妇女的社会地位有所提高，但是“男主外，女主内”的观念依旧不变。子女在父亲的教育和指导下，对长辈都怀有敬畏之心。在田野调查中，我们发现土瑶年轻人对父母、长辈极其敬重和孝顺，特别是家中的祖父，在家中享有极其崇高的地位。在有些极为重视礼仪的土瑶家庭，逢年过节吃饭之前都要让祖父或其他长辈先坐下，其他人才可以坐下；要听到他们说可以吃饭了，其他人才可以动筷子吃饭，否则会被认为是不孝敬长辈。

当父权家长制中的权威出现衰弱迹象时，联合大家庭便会逐渐分解成主干家庭或核心家庭，即兄弟或姊妹之间分家，另立门户。兄弟姊妹多的家

① 黄淑娉、龚佩华:《广西壮族自治区贺县土瑶社会文化概况》，1988 年手写稿，第 29 页。

庭，一般都会在两个兄弟或姊妹结婚后的两三年内开始提出分家。一般父母和整个大家庭会在兄弟或姊妹分家之间尽全力再盖好一栋新房，有些有经济能力的也可以自己盖好后就分家居住。在分好房子、山林、田地、生产工具等财产之后，分家当天晚上请本族的长辈和全家人一起吃顿饭，宣布原来的大家庭一分为二。分家之后，双方都要分担起赡养父母的责任，若是父母都健在，则会选择一个老人分到一个家庭中去居住，由这个家庭来赡养，当然也会出现由于某一个兄弟或姐妹的家庭条件相对较好，或是父母对某一个孩子特别依赖，则父母两个都住在某一个孩子的家中，父母一般都会选择与最小的孩子一起住，帮助其日常的生产生活。

多数家长对自己的孩子都有绝对的权威，在招进门的赘婿面前也同样有威信。赘婿结婚上门时不要求带任何嫁妆，如果女方没有其他兄弟姐妹留在家中，则完全可以继承女方家的所有财产，与亲生子无异。在土瑶寨子里，招郎入赘的现象十分普遍，几乎每个村落都有。招上门的赘婿组成的家庭一般都是和女方的父母同住，他们不仅享有亲生子的权利，同时也要履行赡养岳父母的义务。

土瑶和其他民族一样，养儿防老的同时也希望有一个孩子继承自己的家产。过去土瑶生活贫困，人死后也没有多少财物可以让后人继承，但是山林、田地以及村集体共有的土地、山场等固定资产是可以继承的，而且这些都是一个人或一个家庭在本村寨立足的基本。因此，土瑶社区历来也重视“香火”的传承。土瑶夫妻这一辈子至少要生一个孩子继承自己的香火，无论男孩还是女孩。若是夫妻两人实在不能生育，则可以从他处抱养作为自己的“养子”或“养女”。收养子女要请师公择吉日，举行简单的收养仪式。养子或养女一般都是从本村寨或是其他土瑶村寨处领养，一般是从那些孩子较多的而且生活比较困难的家庭中抱养。养子或养女在三四个月时被养父母带回家照顾，一般都会细心照料并视如己出，改从养父的姓氏。他们长大之后可以继承养父母的财产、房屋、田地和山林，同时也要承担赡养养父母的义务。男的可以娶妻生子，女的可以招郎上门。在这里，血缘关系被淡化。至今，马窝寨共有 10 人是在不同的时间在本寨或外寨等地被领养成为养子或养女。现在，他们中最大的已有 30 岁，最小的仅有 3 岁。

过去，土瑶的收养关系一般只发生在本族内部。现在逐渐扩展到其他村寨和其他民族。在马窝寨，大部分的收养关系发生在本寨，同时也出现了收养汉族小孩的现象。比如，盘晚生的女儿盘妹英是在 3 个月时，被盘晚生从

表 4—4　马窝寨收养子女情况统计表

养子或养女姓名	年龄	性别	出生地	养父	生父
凤接仙	30	女	马窝	凤春花	盘秋生
盘求兰	26	女	马窝	盘冬青	凤观花
凤求保	20	男	马窝	凤转胜	凤客养
凤文英	14	男	马窝	凤地满	凤秋成
凤林斌	14	男	马窝	凤冬养	盘土胜
盘福生	14	男	马窝	盘增养	盘弟转
盘伟英	18	女	马窝	盘晚孙	凤客养
盘周妮	16	女	小冷水	盘增养	不详
凤土旺	3	男	鹅塘	凤月连	不详
盘妹英	12	女	公会	盘晚生	不详

注：数据来源于作者 2015 年 8 月在马窝寨实地调查之后整理所得。

公会的汉族地区抱回来领养的。收养可以满足无子女者的心理需求，同时也能为自己老年生活提供一定的保障。在马窝寨 10 个被收养的孩子中，男女各占 5 人。孩子被收养回来后养父母就将其过户到自己的名下。村民们说，养子养女只要符合法律规定，上户口时和其他人给亲生孩子上户口并没有什么区别。收养回来的子女改从养父或养母的姓氏，不论男女都可以传递香火。养子养女和亲生儿女一样，在享有继承家庭中的所有财产之外，也要侍奉养父母，为养父母养老送终。养子、赘婿和亲子等家庭成员在继承父辈家产和承担赡养责任上具有同等的“待遇”。

第三节　婚姻家庭的变迁

随着社会交往圈的扩大，世代居住在山区的人同样深受影响，他们的交友范围、婚姻生活等方面都出现了不同程度的改变。社会经济和生产技术的提高，交通条件的便利，城市和乡村的人们都进入了信息化时代。社会环境和经济发展水平会影响到人们对婚姻的选择和家庭的建立。透过婚姻家庭的发展轨迹，可以窥探出在一定历史时期的社会环境发展程度和经济水平。人类学对婚姻的研究主要从婚姻动机、婚姻缔结、婚姻礼仪、婚姻形式等方面进行探讨。土瑶的婚姻研究主要从婚嫁仪式的历史渊源、求婚仪式、婚前的坐歌堂仪式、结婚当日的祭拜仪式和敬酒歌仪式展示土瑶特色的婚礼习俗，以及社区里的通婚圈、婚姻禁忌、早婚、再婚等方面展开。本节拟从土瑶婚姻形式、婚礼习俗、婚育观念、家庭结构、家庭规模、继承体系和家庭功能的变化出发，探讨土瑶婚姻家庭的变化。

一、婚姻的变迁

土瑶世代居住山区，地域范围狭窄，仅仅分布在沙田和鹅塘两镇的24条山冲。1949年前，土瑶山区交通闭塞，鲜与外人交流。土瑶实行族内婚也使得男女青年之间的社交范围很小。男女青年在日常劳作中相互认识，每逢节日或参加婚礼时唱歌传情，彼此情意相投便可处“勉切”（情人）。到了20世纪80年代，山外的一些文艺表演队开始到土瑶山区演出。每到一个寨子演出时，周围其他寨子里的村民都会前来观看。这为土瑶青年男女提供了交友和恋爱的机会。土瑶男女婚恋比较自由，世代传唱的情歌和“情人房”都为青年男女提供了交友恋爱的自由空间。如今随着义务教育的普及，手机等网络通信工具的使用人群越来越广泛，土瑶青年男女几乎人手一部手机，除了日常通讯之外，很多年轻人主要用来交友。网络交友逐渐取代了通过“歌圩”“勉切邦”或婚礼等场所来交友的方式。土瑶年轻人几乎都会用QQ、微信社交网络，他们的QQ好友都是自己的同学或同村的朋友，他们喜欢在上面交流沟通，有时候男女之间还发展为恋爱关系。比如金竹村黄南寨的一对夫妻最开始就是通过QQ认识并发展成为恋爱关系的。

【案例4—1】 男子小盘23岁，黄南寨人；女子小赵19岁，鹅塘暗冲寨人。他们是通过朋友介绍认识的网友。2013年，他们通过共同的好友互相加对方为QQ好友之后就开始在网上聊天，加上土瑶各山冲之间都有一定的亲戚关系，所以小盘不久后就打着到暗冲寨亲戚家做客的借口见到了小赵。两人之后开始谈恋爱，过年后还一起到广东打工。2014

年年底回来后，小赵就一直住在小盘家，不久就结婚了。[①]

【案例4—2】 小盘，男，15岁，马窝寨人，初中二年级；小邓，女，15岁，黄南寨人，初中二年级。两人在上初中一年级时就加对方QQ为好友，经常在下课或假期时与对方在网上聊天。两人在生活中都是很腼腆的人，但是通过QQ联系后，两人无话不谈，现在就已经确立了恋爱关系。小盘说已经和小邓商量好了初中毕业之后就一起到广东打工，如果还能继续交往就考虑结婚。[②]

虽然土瑶交友恋爱的方式出现了一些新变化，但是青年男女依然享有自主交友和婚恋的自由，而且男女双方通过中间人介绍而认识的现象依然保持着。

过去，土瑶青年男女狭小的交友范围，使得土瑶24个山冲之间都有亲戚关系。土瑶世代沿袭的族内婚，也使得土瑶的通婚范围很窄。土瑶不轻易与其他民族或过山瑶通婚。解放前，土瑶几乎没有与非土瑶人通婚的案例。如今土瑶仅在本族内部通婚的界限被打破了，如网络交友和外出务工的青年男女通过认识其他民族的男女之后恋爱结婚。据统计，目前马窝寨有14人嫁给过山瑶或山外的其他民族，还有的远嫁至香港、四川等地。凤金兰的二女儿凤元留今年28岁，2008年到广东打工后认识了同在一个工厂里务工的四川男子，两人恋爱结婚之后就到四川去生活了，现在已经有了3个孩子。结婚之后，回家一次就再也没回来过了。土瑶女子外嫁的现象逐渐增多，多数都是在外出务工时认识其他民族的男子，而山外的花花世界对土瑶女子又有足够大的吸引力。综合马窝寨的婚姻往来关系可知，近些年来也有外地的汉族女子嫁给土瑶男子的现象，同时也有土瑶的女子嫁给汉族或过山瑶男子的情况，但只是近些年才出现的现象，而且只是极少数人。在此趋势下，土瑶传统的族内婚制逐渐被打破，通婚的范围逐渐广泛。但是，马窝寨的婚姻交往圈主要还是以沙田和鹅塘各个土瑶村寨社区为主。

---

① 信息提供人：盘木胜；访谈人：何彩秋；访谈地点：金竹村黄南屯；访谈时间：2015年3月10日。

② 信息提供人：盘水林；访谈人：何彩秋；访谈地点：马窝寨；访谈时间：2014年8月3日。

（一）婚姻形式的变化

1950年我国颁布《中华人民共和国婚姻法》，提倡男女平等、一夫一妻、婚姻自由。土瑶男女婚恋一向自由，男女青年自由恋爱之后，若想结为夫妻，便可告知父母，一般父母都会同意并助其结为夫妻。随着土瑶青年男女交友范围的扩大，恋爱对象也从土瑶内部开始扩大到其他地区和其他民族。1980年之后，土瑶内部与外族人通婚的例子增多。马窝寨有14名女子嫁到过山瑶或汉族地区，有一名男子入赘到壮族地区。目前只有两个外族的女子嫁到马窝寨，一个是四川人，24岁，现已生有1子，两人在广东打工认识后就恋爱结婚了，不过现在还没有办婚礼。另外一个嫁给马窝土瑶的是贺州八步市区的汉族，22岁，现已育有一女。土瑶男子凤亚转初中毕业后到技校读书，毕业后在修车店里打工时与老板的女儿姚婷恋爱，女子怀孕后就带回家里结婚，不过也还没有办婚礼。在土瑶地区的其他村落，女子外嫁的现象越来越多。土瑶的年轻女孩小学或初中毕业就辍学在家或是外出打工，除了在八步市区之外，很多人远到广东湖南等地务工。

由于互联网的普及，人们的社交范围变广泛，土瑶男女结交朋友的对象人群不再仅仅局限于土瑶。土瑶男女的交友范围扩大，恋爱结婚的对象也不再只是土瑶，传统的内婚制逐渐被打破。土瑶的婚姻形式除了“男婚女嫁”之外，入赘婚也是土瑶主要的婚姻形式。在土瑶社区，入赘的男子不会受到歧视，在家中享有亲子一样的权利和地位。马窝寨的入赘婚现有15例，其中有3人是入赘到土瑶或壮族的其他村寨。入赘到马窝的赘婿都是土瑶，有12人。与他们结合的女子中，有4人是有兄弟的，但考虑到家庭人口的扩大，往往也会让女儿“招郎上门”。

土瑶婚姻的一个重要特点是早婚。早婚是土瑶社区历来的传统，女子到14岁或15岁就开始谈恋爱，一般17岁就已经为人妻或为人母了。解放前，因为急需劳动力来获取生产生活资料，解决基本的温饱问题，早婚早育习俗在一定程度上可以达到解决问题的目的。解放初期，土瑶人意识到早育出生的孩子在生理上可能会有残疾的风险，人们有意识的控制结婚的年龄。马窝寨一位年过60的老人讲道：“那时候因为夫妻两人都还小，怕出生的孩子有病，所以没有那么多人像现在那么早结婚的。”而她父母也是过了20岁才生孩子。到20世纪80年代，实行联产承包责任制之后，早婚早育现象出现的概率又开始回升，主要原因是农民分田分地到户之后，民众的生产积极性增高，劳动力的需求增大。如今早婚的现象依然存在，多数夫妻在同居结婚时都未能达到婚姻法规定的男子要在22周岁以上，女子要在20周岁以上的年龄限制。但总体来说，现在马窝寨女子结婚的平均年龄有所提高了，一般都是在19岁以上，男生都尽量在25岁之前结婚。村里人都认为男子25岁以上不结婚就比较难找到结婚对象了。2015年马窝寨有4个大龄未婚的男青年，平均年龄都超过了30岁。之所以出现大龄未婚男青年，这与当地女子不断外嫁而外地女子不愿意嫁进来的情况有一定的联系。调查期间，许多土瑶父母表示其实也不愿意儿女过早结婚，特别是女儿。虽然土瑶人认为女儿或儿子都可以继承家业，但是多数人都认为“嫁女儿是一桩亏本的生意”。因为土瑶人结婚时，男女双方都要花费一笔不小的费用。所以很多父母都希望女儿可以作为家庭的劳动力，共同承担家里的劳作，等“赚够了钱”再结婚。

（二）婚礼习俗的变化

土瑶婚礼具有浓厚的民族特色，也因此受到外界的关注。过去，土瑶办酒席时宴请村寨内外的亲朋好友，而现在山外的各界人士也会带上贺礼来参加。因此，每当土瑶村寨有婚礼庆典时，都会看到很多陌生的面孔拿着照相机或摄影机在人群中拍照或摄影。土瑶婚礼被以现代技术的方式记录下来。随着社会经济的发展，土瑶婚俗也随之出现了一些改变，主要表现在举行时长、彩礼数量等方面。

“解放前和解放初，男方要给女方父母69斤猪肉，69个银圆；给送新娘的人每人7斤猪肉，给新娘外婆家40斤猪肉，因此很多人结不起婚。1952年，时任乡长的马窝寨人盘绍明召集各村头人，讨论减少结婚礼钱，得到大家的一致赞同。于是把给女方父母的猪肉改为39斤，69个银圆改为39元人民币，（其中9元是给新娘母亲的），给新娘外婆家的40斤猪肉改为4斤半。这个决定符合群众的愿望，大家都很高兴，并一致实行。”[①] 这是土瑶社区在结婚礼俗上第一次改动。到了2000年，为了迎合当时的物价水平，鹅塘和沙田两个乡镇的土瑶又在鹅塘大明村召开一个“四甲会”会议，即土瑶村寨里每个姓的族头、师公、主持婚礼的人以及村干部一同参加会议，对结婚习俗进行修改，主要为了节省时间而在结婚环节上做了修改，整个环节

① 黄淑娉、龚佩华:《广西壮族自治区贺县土瑶社会文化概况》，1988年手写稿，第28页。

要求更加紧凑。同时根据当时的物价水平，聘礼由 39 元改到 399 元，猪肉由 39 斤改到 79 斤，且这个规定一直沿用至今。男方只需给女方家 399 元的聘礼，女方拿来的嫁妆一般都多于 399 元，有村民说："我们土瑶嫁女儿收的彩礼全部用在女儿身上，我们不贪图那么多财物。"在男方家举办婚礼一般需要 1200 斤猪肉，1500 斤白酒，女方家给四个媒人每人 11 块钱的红包。前来参加婚礼的亲戚朋友也只需封 31 块或 51 块的红包即可。红包里的金额通常都以"一"结尾，象征"出一"，有添灯、添香火的寓意。

随着土瑶各村寨之间的交通条件改善之后，各村寨之间的来往路程被缩短。以前若是新娘是其他村寨的，则从新娘家出来的送亲队伍一般都要走上半天的时间才能到达新郎家。如今道路的修通和交通工具的改善，浩浩荡荡的送亲队伍一般都是骑上摩托车，在路上的时间大大缩短。虽然婚礼还是进行三天三夜，但村民在这期间可以有更多的时间交流和休息。如今在婚礼上唱酒歌的主要是一些年过 50 的人，年轻人几乎不会唱了。因此，男女青年就没有像老一辈人那样通过唱歌相识和传情。一般来参加婚礼的未婚青年都会在其他地方自己玩手机，婚礼不再是未婚男女寻找伴侣的一个场合了。新娘送亲队伍的亲戚有些人在新郎家吃一餐便可先回去。婚礼过后，新娘回门时只要有丈夫陪同便可，新郎的母亲或其他人不必同行。过去，土瑶女子嫁出去两三年之内都会经常回来帮娘家人干活，有时候也带上丈夫一起回到娘家帮忙干活，婆家人也不会有什么异议，直到女子怀孕生子之后才不是经常回娘家探望。现在新娘除了每年在规定的日子会回娘家探亲之外，其他空闲时间也可回娘家看看，特别是在农忙时节，夫妻二人要回娘家帮忙干农活，不过一般都是只待一两天就回去。现在婚后的年轻人大部分都到城市去务工，一般只在农历七月十五和春节才有时间回娘家探亲。

（三）婚育观念的变化

婚育观念随着不同时期呈现出不同的内涵，而它的变化反应不同时期不同区域的社会发展水平和文明进步的程度。过去，土瑶社会封闭保守，交往圈子狭窄，在一定程度上影响了人们的眼界和观念，比如交友观念和婚育观念。

土瑶每个月的"一""四""七"数字结尾的日子就会到沙田镇上赶圩，这时交往的对象扩大到沙田镇上的汉族商贩和过山瑶。在这个过程中，土瑶的人群交往范围扩大，这就为与其他族群交往通婚提供了契机。土瑶青年男女交友范围和交友方式也出现了变化，越来越多的土瑶青年交友对象是汉族和过山瑶。土瑶学生在沙田镇上学时与其他民族学生一起交流学习，平时也会通过其他网络社交媒体进行交流。人群交往范围扩大和网络媒体社交的普及，使得越来越多的土瑶姑娘嫁到山外。她们因为对外面世界有了一定的接触，向往外界优越的生活，希望通过婚嫁的方式来改变和提升自己的生活条件。在这样的婚姻观念下，土瑶女子多数都能嫁到条件相对较好的非土瑶地区，但是也由于土瑶女子不断外嫁的情况，土瑶内部的大龄未婚男青年逐渐增多，在一个人口有430人的马窝寨，目前就有4人年龄超过30岁的未婚男青年，超过法定结婚年龄的未婚男青年也逐渐增多。他们之中多数因为家庭条件相对较差，土瑶本地的姑娘不愿意嫁给他们，还有一个原因是他们大都接受了一定的文化教育学习，都是初中毕业，而且在20岁出头的时候到过广东等地务工，对外面的世界了解较多。访谈中，一个未婚的男青年说到，自己去广东很多年回来后，同龄的女孩子都已经结婚生子了，自己能找的对象在村基本上是没有了。他说，年轻的时候曾经有女孩子要他去入赘，可是自己当时不愿意，现在人家已经结婚了，后悔都来不及了。

土瑶婚礼极具民族特色，而且还十分讲究。女子出嫁前要和母亲学习如何勤俭持家，在举办婚礼时也要听从父母和舅舅的教导。娘家送新娘出嫁没有像一些其他民族地区那样要哭嫁，而是在前一天晚上母亲要和女儿谈心，嘱咐女儿嫁到婆家后要勤劳，要孝顺长辈等这些道理。父母给新婚夫妇传授持家和夫妻相处之道，这与其他民族无异。土瑶举办婚礼最大的意义在于，新婚夫妇的合法关系能得到全村人的认同，但并没有特别注重法律层面上的意义。比如新婚夫妇结婚时，一般想到的是办酒而不是先去民政局领结婚证，现在生活条件稍有改善之后一般都是先摆酒席，日后再去民政局领结婚证，因而也容易出现离婚的情况。调查中了解到，土瑶地区近年来的离婚率较高。男女双方在办喜酒结婚时都还未成年，无法办理结婚证，在法律上不是合法的夫妻，一旦有一方的文化程度相对较高，对这方面的知识都比较了解，而且他或她又有离婚的想法，因此就解除了婚姻关系，又无须负法律责任，现在在每个村都有离婚的现象。村民对离婚的态度还是比较开放的，认为夫妻之间相处不合适离婚也没什么不好。马窝寨目前有两个离婚的例子，离婚很大一部分原因是男方婚后懒惰，爱喝酒，常常喝得烂醉，其中有一人酒后还打老婆，所以老婆实在无法忍受就偷偷跑出去。有一对夫妻婚后两年还没领结婚证，也没有孩子，但是已经摆过酒席，所以离婚时没有什么仪式，婆家劝说几次都没有回来之后便不了了之，因为还没有领结婚证所以也不用去办离婚证。另外一对夫妻离婚前已经有了3个孩子，他们领了结婚证但还没有摆酒席，离婚时去到民政局办了离婚证，之后女方便带着最小的儿子回了娘家，而留下两个儿子给男方。据说两例中的女方现都已另嫁到其他村寨去了，但是男方至今都未能再婚。离婚后，女子更容易再嫁，一般都是向外嫁。土瑶村民似乎都认为，女子外嫁都会过上条件优越的生活，在交友和择偶上倾向于选择土瑶之外的男子为对象，导致土瑶传统的婚育观念出现了变化。土瑶传统内婚制在一定程度上起到保护本族群内部成员的利益，如不允许女子外嫁其他民族或其他支系，以此达到合理分配和安排土瑶内部男女之间的择偶和婚嫁。土瑶内部对未婚生子持开放态度，不会对私生子有偏见，他们在这方面具有强大的包容心。

土瑶婚育观念的变化受到很多因素的影响。首先是经济原因。土瑶社区整体生活水平不高，越来越多的女子因为向往山外好生活而更愿意外嫁，而父母对此不反对甚至是强烈支持。离婚在很大程度上也是经济原因。夫妻双方特别是女方不能忍受山区的艰苦生活，而山外的生活条件更好，所以很多人都想外嫁。现在马窝寨外嫁的女子越来越多，而且多数都是年轻姑娘，但也有一些已婚妇女在看到外面的生活之后，就开始厌倦山区的生活，然后出现抛夫弃子或离婚的现象。

【案例4—3】 今年53岁的凤土庆原本有一个虽不富裕但也美满的家庭，第一个儿子已经成家，并且有了2个孩子，家里有5个劳动力。然而，2014年底，48岁的妻子突然离家出走，家里人一直联系不上。后来才知道，原来她在外出打山工的时候认识公会镇的一个过山瑶鳏夫，于是就从马窝家里偷偷跑出来。后来，凤土庆请寨子里的亲朋好友一同去寻找，劝说其好久之后才肯回来。可是过完春节后，她又在半夜偷偷跑出来了。这样来回两三次之后，亲戚朋友也不想再去找了，直到现在人都一直在公会那边没有回来。[①]

土瑶婚育观念改变的原因还与妇女地位的提高有一定的关系。随着义务

① 信息提供人：凤土庆；访谈人：何彩秋；访谈地点：马窝寨；访谈时间：2015年7月28日。

教育在土瑶地区逐渐得到普及，土瑶女童的受教育水平逐渐提高，土瑶年轻女子更加容易走出大山，投身都市生活。另外，她们在家里也能从电视等媒体中获取外界的信息，从而对外面的世界充满了向往。再者，就是风俗习惯的影响。土瑶的早婚早育观念与土瑶内部的传统习俗有关，土瑶男女婚前处“勉切”的习俗在很大程度上会导致早婚的现象，从而也会影响到土瑶的生育观。

二、家庭的变迁

土瑶家庭过去普遍呈现出单一化的形态。传统土瑶家庭是以父权家长制占绝对权威的一夫一妻制家庭，父亲对家庭中的大小事务拥有绝对的决定权。“男主外，女主内”是土瑶家庭普遍的分工模式。随着土瑶社区经济水平的提高和义务教育的普及，妇女在家庭和社会的地位都有了一定的提升。家庭中的夫妻关系、亲子关系也随之发生了变化，家庭形态、家庭规模等呈现了不一样的内容。

（一）家庭结构的变化

土瑶家庭结构有核心家庭、主干家庭、联合家庭和其他形式的家庭。相对于汉人社会而言，以山地农业为主的瑶族家庭结构显示出较大的弹性，而不像汉人社会那样刻板、单调。[①] 土瑶家庭结构受到社会经济和风俗习惯的影响很大。土瑶居住分散、人口少、经济滞后。在这种社会背景下，土瑶家庭结构主要以小家庭为主，但也存在个别的联合大家庭。土瑶寨子分散，每家之间距离较远，有些家庭是独门独户。各家各户的夫妻和亲子关系构成了家庭结构形成的要素。

近年来，随着外出务农人员的逐渐增多，与许多土瑶村落的情况相似的是，马窝寨的空巢老人和留守儿童逐渐增多。村里青壮年大都外出到广东、湖南等地务工，家里一般只剩下老人和小孩。即使不外出到其他省市去打工的人也会在每年的农历三月、四月、七月、八月这四个月份，到贺州市其他县镇去“打山工”（替外地老板种树或砍树）以补贴家用。山区经济来源少，除了稍微有些手艺的木工或建筑工常年在本村或附近村寨做工外，几乎每家

① 张有隽:《瑶族历史与文化》，南宁：广西民族出版社 2001 年版，第 192 页。

每户都有一人在外打工，村里常年见到的是老人和小孩。年迈的老人得不到儿女全心地照顾，年幼的小孩在生活和学习上也缺少父母的关护，这在土瑶村落是一个非常普遍的现象。

传统家庭结构的变化还会引起家庭内部关系的调整。土瑶主要以三代同堂的主干家庭为主，父亲享有绝对的权威。当传统的主干家庭或联合家庭出现分解的趋势时，实际上也意味着父权在家庭中的逐渐减弱。传统家庭是三代或四代同堂的大家庭，父权家长制有了存在的现实基础。当家庭结构转变为核心家庭时，代表专制的父权家长制逐渐过渡到民主的夫妻制。由于社会发展，老一辈人的知识和经验在一定程度上已经不能胜任家庭所有事务的“指导者”，而经常接触山外，并且拥有一定现代知识的儿子更能胜任一家之主的角色。分家而出现的家庭结构变化，是亲子关系在家庭中的地位出现了变化的表现。另外，由于年轻夫妻的教育水平有所提高，夫妻之间的关系越来越得到重视。人们看到夫妻之间的和谐关系更能增进家庭的和睦和生活水平的提高。家庭结构的变化是家庭关系重新调整的体现，同时反映了家庭经济水平的高低和传统与现代的博弈。

（二）家庭规模的变动

家庭规模反映一个家庭的人口数，是一个家庭人丁兴旺与否的体现。随着经济发展，人们的生活方式开始改变，土瑶人逐渐意识到人口要在质量上得到提高，于是生育和抚养子女的生活成本增高。土瑶历来“多生”的生育观发生了改变，多数家庭最多只愿意生两个孩子，所以家庭人口数量以六人为最多。一对夫妻生两个孩子，再加上他们父母两人，就刚好六人。传统大家庭在很多时候限制了个人的发展，甚至会带来不必要的麻烦，如婆媳或妯娌之间产生矛盾。因此，家庭规模的变动从人口数量超过 10 人的大家庭变成人口数量为 5—6 人的小家庭。

土瑶家庭规模的变动很多方面的原因。首先是经济的发展，人们生活水平的提高。但与此同时对生活质量的要求增加，在对待生育子女的问题上，不再盲目地靠多生子女来达到缓解劳动力不足的问题。其次是生产方式和生活环境的变化。土瑶社区中有越来越多的人到外地务工，婚姻家庭观念逐渐发生改变，个人小家庭的需求更容易得到最大的满足。最后是教育水平的提高。土瑶的学校教育起步晚，发展十分缓慢。很多村寨都难找到一个高中生，更别说是大学生了。在一般家庭中，如果家长初中毕业，小孩一般就只有两个。如果家长只有小学文化水平，所生养的小孩一般都会超过两个。因为在土瑶地区，人口本来就少，计划生育政策实际上很难落到实处，近几年再也没有计生局的工作人员来找超生户的麻烦了，只不过是超生的孩子要读书上户口时才会被罚几百块钱。一般来说，家庭成员的教育水平越高，家庭成员数就会越少，家庭人口规模也会越小，其人口数量普遍为5—6人。土瑶人的子孙都比较孝顺老人，父母年老时都会在一起生活。年轻的可以照顾年老的，年老的也可以帮忙做家务或是带孩子，所以多数土瑶孩子都愿意和父母一起居住，这样形成的是三代同堂的主干家庭模式。

（三）继承体系的变化

马窝寨的土瑶与其他村落的土瑶一样，家中的儿子和招郎上门的女儿有相同的继承权。他们可以平分家里的房屋、土地、山林，家具、电器等用品也会平均分配。同时也要分担对父母的赡养义务，所以土瑶中几乎没有独居老人。因为土瑶每一对夫妻至少都会养育一个孩子，即使自己无法生育也要想办法从其他家庭中领养一个孩子。在过去，无生育能力的夫妻会去别处找一个孩子收养，而现在收养子女的家庭中其夫妻显然是有生育能力的，他们一连生了两个或三个女儿之后就想再生育一个男孩，但又担心还是女儿，所以选择领养其他人的儿子。领养当天要请师公到家里来做一场简单的收养仪式，念经烧香烧纸来告知祖宗家里又增加了一位新成员，以确认养子在家里的角色。现在领养一个孩子要给孩子的亲生父母一些财物，养父母要带上一只鸡和上千元人民币，去到孩子的家里才能把孩子抱回来，而被抱养的小孩从记事起就知道谁是自己的亲生父母，平时可以来往，但是不能继承亲生父母的财产。从他被养父母抱回去养育的那一刻开始，改从养父或养母的姓，继承养父母家的财产。而他与亲生父母和兄弟姊妹之间只是一种亲戚关系，虽然在称呼上承认双方都是父母，但是他对养父母的责任和义务更重，甚至说他只对养父母有责任和义务，对亲生父母没有赡养的责任和义务。他会在过年过节到亲生父母的家里探望，若是亲生父母也在本村，则常常会回到亲生父母的家里吃饭过夜，直到成年时才较少回去。亲生父母家庭和养父母家庭也因为收养的关系而成为亲戚，特别是双方都来自同一个寨子里。

在土瑶地区，继承家族的财产不是以血缘关系为准，像养子和赘婿都是与本家族没有血缘关系，但是同样具有继承权。这是受土瑶的传统习俗和生活环境所影响。土瑶男子的入赘习俗决定了女子在实质上与男子一样对家产享有同等的继承权。在土瑶山区的艰苦生活环境下，人到老年时若没有儿女来照顾，则很难生活，于是收养一个养子的最终目的还是为自己养老送终和继承家族的香火，过去收养不在意性别，现在则有意识的选择收养儿子来继承本族本家支的香火。这种现象也说明了，与过去相比，如今土瑶社会男女的角色地位逐渐发生了改变。

（四）家庭功能的变化

家庭是社会发展到一定阶段的产物。家庭功能是为了满足个人和社会的需要而产生。家庭功能亦称家庭职能，指家庭在人类生活和社会发展方面所起的作用。家庭功能包括生产职能、生育职能、生活职能、感情交往职能、抚养和赡养职能、教育职能和娱乐职能等方面。家庭产生的基础是在一个共同的居所上，家庭成员之间经济合作、共同生育抚养后代，使得原来的小家庭逐渐发展成为大家庭。

土瑶是一个以山地农业为生的民族，传统的物质生产方式和耕作方式对土瑶家庭的经济水平具有十分重要的影响。家庭生活离不开消费，家庭成员的衣食住行与整个家庭息息相关。因此，一个家庭同时也是一个经济单位，具有生产、分配、交换和消费的效用与功能。解放前，大多数土瑶家庭难以获得足够的物质生产和生活资料，温饱问题尚不能自己解决。家庭消费主要体现在食物和穿着上。解放后，土瑶的生活逐渐好转，特别是在山林种植的松树、杉树和油桐等林木有了较大的收益，人们不仅在物质生活上进行经济投入，教育投入也成为家庭消费的一部分。家庭的教育功能，主要表现在父辈对子辈在生产生活和文化教化上的教导和传承。长辈在传统的生产生活中积累丰富的经验，在日后的生活劳作中希望毫无保留地传给下一代。但随着现代科技的进步，老一辈的许多知识经验已经不能适应多变的现代社会发展，于是家庭教育功能的主体转向具有现代科学技术的年轻人。除了日常生活中积累的经验之外，土瑶各项宗教仪式中的教化作用也在以不同的方式发挥着家庭教育的功能。多数土瑶的宗教仪式是开放性的，民众在仪式中耳濡目染，每个人在一生中都会在不同时期参与到其中。仪式对民众的教化不仅仅作用于家庭内部，同时也具有社会性，它引导新一代的家庭成员如何成为一个合格的社会成员。家庭担负的生育、抚养与赡养功能，是人类社会所有家庭的一种本原功能。家庭担负生育和抚养子女，传承后代的责任。同时子辈对父辈的赡养义务也都是在家庭中进行。“空巢老人”和留守儿童的出现是新的社会发展形势下，家庭抚养和赡养功能的暂时缺失。由于外出务工的人数增多，子女无法照顾老人和小孩。土瑶家庭中的部分功能如中国的广大农村一样，出现了短暂的缺失。家庭成员的物质需求得到满足之后，精神的需求就会出现。在经济生活的基础上，政治、文化和精神生活的需求也需要得到满足。解放初期，土瑶生活仍然处于贫困状态，政治、文化和精神诉求更是无法得到实现。由于学历等条件的限制，土瑶在解放初期只有马窝寨的盘绍明曾在沙田镇当过干部，直到现在在乡镇当过干部的土瑶人也不超过5人。近年来，一些有点文化的土瑶人当上了村干部，这为土瑶的政治诉求提供了路径。20世纪80年代开始，贺州市经常有文艺队下乡艺演，现在也经常有电影公司到土瑶村寨放映影。每当这时候，家家户户都会前去观看，这些在一定程度上满足了土瑶人的精神文娱需求。

随着社会的发展，土瑶山寨的封闭格局逐渐被打破。传统的土瑶家庭在不断顺应社会发展的过程中，自身的结构形态和功能也会出现变化。随着家庭成员与外界的接触增多，个人的需求越来越受到重视，家庭在满足个人需求的同时也在不断地适应社会环境的变化而呈现不同的功能。如在经济功能上不仅仅是物质消费，也包括文化和教育的消费。在生育、抚养和赡养的功能上，出现短暂的缺失。家庭的政治、文化和精神生活的衍生功能也在顺应社会经济的发展而变化。

第五章　马窝寨宗教信仰的变迁

宗教是一种古老、普遍又复杂的社会文化现象。“它曾经是而且仍然是芸芸众生寻找慰藉、寄托希望的终极资源，它曾经而且仍然规范和引导着大多数人的言行并为他们提供世界图景和社会知识体系；它可能是小到社区大到社会、国家赖以维系其整合的凝聚剂，也可能是种大小规模的冲突之根源；它可能促进社会变迁甚至引发社会革命，也可能阻碍社会变革甚至与一切新生事物为敌……”①“在任何社会，宗教都不同程度地发挥着这些影响，这就使得人类社会很难脱离宗教信仰而独立存在。”②土瑶世代居住在高山深谷的偏僻山区，深山密林中常有毒蛇猛兽出没，威胁人们的生命安全，加之土瑶与外界的交流甚少，医学与文化知识相对落后，对于一些由自然灾害或其他威胁生命财产安全的事情无法解释，于是对神秘莫测的大自然和世间万物产生一种恐慌和膜拜的心理。土瑶信仰之风非常浓郁，逢年过节都要祭拜不同的神灵。无论是生老病死、婚丧嫁娶还是建房修路等活动都要举行相应的宗教仪式，祭拜不同的神灵，以祈求顺利平安。

本章主要介绍马窝土瑶的宗教信仰及其变迁。内容安排上，分宗教信仰的历史与现状和宗教信仰的当代变迁两部分展开论述。第一节交代宗教信仰的历史与现状，分别介绍宗教观念、宗教仪式和神职人员的基本情况；第二节分析宗教信仰的当代变迁，从信仰仪式、信仰对象、宗教功能等方面论述宗教信仰的变迁。

---

① 孙尚扬：《宗教社会学》，北京：北京大学出版社 2003 年版，第 1 页。

② 杨正军、王建新：《粤东侨乡——汕头新和村社会经济变迁》，广州：广东人民出版社 2008 年版，第 270 页。

第一节　宗教信仰的历史与现状

瑶族宗教是在吸收道教信仰，同时也吸收某种佛教、儒教观念，从而形成以道教信仰为主，同时保留了本民族固有的元始宗教，融合掺杂了儒、佛两家某些观念而具有自己特色的宗教信仰。[①] 过去土瑶因居住环境闭塞，交往范围甚小，在宗教信仰上普遍认为宇宙万物都有灵性，相信万物有灵，普遍存在神灵崇拜、鬼魂崇拜、祖先崇拜、自然崇拜等信仰习俗。土瑶在与其他民族交往的过程中，在宗教上吸收了汉族道教和佛教的教义和观念，并将此与本民族原有的盘瓠崇拜和自然崇拜等信仰习俗相结合，形成土瑶特色的宗教信仰形式。

土瑶在所定居的地方建立盘王庙，每年农历十月十六日各村祭拜瑶族始祖神盘瓠。土瑶的盘瓠神话和渡海神话在民间广泛传颂，并抄写成书，保存在道公、师公和一些群众的家里，世世代代珍藏着，作为教育子孙后代崇祖的依据。[②] 土瑶崇拜大石、大树、水、火、土等自然物，认为电闪雷鸣、日月星辰等自然现象都有神奇的法力。土瑶崇拜道教、佛教的各路神仙，如玉皇、张天师、观音菩萨等神灵。这些道教、佛教的神灵出现在师道公的经书中，在师道公念经做法事时也会提到，而且还被画在画纸上，以仪式神画的形式出现各种宗教仪式场所中。

土瑶山寨交通闭塞，生存环境恶劣。人们在生活中遇到难以用现有的生活经验去解释而且解决起来十分困难的事情时，一般都认为有鬼神在操控，需要寻求师公、道公的帮助来与神灵世界的鬼神进行沟通，才可以解决难题。土瑶举行宗教仪式的目的之一就在于此。土瑶传统的宗教仪式包括“打醮”“度戒”“安龙”“打斋”“拜社庙”等。打醮仪式规模最大，一般都是全寨或与附近寨子一起筹备举行，时间是每十年或二十年举行一次。届时，杀猪杀鸡，祭献贡品，向神灵祈福。仪式场面都十分壮观，目的是保护全村或一方的人畜平安。在土瑶山区，家族也举行打醮活动，一般是每十年举行一

---

① 张有隽：《瑶族宗教信仰的人类学意义》，《广西民族学院学报》1996年第3期，第42-47页。

② 龚佩华：《广西贺县土瑶的社会和文化》，《广西民族研究》1990年第3期，第94-102页。

次，目的是请在祖坟游荡的太公魂魄回到设在家里的太公祭坛上，享受其子孙的供奉。[①] 打醮仪式要花费数额庞大的财物，最近在土瑶山寨已经鲜有举行，而度戒、安龙这些宗教仪式常年都有举行，一般在每年农历十月份以后开始。届时，各个村寨的男女老少都可以来参加。

土瑶在历史发展过程中传承下来的传统文化中包含宗教仪式和宗教习俗。除了广泛流传在土瑶师道公手中的经书、法器、神画之外，还有一套套在宗教仪式中用到的“功夫”。师公的经书、法器、神画等宗教仪式用品都被保存在家中隐秘的地方，平时不随意打开。“文革”时期，宣扬批判封建迷信的“破四旧、立四新”活动也波及到土瑶地区，师道公被当作“异类”批判，经书、神画被搜缴焚烧。在田野访谈中，我们得知在马窝寨有一位师公因为“文革”的破坏，其珍贵的经书和神画像被烧毁，后来家道没落，其后人也无人再学习“做功德”。

访谈对象：凤木胜，男，32 岁，小学文化。

访谈地点：马窝寨。

访谈时间：2015 年 7 月 30 日。

我的太公叫凤弟利，是马窝寨甚至是整个土瑶地区最大的一个师父，他的法术很灵验，村里的大小法事都由他主持。他还有好多个徒弟，都是土瑶的，在村里就有三个。最先和他学“做功德”的是我的爷爷和叔公，他们十几岁就跟着我太公学习，村里村外有人请去“做功德”就跟着去，帮忙做一些简单的活。他们学习的时候，我太公要他们抄很多本经书，说是以后自己学会法术之后就要带上自己的经书。他们的画像是从黄南那边买来的。文化大革命的时候，我太公五十几岁。因为平时都是“做功德”这些事情，所以就被说成是封建迷信。我听我爷爷说，当时很多红卫兵到家里来搜，当时我爷爷和叔公他们还没分家，就住在这个泥土房里。当时，他们从家里搜出来一摞一摞的经书，还有一捆一捆的画像。他们说是全部要拿到沙田镇上去用火烧掉。他们说我太公搞封建迷信活动，还把我太公抓到沙田镇上去，说要集体批斗。我爷爷和叔公因为还不是师父，所以幸免，没有被抓。家里的所有经书、画像和

① 袁同凯：《走进竹篱教室——土瑶学校教育的民族志研究》，天津：天津人民出版社 2004 年版，第 114 页。

法器都被没收和毁坏了，我太公也被抓去批斗了三天三夜。[1]

土瑶的历史传统和生活环境使得他们对宗教有很大的依赖性。家里若发生不好的事情，最先想到的是有看不见的神灵在暗中操控，只有请师道公来开坛念经才可能解决或是消除灾患。另外，土瑶人为了避免家中遇到不好的事情，要在规定的日子里祭拜各路神灵，为神灵献上祭品，做到未雨绸缪。土瑶崇拜神明，敬奉祖先，祭祀鬼魂。如今在马窝寨还保留着厚浓的宗教色彩。家家户户的大厅上都有一个神龛，一个香炉，每逢节日和初一、十五都要上香。村口称为“把寨公”的社神每年都要在固定的日子进行祭拜，以及每年农历七月十五晚上和大年三十晚上在村口给孤魂野鬼举行施粥仪式。神明信仰、祖先崇拜和鬼魂祭祀的观念深入到土瑶人的日常生活中。土瑶在与汉族交往的过程中，接受汉族的阴阳五行说，并将之与本民族固有的自然崇拜相结合，对金、木、水、火、土的“五行相生相克”说法给予自己的理解，并融入日常生活中。如小孩取名字时也要根据阴阳五行来命名，并据此推算人的命运。“对于婴儿的命名，表达的是成人尤其是命名者的期待。在命名仪式的后面，是强大的社会习惯势力和体现为习惯法的社会规则。命名不仅是为个人命名的过程而且也是为家族姓名系统重新定位的过程。”[2] 土瑶在名字的命名上形成了自己的传统，喜欢用“金”“木”“水”“火”“土”等字，男性喜欢用“生”“养”“保”等字，女性喜欢用“妹”“姑”“娘”等字。对于土瑶在命名上的特点，村民解释说是因为他们的文化水平不高，但给孩子取名字又是一件很重要的事情，所以一般都是请村里有文化的老人或是师

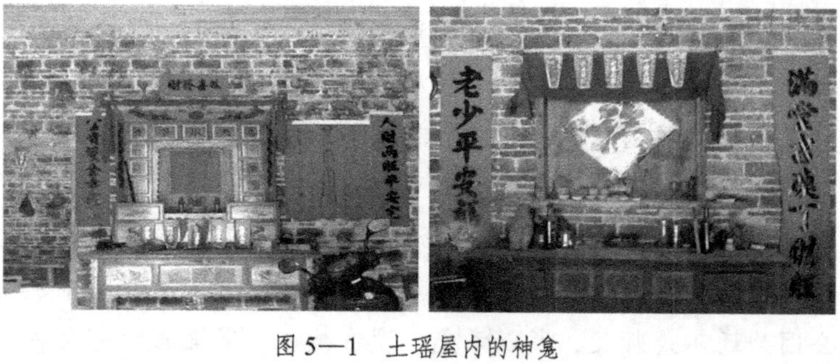

图 5—1　土瑶屋内的神龛

① 信息提供人：凤木胜；访谈人：何彩秋；访谈地点：马窝寨；访谈时间：2015 年 7 月 30 日。

② 纳日碧力戈：《姓名论》，北京：社会科学文献出版社 1997 年版，第 6 页。

公帮取。而师公一般根据孩子的出生时间推算阴阳五行，若五行里缺“水”则名字中要带“水”字，缺“火”则带“火”字，所以土瑶中经常有叫作“水养”“火保”的男性。从土瑶的命名传统上看，土瑶对孩子的名字所代表的文化符号具有深层的理解，即对生的渴求。同时也看出土瑶对自然界的崇拜及其信仰的观念。

土瑶在山区复杂的自然环境下，除对自然界、鬼魂和神明的崇拜之外，也十分注重风水堪舆，特别是在房子的选址上。由于地形限制，马窝寨的房屋都是坐西向东依着高山而建。在修建房子时一般都会请师公来看房子的地形风水，决定房子的走向。据说，马窝寨有一户人家三年前准备把旧的泥土房推倒后在旧址上建新房，结果在所有人推最后一堵墙的时候，不小心把一个村民给压死了，所以只能另外选择其他地方建房子。第二次请外面的挖掘机在村口的一个小山坡上挖了一片空地，当时没有请师公去看风水，结果过几天下雨之后，出现大面积塌方，山上的泥土把挖好的平地全部盖住了。这家人又重新选了另外的地方，这次事前请师公选好了地址，现在已经建成入住。土瑶对房子的风水特别重视，相信若是房子修建的地方风水不好，在修建的过程中就可能发生许多意外。土瑶认为房子的风水会影响到家人的身体状况，与人丁兴旺与否、工作顺利与否都有密切的关系。

一、宗教观念

在土瑶社会，宗教信仰一直存在民众的生活中。凡遇到节日或重大祭祀活动时，都必须请师公前来主持仪式祭拜神灵。土瑶的结婚庆典必须供奉祖先或社公，把家里要举办喜事的消息告知祖先和社公，祈求新婚夫妇和家人健康幸福。家人病逝或疾病缠身，认为是恶鬼作祟，则需要请师公驱鬼，消除病灾。在传统土瑶社会，宗教观念已经渗透到生活中的方方面面，并且影响着土瑶的日常生活。

瑶传宗教存在着道教、佛教和儒家因素，道教、佛教和儒家的很多神灵进入了瑶传的神灵系统之中，佛教的轮回转世、因果报应等思想也存在于瑶传的宗教观念形态之中，而儒家以“忠孝”为核心的伦理思想对瑶族的宗教伦理产生了较大的影响。[①] 土瑶祭拜盘王、社公、祖先，在度戒、安龙等

① 徐祖祥:《瑶传道教中的佛教与儒家因素》,《贵州民族研究》2002 年第 2 期，第 81-86 页。

仪式中挂上代表道教或佛教神灵的仪式神画，营造一种肃穆的仪式氛围。土瑶人的生活离不开宗教，盘王庙、社公及祖先神龛与人们的生活密切相关。神明信仰、鬼魂崇拜、祖先崇拜的观念渗透到人们的日常生活。人们在节庆日祭拜祖先神灵，对祖先神灵怀着崇敬的心理。他们区分鬼魂的善与恶，对“善鬼”施予供奉，对“恶鬼”则驱赶。土瑶人认为神明是赐福于人，只要人们善待神明，他们就会给人以回报。

（一）神明信仰

瑶族对自然有强烈的依赖性。他们认为山、林、水、石、土等自然物都有自己的神灵，它们掌管各自不同的领域。当人们需要从这些自然物中获取生产生活资料时，就必须给他们“一点好处”。每逢节日还需供奉祭品，以保佑平安。

土瑶自称为“在土里许愿的人”，因此对土地怀有十分崇敬的心理。每到一个地方定居，除了建立盘王庙，还要供奉土地公。土瑶人通常把土地公称为“把寨公”“寨神”或“土地白公”。在马窝寨，以前的“寨神”是在村口的大树下用土堆堆起来的，前几年才有人提议修建一个房子把本寨的“寨神”供奉起来，最后因为没有经费而只能简易地搭了一个小房子，上面盖上一张塑料板。我们在马窝寨口看到两棵大树之间有一个小房子，里面立起三块石头，当地人也称之为“把寨公”。每年农历正月初四、清明节以及农历七月十四，寨里的每家每户都要前去祭拜。其中，每年的正月初四和七月十四，全寨按房屋的位置轮流，每次有一户作为主持者，寨里每户派一个代表带上一扎香火、一叠纸钱前去参加。在午饭之前，即中午十二点之前，主持祭拜的户主带上一只宰好的公鸡、猪肉等祭品，来到“寨神”前烧香烧纸、放鞭炮。主人拜过之后，回到家里吃饭，其他村民也可到他家吃一顿。在土瑶社区，全村共同祭拜的场所在“把寨公”或“盘王庙”里，而每家每户祭拜自己的祖先是在家里。前者是祭拜掌管本区域的神灵或是瑶族的共同祖先，后者是自己本家族的祖先。他们认为这些神明在很久以前是真实存在的，而且对本地或是土瑶或是本家族的发展有着重大关系的。

土瑶不仅祭拜土地和盘王这样的神灵，还因受到道教、佛教的影响而崇拜诸如张天师、李天师、观音菩萨、玉皇大帝这样的神仙。这些可从土瑶的经书和仪式神画中看出。土瑶的仪式神画有“三清”、玉皇、张天师、辛元帅、鉴斋、海播天将、库官、北斗星、阳间地府、李天师、中天星主、南斗

图 5—2　马窝寨村口的“把寨公”

星、天府水府、十殿阎王、太尉、邓元帅等神灵为原型的画像，而且经书中也都会提到。每次做大型的宗教仪式时都要挂神画，并且在祭献贡品时师公都要一一念出神画中人物的名字，认为这样才会得到神灵的保佑。仪式神画中不同的神灵掌管天地水三界中的不同领域，只有把所有的神灵都祭拜了，人们以后的生活才会顺利。山神掌管着山林，水神掌管着各方水域，土地公掌管本冲的土地。家里的灶台也有灶神，很多土瑶家里的灶台上都放着一个香炉，每个月农历初一和十五的晚饭前都要上香。土瑶对自然万物怀有敬畏之心，相信世间万事万物都有神灵在掌管。

（二）鬼魂祭祀

瑶族自古以来就祭祀鬼神，相信人死后其鬼魂一直存在人世间。而鬼又有好坏之分，家里的祖先死后的魂魄是友善的，会庇佑家族里的人。而那些生前作恶多端的坏人或是“不得好死”的人死后的魂魄是坏的，常常会在深夜出来害人。逢年过节要祭献贡品，酬谢保佑家人平安、家族兴旺的祖先；而恶鬼平时没有人祭拜。当地人说，那些恶鬼生前可能是“五保户”，死后没有得到很好安置，死后会回来骚扰村里人，所以要千方百计把它们赶出家门和寨子，而为了避免恶鬼经常出来祸害人，人们也会选好一个固定的日子给恶鬼一些祭品，以免他们进村骚扰村民。只有给他们吃饱了，家人和村寨才平安。“恶鬼”在野外，有山鬼、水鬼、拦路鬼等不同类型。山鬼在山林里，常常在阴雨天出来害人，会模仿婴儿的哭声来吓人，要是有人撞上了回来可能就会生病。水鬼在水里，土瑶山区没有大江大河，但是从山外进入到土瑶村寨的路上会遇到大江或水库等河流，他们认为那些河里有“恶鬼”，会把人卷到河里，要人性命。这些都是“恶鬼”在作怪。“拦路鬼”是在晚上出现，趁一个人单独走夜路时出来害人，它常常在路上拐弯的地方等着人走来时把人绊倒，人会因此受到惊吓，回家之后就有可能生病。

土瑶相信鬼魂是在“暗处”看着人的，“善鬼”会暗地里保佑家人和村寨的平安，而“恶鬼”会导致人生病或是家庭不和谐，村寨经常有灾祸等不好的事情的发生。因此，选定一个时间给“恶鬼”一些祭品，会让他们不再经常对人和村寨作恶。马窝寨在每年农历七月十五和大年三十的晚上在村口给孤魂野鬼的“施粥”，当地人称为“施幽”或“施粥”，用当地人的话说就是给无家可归的孤魂野鬼施粥，防止他们来骚扰本寨的人。每年按房屋位置轮流两户作为“主持”，其他家户都是自愿前去，带上两根蜡烛、香和纸钱统一交到“主持”的家中。一般到晚上九点就开始去“施粥”了，主人家带上一桶稀粥、一只煮熟的鸡、一碗生米饭，其他村民一起扛着一个稻草人，上面扎上用纸钱做成的小人样。众人来到寨口的一块大石头前，主人家首先把一块红布挂在大石头前，贴上纸钱，然后插香烧香，摆上五只酒杯，在生米饭上插上三炷香，摆上整只鸡、猪肉等祭品。一般来说都要有师公到现场诵经，但如果请不到师公，也可不用。当天晚上寨子里每家每户都会有一人到场，大人小孩都可以一起到村口看“施粥”。主人把桶里的粥全都倒在路边，寨子里的小孩把带来的香和红烛插在通往村外的路两侧，蜡烛的光照亮了整条路，待主人往酒杯里倒了三次酒之后，开始放鞭炮。在结束前，要把所有的纸钱、鞭炮、香、蜡烛全都烧掉，带去的米酒也要全部倒在祭拜的地方。因为这是整个村寨献祭给“孤魂野鬼”的祭品，只有全都烧掉了，才代表“孤魂野鬼”收到了整个村寨所有人的祭拜，它才不会来祸害人。结束之后，寨子里所有人或是每户一人到主人家吃饭，把带去祭拜的鸡肉、猪肉都吃掉。马窝寨每年举行两次“施粥”仪式，祈求“恶鬼”不再来破坏村寨的

图 5—3　马窝寨农历七月十五晚上的“施粥”仪式现场

安宁。

在土瑶社会，神和鬼没有区分得很清楚。他们认为祖先死后变成鬼，到阴间去生活，而且是“善鬼”，是保佑家人的；同时又认为祖先死后会上天堂，成为神仙，在天上时刻观察地上的子孙。若是子孙孝顺，经常供奉他们，就会保佑子孙；若是子孙逢年过节不供奉，则会受到惩罚。许多土瑶人的家门口有一个香炉，逢年过节或每天吃晚饭前都会插上一炷香，说是给祖先和其他神灵见到。

（三）祖先崇拜

祖先崇拜是随着鬼魂崇拜产生和发展起来的。[①] 瑶族的始祖盘王在土瑶人的心中也有崇高的地位。土瑶所定居之处设立盘王庙，也称为大王庙。盘王原是一只名为盘瓠的龙犬，因在平皇高皇征战时帮助平皇打败了高皇，平皇将公主许配给他为妻，后生下六男六女，成为“十二姓瑶人”的祖先。因为对祖先盘瓠的崇敬，大多数瑶族不吃狗肉，特别是在各种宗教仪式中与神灵祖先沟通的神职人员。瑶族认为祖先盘瓠身上的毛是五颜六色的，很多瑶族的服饰和装扮也因此五彩斑斓。例如1949年前，土瑶喜欢戴一种形似狗头，而被外人称为“狗头帽”的帽子。

瑶族设立盘王庙，崇拜盘王的习俗与瑶族的渡海神话有密切关系。传说很久以前，瑶族住在南京会稽山石宝殿。后来因兵荒马乱，从石宝殿搬家。途中渡海，遇到大风浪，十二姓瑶人有几姓翻了船。瑶人合族恐惧，因慌乱中忘了携带盘王香炉，便在船头叩请盘王派五旗兵马保护，并许下愿，如平安到岸，以后不忘祭祖还愿。风浪果然停止，瑶人得以平安渡过大海。从此以后，瑶族每迁到一处地方，都立下盘王庙。置上盘王神像，每年“时节祀之”。[②] 在土瑶山区，居住在同一条冲里的村寨都会有一个共同的盘王庙。马窝附近的村寨只有过山瑶和汉族，所以在那条冲里每年去祭拜盘王庙的土瑶只有马窝。马窝的盘王庙在马窝旧寨“老马窝”的山冲下，建在小溪边，修缮简陋。相传以前老祖先进到这条山冲的时候就已经建有了，距今已经有几百年的时间。庙里供奉九块石头，中间最大的石头据说是从附近的公会镇搬来的。每年农历七月十三、十月十六前来祭拜，每次按房屋的居住位置来轮

---

① 张有隽：《瑶族宗教信仰史略（一）》，《广西民族学院学报》1981年第3期，第107-111页。

② 张有隽：《瑶族宗教信仰史略（一）》，《广西民族学院学报》1981年第3期，第107-111页。

流做“庙主”，其他村民是否要去拜庙由其自主决定。出发前，带上一些香和纸钱交到庙主的家里，由庙主统一收集拿到庙里。每人自带碗筷和一碗生米到庙里，然后一起就餐。所有人来到时，先给盘王烧香，敬茶敬酒，给中间的石块换上一块新的红布，所有人一齐把香插在石头前的香炉中。由庙主亲自把带去的公鸡宰了之后，将鸡血洒在石头上的红布。庙主供上花生、整只鸡和猪头肉、猪尾巴和一块猪肉，几块猪肝代表全猪。倒三次酒后，庙主说上几句话，大概意思说今天我们代表马窝寨的子孙来祭拜您了，您吃了酒肉之后就要保佑马窝的子孙平安顺利，这样我们来年才能再来祭拜您。祭拜盘王的目的是祈求盘王保佑家庭和村寨人丁兴旺等，接着拜三拜，烧纸钱，放鞭炮。等祭拜结束了，便可以把祭品拿出来，大家开始煮饭菜。所有人在庙前就餐，吃完饭后在回家之前每个人都需烧三炷香，拜三拜之后才可以离开。现在前往盘王庙祭拜的村民，除了需要年轻人扛着厨具和祭品之外，寨子里一同去祭拜盘王庙的大部分都是小孩子，大部分的年轻人都不再参与这样的祭祀活动了。而且又因为盘王庙在冲底，而马窝寨在半山腰上，两地之间距离较远，而且是摩托车都无法通行的下山路，所以多数人都不愿意一同前去。本来拜庙是要有师公主持仪式的，但由于村里的师公有时不能去，所以整个拜庙的仪式就显得简单化了。

土瑶对盘王的祭拜是对瑶族共同始祖的崇拜。瑶族对神灵和鬼魂的祭祀场所主要在室外，是一种对外的神灵祭祀。而对本家族祖先的祭祀既有对外也有对内。土瑶每家每户的神龛都装饰得十分精美。他们喜欢请沙田镇的汉族木匠到家里来做神龛，木料等材料由主人家提供。如果只是简单的组装和用颜料画一些花纹，则只需要两个木匠工做两天便可完成。一些比较富裕的人家要求把神龛装得比较精美，特别是那些刚刚建好新房子准备进新房的人家。神龛安装在大厅的正中间，一般一进门就能看到。神龛只有一个香炉，不设祖先的灵牌位。神龛是一个家庭祭拜本家祖先的场所，逢年过节要上香祭拜。多数家庭在每个月的初一和十五晚饭前要上香请祖先吃饭。如果家里有喜事了，也要上香告诉祖先。土瑶一般都在清明节后的十天内去祭拜祖先，认为若是过了这个时间，阴间的大门就要关闭了，祖先就不能出来享用食物，就会怪罪和责备子孙。同姓氏同家族的人一起在午饭之前到祖先的墓地去扫墓，若是几个祖先的墓地在不同的地方，还要分成不同的队伍分头去扫墓。在午餐之前回到家，然后到一家去聚餐，一般每年轮流一家。家里老人去世时，子孙都要敬酒，要举行规模不等的打斋，悼念祖先亡灵。出殡

图 5—4　马窝寨的盘王庙

时，孝子亲友都要送葬，看着死者入土为安方可返回。

二、宗教仪式

土瑶与外界保持相对隔离，形成一种封闭的社会环境，保留着浓厚的宗教信仰，而表达本民族宗教信仰的仪式因而形成了自己的特色。“宗教仪式是以一个信仰系统（往往以神话来表达）为基础的特定组合的充满象征的程序化和规范化的行为，其中不仅渗透着参与者对神圣（神灵等）的尊重、崇敬和畏惧等情感，而且承载着特定的使命和实现特定的目的。”[①] 宗教仪式是表达人们宗教信仰和观念的一个直接体现，从仪式中可以看到某一群体内部的信仰习俗。宗教仪式是人神交通的重要方式，是向神灵的祷告和祈求，宗教仪式的本质是神灵信仰。[②]

（一）仪式分类

“按照宗教人类学界通行的观点，将宗教仪式分成意在保持原有状态的强化仪式与将一种状态进入另一种状态的转换仪式二大类型，每个大类下面又包含若干子目。”[③] 土瑶强化仪式就犹如人对自然万事万物的崇拜、对瑶族

① ［英］菲奥纳·鲍伊（Fiona Bowie）著：《宗教人类学导论》，金泽译，北京：中国人民大学出版社 2004 年版，第 211 页。

② 张泽洪：《文化传播与仪式象征》，成都：巴蜀书社 2007 年版，第 2 页。

③ ［英］菲奥纳·鲍伊（Fiona Bowie）著：《宗教人类学导论》，金泽译，北京：中国人民大学出版社 2004 年版，第 225 页。

始祖盘王的崇拜、祖先崇拜以及对村社庙宇的定期祭拜等活动。而转换仪式就包括一个人的生老病死等阶段在转换时举行的各项仪式，如出生礼、度戒、婚礼、打斋等。

（二）仪式活动

在土瑶山区，每年农历十月份以后，各个村寨的宗教活动便开始陆续展开。当年需要举行度戒、安龙或婚礼等仪式的家庭就要开始着手准备各项事宜。打醮、度戒、安龙、还愿、婚礼等仪式是比较大型的活动，同时对土瑶来说都是一场喜事。届时，随着仪式的开展，长期沉寂的土瑶村寨出现了一番热闹的景象。打醮是土瑶规模最大的宗教仪式，一般很少举行，几乎是每十年或每二十年才会有一次。度戒在土瑶地区则相对比较常见。安龙仪式在每个村寨都会举行，特别是由于近年来很多家庭重新建房，在进新房时大部分都会举行安龙仪式。还愿一般都是为了感谢祖先神灵的庇佑，使自己或家人的求子愿望或婚姻能得到满足的一种酬谢神灵仪式。这些大型仪式一般在冬季举行，而其他一些拜庙或祭社的仪式都会在某一个特定的时间内举行。以下是马窝寨一年的宗教仪式活动表：

表 5—1　马窝寨一年中的宗教仪式活动表

仪式名称	时间	地点	时长
祭社	农历正月初四、清明节、农历七月十四	村口的“把寨公”	半个小时到一个小时
拜庙	农历七月十三、十月十六	盘王庙（大王庙）	一个小时以上
施粥	大年三十晚、农历七月十五晚	村口	半个小时
度戒	农历十月以后	家厅	三天两夜
安龙	农历十月以后	家厅	三天两夜
还愿	农历十月以后	家厅	三天两夜
婚礼	农历十月以后	家厅	三天两夜
打醮	农历十月以后	家厅或庙	七天七夜

注：资料来源于作者 2015 年 7 月在马窝寨做田野调查整理所得。

人死后举行的打斋一般规模较大，在家厅或门口进行，历时两天一夜或是三天两夜。若死者生前是师公，则打斋的时间更长，但仪式大体相同，都要经过请圣、开坛、戒食、破沙、洗浴、架桥送亡、游十殿、开天门、赏兵、出殡、谢圣等过程。土瑶对自然万事万物的崇拜，使得他们在生活中做的每一件事情几乎都要请神、问神、谢神，小到建个楼梯、造个猪圈都要问神。既是很小的仪式，也是必不可少，必须要请师公来家里念经，人们才可以安心去做这些事情。

（三）安龙仪式实录

人的信仰观念通过仪式得以表达，人为了得到神明的保佑需要用食物等祭品去“贿赂”神明。土瑶人认为，无论是庙宇还是社坛中供奉的神位，都能给人们带来好运。“宗教寺庙中的神像、器物和服饰，宗教神话中的人物和情节，宗教话语中的那些教诲和咒语，宗教仪式中的献祭和行进，就像舞台上的戏剧演出一样，一招一式都充满了意义。”[①] 仪式过程中，仪式主持人会借助特殊场景、道具、祭品、歌唱、声音与动作等来展现神灵，具备戏剧中最重要的元素——角色扮演与日常生活的区隔，因而被视为是一种展演。打醮、安龙、度戒这些大型宗教仪式活动，是瑶族人与神灵之间交流的一种特殊方式。下面对土瑶的安龙仪式进行描述。此次安龙仪式是土瑶婚礼前的一个仪式，仪式中同时进行还愿。

1. 仪式背景

主人家盘弟客（60 岁）和赵客仙（65 岁）生了三个女儿后，在别人的还愿仪式中许上了一个生儿子的愿望，后来这个愿望成真，生了儿子盘木孙。盘木孙成年之后一直没有讨到老婆，于是父母又帮他许愿，想让他快点结婚生子。2013 年，盘木孙认识了另外一个村的土瑶姑娘凤菲菲。两人在一起后，凤菲菲来到盘木孙家一起生活，2014 年 7 月怀孕后决定结婚。这场婚礼举行之前要做一个安龙仪式，同时也是在还愿，而且因为主人家求了两次愿都实现了，他们认为这是祖先和神灵的恩赐，所以这一次的安龙仪式在规模上要做得大一些。整个仪式要做三天两夜，请了四个师公，其中有两个是主事师公，另外两个是师公助手。

2. 仪式过程

等所有师公到齐之后，仪式就开始了。先是挂画像，把生神（唐僧）放在神台前，摆上三杯酒，一盆水。一个师公站在神台前，口中念念有词，用

---

① ［英］菲奥纳·鲍伊（Fiona Bowie）著：《宗教人类学导论》，金泽译，北京：中国人民大学出版社 2004 年版，第 190 页。

土瑶话念经。大约过了三分钟，右手拿着一杯酒走到门口，嘴里一直念经，然后把酒洒向门外。师公在神台前念经是向祖先以及画像中的神灵报告接下来要举行的仪式。师公把新郎、新娘及新郎的父母叫来，给每人一个红包，喝一杯酒、吃一块豆腐。这些是主人家事先准备好的，都放在一个圆形的簸箕了。之后，师公又叫前来帮工的村里人，每个人都要喝一杯酒，吃一块豆腐，最后是四位师公也要喝酒、吃豆腐。师公说大家都要喝酒吃豆腐是代表做的这个仪式已经得到祖先的许可，是祖先赏赐酒菜给大家。之后，师公把剩下的红包和酒杯向神台拜两拜之后交给主人家收好。

休息片刻，另一个师公开始做法事。首先用令牌在神台前的桌子上敲三下，然后吹一次牛角，并点上三炷香插在香炉里。另外，在大门后面的左侧另置一个清明位，摆上四个装上白米的碗，每个碗里都插一炷香，放四张疏表、四个红包还有一些纸钱。意思是请家里的祖先在台下看安龙仪式。师公对着清明位念经，分纸钱。念完后，烧纸钱，洒下一杯酒。门外还设一个神位，摆上一个用竹筒制成的香炉，外面包上红纸，放上一张疏表和一支用竹条扎起来的红幡。疏表封面写："三魂超度，上五里下五里五音男女十数幽魂之位，七魂升天"。红幡上面写："左有引魂童子，道幡一心奉东极宫中特播接引上五里下五里音男女十数幽魂不埋不葬功德香花拜请，右有伴魂小娘。"插上一炷香，摆一碗白米、一碗糖果，上面插上几根炸成花朵形状的粉丝，用来祭孤魂野鬼。

（1）请圣。四位师父都换上师公的服饰，头戴"神额"。两个师父是道公，两个是师公，两个师公头上还扎上一条红布。道公在神台的左侧，师公在神台的右侧，一起跪在神台前的地上，开始念经。一位道公，右手拿着令牌在神台的桌子上敲了三下。起身之后，两位师父走到清明位念经，一位一边敲锣一边念经，另外两位师父继续在神台前，道公右手摇铃，念《请圣科》。师公右手拿杀鬼刀，念《正一开启科》。念了约五分钟之后，师公先把一炷香插在神台前的香炉里，然后又敲着锣来到厨房，在灶台上插一炷香，回来之后到清明位四个装上白米的碗上分别插上一炷香，然后又回到神台前。之后，道公右手换上杀鬼刀，手持一碗酒，口中念念有词，向神台的前后左后方向转动，并用手中的法器沾上酒洒向前后左右。放下酒杯之后，双手捧着牛角向前后左右拜一拜，起身吹牛角，吹了两声之后，又手捧牛角重复刚才的动作，请神仪式结束。在整个过程中，师公的念经声、铜锣声一直回荡在整个房间。

图 5—5　安龙仪式中的请圣阶段

（2）破沙洗浴。通过问神，看看主人家的祖先是否有罪，若有罪，则可能是被小鬼压住了，破沙就是要把祖先从中解救出来。在大厅正对门口的地上用石灰画一个圆圈，再将圆圈分割成八个区域，在东南西北和正对门的地上放上一个酒杯、一碗白米，白米上放上疏表和纸码，插上一炷香，圆圈正中间点一个盏油灯，旁边放上一条旛。圆圈外放一碗猪肉、一碗白米，白米上放一个红包，猪肉、白米上分别插三炷香，旁边放一个杯水和三杯酒。师公正对着门口念经，往酒杯里添了三次酒。念完经后烧纸钱，把白米和猪肉都收走。师公用上元棍把酒杯一个个倒扣，帮工的人把酒杯收走，并把地上的石灰扫走。与此同时，一个师公在清明位念经。清明位前放一个装茶叶水的水桶，桶边挂上一条毛巾，用席子隔住，意为让祖先洗浴。两位师公念完经，帮工的人把水桶等物品收走之后，破沙洗浴结束。

图 5—6　安龙仪式中的破沙洗浴阶段

（3）游神。一位师父手里敲锣，另一位师父一手中拿着铜铃，一手拿着令牌，口中念念有词，两位师父一齐对着神台前后左右拜了两次。念完经后，师公把摆在神台前的酒杯递给坐在大厅前的众人，然后大家一起喝酒、玩乐。

（4）祭孤魂。门外一个师公在祭孤魂的神位前，一边敲锣，一边口中念

《赈祭书一卷在内济传》经书中的内容，念一段停下来往前拜两拜，来回重复此动作，直到把经书念完。

图 5—7　安龙仪式中的祭孤魂阶段

（5）渡桥。两位师父双手一起拿着上元棍，放在两人的正中间，用尖的一头朝向神台，一边念经一边前后摆动上元棍。在神台的右侧放上一个长凳，盖上一条白布，从神台沿着长凳一直铺到地上，在地上放一碗白米、一碗猪肉，分别插上三炷香，另外还摆放三杯酒和一杯水。而另外两位师父在长凳的两边走动，主人家则坐在长凳的正对面。师公每念完一段经书就把一叠纸钱交给主人家，然后主人家把这些纸钱烧掉。师公念完经书后，把猪肉分给在场的众人吃。

图 5—8　安龙仪式中的度桥阶段

（6）开升坛酒。接下来请祖先吃饭。主家把亲戚朋友带来的鸡、猪头和猪肉都煮好后，供奉在清明位牌之前。师公一一念遍带来祭品的亲戚朋友的名字之后，开始不停地斟酒，然后把主人家及其亲戚都叫过来，师公代表祖先给每一个人敬三杯酒，大家都喝了师公所敬之酒后，师公烧纸钱，再往火上洒三把事先准备好的茶叶。

图5—9　安龙仪式中的开升坛酒阶段

（7）祈谷。门外的空地上挂着一根高高的祈谷播。家主站在门外，手里握着一根挂有稻谷、玉米、小米以及银手镯的竹枝跪在外面的一个神坛前。一个师父一手拿住竹枝条，一手拿着《差兵叩天门公据科一卷》经书，口中一直不停地念经，意为差天兵天将去找谷娘。师公突然猛地折断枝条，站在旁边的人点燃鞭炮，然后把折断的枝条一齐放入一个竹筐中，让主人家带回屋内。此时，门外的竹播也被砍倒放下。之后，妇女分发糍粑给现场的人，主人家和师父互相敬酒，吃豆腐。

图5—10　安龙仪式中的祈谷阶段

（8）收谷。收谷意为收回禾苗魂魄，以祈求主家五谷丰登。主家夫妻两人肩上一起扛着祈谷时从门外扛进来的竹筐，随着锣鼓的节奏跟在师公的身后转圈。师父一只手持上元棍，棍上一头挂着牛角，另一只手摇着铃。之后，师公停下来在神台前诵经，主家夫妻继续扛着竹筐转圈，直到师公说可以停止了才能放下来。

图 5—11　安龙仪式中的收谷阶段

（9）还愿。一位师父把两端系上纸钱的上元棍挑在肩上，手摇铜铃在神台前念经。神台前放上糍粑、糖果、红烛，还有两筐生猪肉，在前面铺上一张席子，三个分别负责来打纸码、倒酒和插香的男人跪在席子上，每个人的前面有一个倒扣的碗。一位师父坐在三人的旁边念经，然后抛筶杯。念了大约十分钟后，三人和师父一起起身向神台拜三拜，烧纸钱。三个帮工每人头

图 5—12　安龙仪式中的还愿阶段

顶着一个糍粑，手里拿着纸钱。一人手持上元棍，一人敲锣，一人敲鼓，从主人家走到不远处的一个路口停下，烧纸钱，放鞭炮。返回主人家，把糍粑放在门口。进到大厅之后，与师父敬酒。清明牌位前的一位师父与主家夫妻敬酒，烧纸钱，撒茶叶，意为送钱给库官。

（10）送船。帮工用竹子和稻草造一个纸船，外面糊上红色的纸，形似一条龙，故称“龙船”。师公把龙船摆在大门口，船头正对着神台，船头船尾都插上用红纸做成的小雨伞，旁边排两碗大米，每碗插上三炷香、一个红包。另一边还有三杯酒和一杯水。师公一边念经，一边摇法器，一手拿起一杯酒向门外撒去。接着拿起一炷香，从碗里抓了一把米撒进船内，把另外两炷香分别插在船头和船尾。接着转换船头，把船头朝向门外，在每个杯子上斟酒。帮工拿来一只活鸡和一把菜刀，师公割断鸡喉，把鸡血淋在龙船上，由帮工把船拿到路口，烧掉之后再放鞭炮。

神台前，两位师公带着男家主在神台前转圈，随着锣鼓声的高低起伏而加快或减缓速度。每转完一个圈，大家一起齐声喊“呜呼”一声，第二圈交换位置，来回五次后，门外开始放鞭炮。一位师公手里拿一只活鸡，另一位敲锣，主家拿着一个装有糖果、茶叶的托盘。三人向神台的前后左右拜了一拜，接着师公又把鸡杀掉，用鸡血洒在前台前的地上。另一个师公和主家把糖果分发给在场的人。

图 5—13　安龙仪式中的送船阶段

（11）还楼愿。还楼愿一般在夜晚进行。即将举行时，一位师公吹一声牛角。一个未婚男性开始在其他妇女的帮助下更换女装。大厅正中间摆一个大桌子，桌子上放着一个“花楼”。帮工事前用红黄蓝等几种颜色的纸张糊成一个形似房子的花楼。花楼有楼梯，有窗户，颜色鲜艳亮丽。花楼旁边摆上用开水烫过的整只鸡，还有猪肉、糖果等贡品。另外，在桌子的边缘插上12根红烛，把整个桌子围住。仪式开始时，师父用肩挑着两端分别绑上一只活鸡、一小袋稻谷的上元棍，围着桌子转圈。穿上土瑶女性衣服的男子，头戴新娘的红色头帘，手持扇子放于胸前，跟在师父身后。另外一个师父胯下绑着一个象征男性生殖器官的木棍围着花楼一起转圈，而且还不时地向台下的众人演出交配的动作，十分滑稽，引起所有人的哄堂大笑。师公念完一本经书之后，把桌子上的糖果装到两个小盒子里，每人手里捧着一个，面对面的念经，然后又交换位置，来回四次之后，把糖果分发给众人。

图 5—14　安龙仪式中的还楼愿阶段

（12）送灯。送灯是家长来为家中未婚的儿子求姻缘。三位师父手持用竹子做成的灯架，站在神台前，灯架顶部插有红烛。三位家中有儿子尚未娶妻的父亲和母亲双腿跪地，双手捧着装有大米的碗，上面插上三炷香和一个红包。三位师父坐下之后，一边念经一边抛筶杯，如果是抛到了想要的一面，则让前面的三个人起来，把手里的灯交给他们。三人接过灯之后，走出

图 5—15　安龙仪式中的送灯阶段

屋外，把灯插在路边，下面还放着一把小红纸伞和一个形状如人形的纸片，并且还要舀了一勺玉米粥放在地上。

（13）送神。两位师父在门外的神坛前念经，敲锣。另外两位师父在大厅的神台前念经，一师父手拿一条播，念完之后又来到清明牌位那里，把播交给主家，由主家在清明位那里用手摇动播条，直到师公念完整本经书。结束之前，要把所有的纸码烧掉，把糖果分发给在场的人，酒杯里的酒要全部洒在地上或喝光。供奉的鸡肉猪肉等祭品都要全部煮熟，分给大家一起吃。结束时，师公和帮工每人喝一杯酒，吃一块猪肝。在师父把众神送走以后，大家就可以食用祖先的祭品了。

土瑶的安龙仪式是较为盛大的宗教仪式。举行安龙仪式的家庭会在事前请好师父，到各家各户去请人来帮忙准备各项事宜。山里人平日里忙着上山下地，只有到秋收后的冬季才会有时间在家里操办各种仪式。届时，土瑶村寨会因为举行仪式而聚集起村里村外的人，为人群之间的交流提供一个良好的契机。

图 5—16　安龙仪式中的送神阶段

三、神职人员

瑶族普遍相信万物有灵，相信人死后还有灵魂存在，并且在特定的场合能与人沟通交流。而在土瑶社区，具有此项“法力”的人群就是道公和师公。盘春保师公告诉我们说，“道公主要负责诵经请愿，师公主要负责消灾解难。”道公在道场中扮演主要角色，在做仪式时头戴四周都有帽檐的帽子，手持锣或鼓，边敲边诵经。师公主要是在驱魔赶鬼的仪式中扮演主角，他们在仪式中头戴一张做成帽子形状的黑色头巾，手持铜铃或法剑。当需要做一些法术时，一般由师公来实行。他们在瑶族宗教仪式中担任着重要的角色，是瑶族社会里的宗教仪式专家。在土瑶中，普通人并不能区分师公和道公，一般人们都把师公和道公称为“赛迭”(sai die)，即“师父”。土瑶的师公和道公基本相通，有些人既可以作为师公也可以是道公。多数时候，师公和道公在仪式中的角色是可以灵活互换的。度戒之后的男子若是想成为“赛迭”则要熟悉经书，掌握仪式的各个步骤。因此，一个“赛迭”手中通常都会有10本以上的经书，有些经书是祖辈留传下来的，而有些则是自己抄写。另外，还要自己制作或购买1套仪式神画，一般有13张以上。他们还要置办仪式中用到的各种器具，如锣、鼓、上元棍、生神[①]、铜铃、法剑、杀鬼刀、南蛇、筶杯、令牌、道服、帽子、神额等。土瑶“赛迭”的法名一般都是“X法X”，但与婚礼立大名的法名又不同，人们不会在日常生活中直呼其法名，师公和道公的法名主要出现在他本人抄写的经书的署名落款上面。

(一)身份传承

土瑶的道公和师公都要经过挂灯、度戒仪式，只有“有运气”的人才可能成为道公或师公。“有运气”即是指男子经过度戒之后，对“做功德”的步骤和经文都很熟悉才有可能成为一个师公或道公。土瑶度戒的男子最高只挂七星灯，没有像过山瑶有加职和加太那样高一级的度戒仪式。师公和道公把为他人做仪式称作“做功德”，认为做仪式是在做好事。所有的土瑶“赛迭”都说他们一般都不会主动向主人家索要财物的，但土瑶“赛迭”通过宗教仪式而获得的额外收入还是较多的。在土瑶地区，虽然自古以来是互帮互助的交往形式，而“赛迭”在“做功德”时也没有明码标价，但是仪式过后主人家还是会按约定俗成给“赛迭”相应的劳动报酬，数额从几十元到几百元不等。所以“赛迭”如果常年有人请去“做功德”，他们的家庭生活都会比一般人要宽裕一些，再加上他们有一定的文化，经常在各个村寨之间走动举行仪式，人缘较广，在土瑶社区很受人尊敬。

在土瑶山区，从事宗教活动逐渐成为一些人获得额外经济收入的重要渠道，这无形中又会吸引一部分人拜师学道。而教育水平是道公和师公考虑是

① 土瑶师公和道公特有的一件法器，是一个人骑在马背上的形象。也有人称为“唐僧”。

否把他们收为徒弟的因素。若有师公或道公从祖辈那里传承了法术，他就特别希望自己的子孙也可以将此传承下去。因此，多数师公或道公都表示以后会让自己的子孙学习祖辈传下来的法术，不能让它失传。在师父答应收徒弟之后，学徒要跟着师父一起到各个土瑶村寨观摩学习师父做法事，经过两三次的学习之后，学徒要在仪式中开始帮师父打下手，比如敲锣、翻经书等。学徒要跟着师父义务学习三年以上，熟悉了仪式的主要流程，并且达到能用土瑶话念诵经书的程度之后，才有可能成为师父的仪式助手。徒弟在学习的过程中要熟悉经文，要自己抄写一套经书，并熟悉和掌握每本经书的使用途径，包括在某一个仪式的某一个步骤需要哪本经书等都要全部掌握清楚。“做功德”的师父一般要连续几天做仪式，一般大型的仪式都在寒冷的冬天举行，而且通常需要熬夜做一场完整的仪式，所以这就考验学徒是否能做到吃苦耐劳。徒弟在学习期间，要学会择吉日、诵经、使用法器等与宗教仪式相关的一切事宜，以免今后出师时带来不必要的麻烦。土瑶的师父多数都是年过半百的人，有些不会骑摩托车，而到山区各个村寨做法事的时候，由于交通不便，携带徒弟同行又可以搭载自己快一点到达目的地，节时省力。

在马窝寨村民的记忆中，至今出了五个“赛迭”，但有四人已经去世。第一代师父叫凤弟利，是一位道行很高的“赛迭”，经常到沙田、鹅塘两镇的各个土瑶村寨去“做功德”。第二代是凤弟利的儿子，两个儿子凤木旺和凤满春都跟他学习“做功德”。另外一位是盘绍明，年轻时也是跟着凤弟利学习“做功德”。盘绍明，1932 年出生，2008 年去世。生前既是一位土瑶村寨远近闻名的“赛迭”，同时也是沙田镇土瑶中最早一位在镇上任职的干部。1993 年，他从沙田镇的民族助理岗位退休回家后就专心学习“做功德”，后其大儿子盘孝荣也跟着他学习“做功德”。盘孝荣，1956 年出生，初中毕业。因其父盘绍明在“文革”中被打倒，所以没有继续升高中。初中毕业后回到马窝寨当教师，之后又调去当大队文书、乡林业干事。现在马窝寨只有他一人还在“做功德”，还经常有土瑶人来请他去做。不过，他道行没有他父亲那么高，只能做一些小仪式。前两年，马窝寨有三个人向他学习“做功德”，一个是现年 55 岁的教学点老师，还有两个是 30 多岁的男子，一个初中毕业至今未婚，另外一个小学毕业，在土瑶山区来说是文化程度较高的了。他们前后跟盘孝荣学了一年之后就没有再继续学习。他们认为时间是主要原因，因为平时白天要干农活，晚上回来太累，也没有精力去学习经文；第二个是经济上的原因，徒弟跟着师父去“做功德”是义务帮忙，去一次就要花三四天时间，得不到收入还耽误家里的农活。久而久之，就没有人愿意继续学习了，像现在马窝寨第一代师父的后代已经没人再传承他的职业了。师公和道公的衣钵传男不传女，很多都是子承父业。若是师父没有儿子，也会先在族内挑选合适的人选，但一般主动要求跟着师父学习“做功德”的人并不多。

（二）职业形象

瑶族男子都要经过度戒仪式之后，才可以登上做师公的阶梯。举行度戒仪式之后还要认真研习经文，熟悉掌握仪式的各项步骤，才具备成为师公或道公的基础。而经验丰富、知识渊博的师公或道公，更能受到他人的热情邀请和尊敬。

土瑶的师公和道公除了打斋、打醮、度戒、安龙外，还兼看日子、喃神、驱邪送鬼等各种宗教活动。他们平日与其他村民一样要上山下田，只有在有人请的时候才会外出主持宗教仪式，一般都是到土瑶的各个村寨。每次外出做法事活动时，需要带上服饰、经书、神画、法器等仪式用具。土瑶的师公和道公到举行仪式的主人家里时，都会得到热情的接待。主家一般都会以丰盛的酒肉饭菜招待，仪式过后还会给他们相应的财物。所走访的土瑶师公和道公中，他们的家庭生活条件在土瑶地区是最好的。再者，因为他们文化程度较高，往往也会在村委会任职。师公和道公在村里和家里的地位都比较高，作为家里的男子长者，对家庭内外事务都有绝对的话语权。

下面将从土瑶师公和道公的服饰、法器、神画、经书、禁忌等五个方面详细介绍。

1. 服饰

土瑶称师公和道公的衣服为“道服”，它们在样式上基本相同，都是无袖无领的开衫。一般都长至脚踝处，在腰部分叉，将整件分为三片，没有纽扣，胸前用布缝成一根绑带，穿时系好即可。道服面料光滑，色彩鲜亮，以红黄两色为主，用绿色或蓝色的布镶边。前面上绣上龙、凤凰、麒麟、祥云等图案，后背的左右两边绣上身穿蓝色裤子黄色上衣的人像，中间是一尊三层的宝塔。背上绣三个坐在白鹤上的人物形象，头上还有一圈黄色的佛光。师公帽子是黑色，戴上的时候用红布绑上，道公帽子是红黄两色，帽檐前方有五个神像，帽子左右两侧分别有一条黄布条垂下，一直到腰间。土瑶不会自己制作衣物，日常所穿的衣服都是从外面买来再自己绣上想要的图案。师公和道公的道服和帽子也是从外面买来的。贺州市区有一家专门制作民族服装的裁缝店，师公和道公让裁缝师傅按照自己的要求制作，一些图案的刺绣则待买回来后再由家里的妇女缝制上去，当然也有一些人直接买别人做好的。现在师公、道公穿戴的衣服和帽子，很多上面都绣有一些代表佛教的文字，比如有的道公帽子的正前额往往绣上“佛”的字样。

图 5—17　着道服的土瑶师公

在仪式中，师公和道公穿上道服以显示自己的身份与普通人不同。对他们来说，道服是很重要的物品，所以一般都保存得很好，也只有在安龙、度戒等大规模的仪式中才会穿上。每个土瑶师公一般都会有一套，多则有两三套。置办一套道服需要花费不少于 500 元钱。度戒时，师公和道公会把道服借给师男穿，结束后收回来。师公或道公离开人世下葬时，也会把它一起放在棺材里陪葬。

2. 法器

法器是师公和道公在特定的宗教仪式中使用的道具，每个道公或师公都会备有一套，包括锣、鼓、钹、上元棍、法剑、铜铃、杀鬼刀、筶杯、令牌、牙简、印章、牛角、南蛇、生神等。道公令牌上刻“雷公”的画像，所以也称为“雷公令牌”。在每一场大型仪式中，锣、鼓、钹的声音都会贯穿其中，夹杂着师公和道公的念经声，并且随着师公和道公的节奏敲打出轻重缓急的不同声音。上元棍在安龙、度戒仪式中的破沙、游玩和还花楼愿时使用，在打斋时用于破沙的环节。法剑、牛角、铜铃和杀鬼刀主要是在仪式中祭天和祭孤魂时使用。筶杯是师公和道公在仪式中用来卜凶吉或是与祖先、神灵交流意见时使用。南蛇是在打斋时，送亡灵度桥的环节中使用。生神是

图 5—18　土瑶师公的“生神”

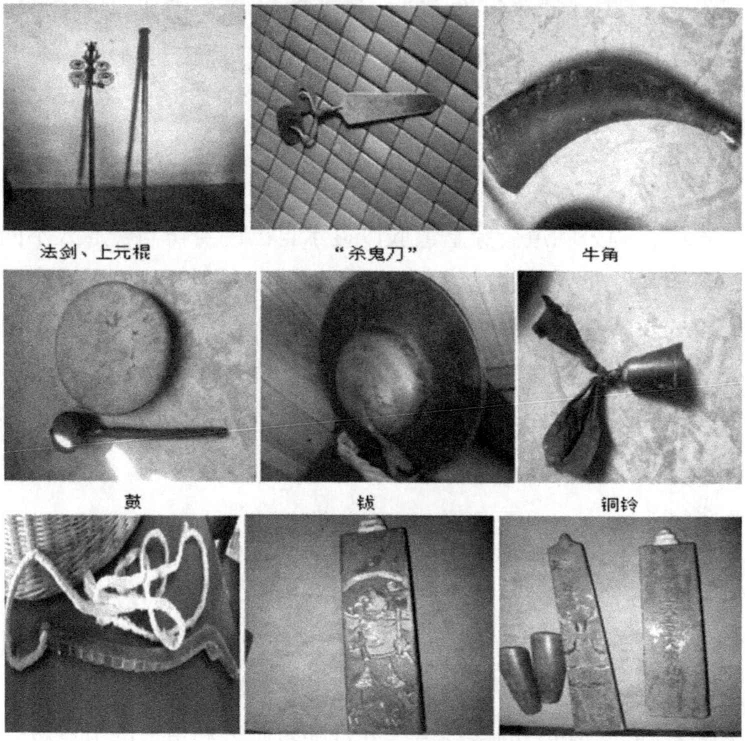

图 5—19　土瑶师公的部分法器

土瑶师公和道公特有的一个法器，是木质的一个道士形象的人偶骑在马背上，也有一些师公称为“唐僧”。平时供在本家祖先神龛上，所以只要见到一个人家里有这个法器，就可知道他家里现在还有人在做师公或道公。师公或道公每次出门做大型仪式时都要把生神一起带上，在做仪式之前要先把它放在主人家的神龛上，等做完仪式再收起来。若是做度戒、安龙等喜事，则在“生神”上绑上一小节红布；若是打斋，这样的白事则绑上白布。

3. 神画

土瑶仪式神画分为行司像和大堂像。行司像有总坛、太尉、海播和唐葛周 4 幅画像，一般用于打斋等一些较小的仪式。大堂像为 14 张、16 张和 18 张，所用张数依举办仪式的家主的经济情况和仪式的大小来决定，主要用于打醮、度戒、安龙和生前度过戒的死者的打斋。大堂像的 14 张分别是右南宫、右元帅、右唐葛周、右海播、右元帅、总坛、东宫、左北宫、左海播、左五显、左太尉、左文帅、功曹四府和七仙姐妹。总坛分为上坛兵、下坛兵。七仙姐妹主要是在还楼愿时使用，里面的人像都是女子，代表七仙姐妹、十洞仙娘、十二仙姑和托花童子。若是 16 张则就在 14 张的基础上加一张库官和一张鉴斋，18 张则再多加南斗和北斗各一张。若生前没有度过戒的死者，打斋时只需用 11 张，包括马元帅、左海播、五显、师宝、总坛、道宝、太尉、经宝、右海播、赵元帅。土瑶和过山瑶虽然居住距离较近，但

图 5—20　土瑶神像画之一

图 5—21　土瑶神像画之二

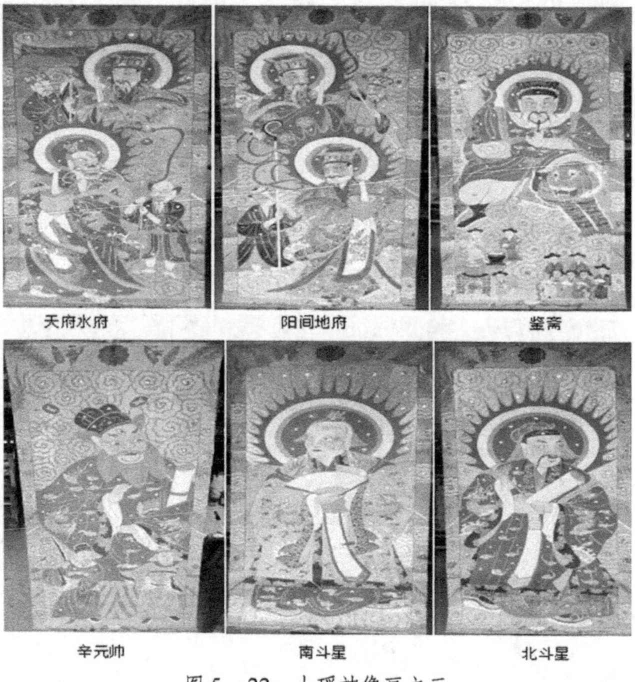

图 5—22　土瑶神像画之三

文化习俗却不同，神画在画法和使用上有所不同。

金竹村一位善于画瑶族仪式神画的老人黄春金（75岁）说，土瑶和过山瑶的神画在画法上存在很多不同的地方，比如上刀梯动作的海播这一张画在画法上有所不同，过山瑶使用的海播神画中有引戒人，而土瑶的海播神画是没有引戒人的。土瑶使用的功曹四府画像其实是4张小画像，分别是天水界功曹 、殷元帅、地阳功曹和鉴斋，而过山瑶的则是一张大的画像，上面也有天府和水府。土瑶师公很少有人会画像，过去只有黄南的一位师父会画，现在他儿子也是道公也会画，但是大多数人还是从金竹过山瑶黄春金处买来。过去一些师公和道公还去到苍梧县沙头的一位过山瑶师父那里买回来。他们一般都把画像保存得较好，卷起来后用一张布包好，放在柜子里，或是高挂在灶台上，避免虫蛀、鼠咬。

4. 经书

瑶族和许多少数民族一样，没有自己本民族的文字，他们都是用图像或汉字记载本民族的历史。瑶族的《评皇券牒》及宗教文书都是用汉字书写而成，学者通过研究瑶族的档案文书，推断瑶族的历史来源以及汉字传入瑶族地区的时间。

土瑶宗教文书是师公或道公在宗教活动中使用的科仪用书，它分为师公经书和道公经书两种。师公经书“多为韵文神唱。每篇唱述一个神的来历，有的是汉族壮族传入的神，有的是本民族神。用汉字夹瑶族土俗字抄写，诵时依汉音或瑶音。”[①] 虽然土瑶对师公和道公的身份没有严格区分，但是平时经常外出“做功德”的师公和道公都认为，师公在宗教仪式中所用的经书篇名多数以“某某书”或“某某科”为主，如《戒食书》《破沙洗浴科》。道公经书“多为散文经书，亦依科仪分编。”[②] 从收集到的土瑶经书中，可以看到道公的经书篇名多为“正一 XX（书）卷”为主，如《正一应天行龙祈雨书全卷》《正一小剖六甲书一卷》。瑶族一本经书中可能包含几个部分的内容，这样的经书篇名一般都是以“XX、XX 在内”的形式抄写，如《安龙杂意一卷、分龙表续脉表一应在内》。瑶族经书用法讲究，师公多是为人跳鬼请神、还愿的经书，道公的经书多是打斋、超度亡灵的经文忏录。瑶族经书的用法可以分为“打醮用、打斋用、加职用、还愿用、送鬼用、架桥用、开

① 郑慧：《瑶族文书档案研究》，北京：民族出版社 2011 年版，第 191 页。

② 郑慧：《瑶族文书档案研究》，北京：民族出版社 2011 年版，第 191 页。

光用、祭祖用、表奏用、小法用、占卜用十二类”①，师公和道公的经书在打醮、度戒、安龙、打斋等不同的仪式活动中用法也不同。现对土瑶地区现存的经书进行简单的分类，如表 4—2 所示：②

表 4—2　土瑶宗教文书在主要仪式中的使用顺序表④

主要仪式	安龙（19 本）	打斋（13 本）	度戒（25 本）
经书名称	本请科、正一开启科	师教请圣科	斟酒口意一部可鉴
	清明科、师教请圣科	正一开启科	功课报知杂文一卷
	道教破沙、洗浴科	道教开灵祭食科	小赈祭科一卷
	游十缘	正一破沙、洗浴科	正一开启科
	游陀带生神敬起	游十缘案主敬科	请圣科一卷
	游玩科	游玩科	安龙科一卷
	赈祭书一卷	游陀带生神敬起	大会娘科连意齐一卷
	安龙科	道教运筹、起筹科	清明科一卷
	杂唱科	道教度桥、解结、送灵科	戒食科
			赈祭科
	道教度桥三献辞佛送呈	正一度人经、完经送忏一卷	破沙洗浴科
			万应坛
	雷祖经科	小翻解书一卷	游十缘案主祖本生神科
			游陀带生神歌起
	差兵叩天门公据科	道教完満戒食科	开光点像上灯科
			雷祖经科
	清明科	五更戒祭食书一卷	差兵叩天门公据科
	师教送船科		杂唱科
	墓斋还楼暗山歌一卷		道教度桥忏礼运筹科
	游花送仙科		度人经
			道教度人妙经科

① 罗宗志:《信仰治疗——广西盘瑶巫医研究》，北京：中国社会科学出版社 2012 年版，第 169-174 页。

② 收藏人：黄南寨盘春保、水竹寨盘春转、马窝寨盘孝荣、白虎寨凤求花；采集人：何彩秋；采集时间：2014 年 7 月、2015 年 3 月。

续表

<table>
<tr><th>主要仪式</th><th>安龙（19 本）</th><th>打斋（13 本）</th><th>度戒（25 本）</th></tr>
<tr><td rowspan="5">经书名称</td><td rowspan="2">道教运筹科</td><td rowspan="2"></td><td>送船科</td></tr>
<tr><td>墓斋还楼暗山歌一卷</td></tr>
<tr><td rowspan="2">赈祭书一卷</td><td rowspan="2"></td><td>游花送仙科</td></tr>
<tr><td>小杂设神</td></tr>
<tr><td>道教道场完满给据送圣科</td><td></td><td>道教道场完满给据送圣科</td></tr>
</table>

土瑶师公和道公珍藏的经书多为手抄本，用宣纸写成。过去也有请人代抄，因为土瑶中识字的人不多，而且他们觉得自己写的字不好看，所以以前有汉族人进到土瑶家中代抄经书赚钱。有些师公或道公家中藏有经书上百本，多数是因为祖辈有人也是师公或道公而传下来的。在文化大革命“破四旧”的影响下，土瑶的很多经书被没收、烧毁，当时有一些师公把经书藏到地下，才能幸免。现在一些师公家里的经书虽然因年代久远或保存不当有不同程度的损坏，但是他们认为这些都是祖上传下来的东西，不敢随意贩卖或丢弃，否则会让祖先不满。

5. 禁忌

瑶族师公和道公被认为是沟通现实世界和鬼神世界的中间媒介，在瑶族的宗教中处于非常重要的位置。师公和道公为了保持身份上的神圣性，必须要遵守某些禁忌，才使得他们与普通人不同。土瑶师公在仪式前三天之内不能与女人同床，平日不能吃狗、黄鳝、鳖、老鹰、狐狸等动物之肉。若违反这些禁忌，这一次或以后使用法术就不灵验了。另外，师公和道公在为人处世上也要做得比普通人更好，这样才能赢得众人的尊重，人们才会邀请他们去“做功德”。他们不能嫌贫爱富、贪图钱财，若有人来请他们去做仪式，不能因为对方家庭条件差就不想去，或者看到对方家庭经济条件好就随意要价。师公和道公在做仪式前几天要准备好仪式用品，要熟悉和熟读经书内容，不能在仪式现场马虎草率，简单了事。

（三）宗教活动

土瑶人除了每年秋收之后举行的打醮、安龙、度戒等大型仪式之外，平时在某些固定的时间内也举行其他一些宗教活动，比如祭祖、拜社、拜庙等。另外，还有一些单家独户自己邀请师公到家里举行小仪式，这都是土瑶的宗教活动。

打醮仪式如今在土瑶社区鲜有举行，一些20多岁的年轻人说很少见到。2013年，马窝寨附近的石排庵在原址重修建成之时，举行了一场盛大的打醮仪式。附近的汉族、壮族、瑶族等村民都前来参加，包括马窝寨的村民，许多家庭都捐了功德。石排庵建在石排和马窝之间的高山上，因所在地是新民村石排小组管辖而得名。石排庵重修之后，白墙黄瓦，从远处看显得金碧辉煌。庵里供奉许多神像，如玉皇、王母、太上老君、关公、花母等。石排庵建成之后吸引贺州附近的许多香客前来朝拜。马窝寨村民在石排庵建成之时参加过那次打醮之后，就几乎没有再去。除了婚礼之外，土瑶村寨很少有一起共同参加的大型仪式活动，一般都是各个村寨单独组织举行。度戒是瑶族的一项大型宗教活动，在土瑶中并不是每个男性都要度戒，而是在男孩出生后由师公对其生辰八字核算之后，认为其"命太硬"即命里劫数，或是儿子与父母的"命相冲"，所以需要度戒来解除，以保日后孩子健康成长，家庭和睦。安龙、还愿是对祖先或神灵的一种抚慰或感激。土瑶每年在固定的时间里举行祭祖、祭社、祭庙的活动，是对祖先、对本地神灵的一种酬谢。一些驱邪赶鬼的仪式只是请师公在家里举行，仪式过程也简单。

宗教活动在很大程度上是娱神，同时也娱人。"神服务于人，而不是相反。通过各种祭祀和宗教活动把整个土瑶联系起来，称为土瑶的精神支柱。通过宗教活动，土瑶真心希望解决现实世界中的难题，因此，宗教活动成为人世间向鬼灵世界的延伸，是朦胧中竭力寻找人本身的生与死的归宿。在灰暗的祈求中得到安慰，达到心理上的平衡，以对付苦难的人生。"① 土瑶人带上贡品祭拜地方的神明，酬谢众神灵的恩赐。在节庆日祭祖，祈求保佑。中元节和大年三十的晚上"施粥"给孤魂野鬼，以防他们作祟或伤害人。这些活动在整个村寨公开举行或是自己在家祭拜神龛，强调一种地域性或血缘性。马窝的土瑶不会去祭拜石排庵里的神灵，认为那不是他们的庙神，虽然两地之间相距不远。他们去祭拜"老马窝"的盘王庙，认为那里是他们马窝土瑶自己的庙宇，从而达到在地域上区别不同的身份，强化自我身份的认同，同时也维系和促进了马窝土瑶内部的社会关系。

---

① 龚佩华：《广西贺县土瑶的社会和文化》，《广西民族研究》1990年第3期，第94-102页。

第二节　宗教信仰的当代变迁

土瑶是一个“封闭”的山地民族，过去与外族的交往甚少。在此环境下，土瑶内部形成了自己独特的文化氛围。随着公路的修通，教育的普及，土瑶开始走出大山，吸收和借鉴了外族的许多文化元素，并将之杂糅在本民族的文化中，使其原有的文化出现了不同程度的改变，其中表现之一就在宗教信仰的变化上。

1949年前，土瑶与外界的交流甚少，他们相信万事万物都有灵性，每到一处都设立盘王庙，尊盘瓠为始祖神。改革开放后，全国各地的宗教活动得以重振旗鼓。土瑶可以重新祭祀庙宇，可以举行度戒、安龙、还愿等宗教仪式。一些在当时被师公偷偷藏起来的经书、神画等仪式用品在师公内部被重新抄写、传阅。然而直至现在，虽然土瑶依然存在对自然万物的崇拜，但被破坏以后的庙宇并没有得到很好的修缮。土瑶一些村寨如马窝寨的盘王庙再被破坏之后已经少有人去祭拜，只是在每年农历七月十三、十月十六去祭拜，而且没有师公去“喃庙”，只是作为一个简陋的祭祀场所。

如今土瑶宗教信仰发生了很大的变迁。表现其一是宗教观念的变化。由于传统的大家庭合作生产逐渐转变成小家庭的独自经营，对祖先的崇拜特别是对自己家族祖先的祭拜越来越重视。其二是信仰对象的变化。各家在节庆期间各自在祭拜家神，虽然还会去祭拜村社庙神，但已经不再像以前那样重视。其三是宗教仪式的变化。传统的宗教仪式变得越来越简单化。其四是宗教功能的变化。

一、宗教观念的变化

改革开放后，家庭联产承包责任制的推行，各家各户形成自己的小型家庭经济。在土瑶地区，包产到户之后，人们对社神家神的祭拜似乎更加重视。其中最明显的是对祖先的崇拜一直兴盛不衰。在中国的广大乡村，对祖先的崇拜是最为普遍的一个特征。马窝寨的土瑶各家各户都把神龛装扮得很精美，雕龙画凤，涂上鲜亮的颜色。他们认为逢年过节祭拜祖先时，祖先的魂灵会在神龛接受全家人的供奉。即使是在平日，家里的神龛也是很神圣的，不能随意乱放与祭拜祖先无关的东西，否则会认为大不敬。同样的，如果家里有人上山打到猎物，特别是一些类似山鸡的动物，都要把它的羽毛插在神龛上，认为这样会更加好看。

村社和庙宇的祭拜人们似乎没有那么重视了。老马窝山冲下的盘王庙，只是一间泥瓦结构的房子，有一面墙被雨水冲刷得快要倒了，村里也没有说要重新修缮。村口大树下的“把寨公”似乎并没有让村里人觉得很敬畏，村里的小孩在树上爬上爬下，有时候还踩到“把寨公”的房顶上。平时“把寨公”庙周围也被村民随处扔垃圾，少有人去清理。村民去祭拜庙和社的程序也越来越简单，就是到那个时节了就带上贡品去祭拜几分钟便回来，而且也没有人规定要上香祭拜多久才结束。盘王庙每年祭拜两次，而且每次都轮流一家做主，但是近年来去祭拜的人越来越少，一般就是做主的村民带上祭品，其他的家户去与不去都看自己的意愿，而且即使带上贡品也是指派家里的小孩跟随做主的村民到庙里祭拜。

土瑶人一直都相信鬼的存在，甚至还有很多故事讲到鬼是真的存在这个世界上的。他们认为七月份的夜晚是鬼魂经常出现的时候，所以不能晚归。若是人出门遇到拦路鬼或饿死鬼，回家后就会发病，而人病了之后要请师公做法，给恶鬼施粥、供奉食物，它们才会让病人恢复。马窝寨的一位村民说，以前还有师公晚上能变出鬼给大家看。以前村里晚上没有什么娱乐活动，大家在一起聊天时，突然一个师公问周围的人想不想看鬼，大家都很好奇鬼是什么样子的，所以就想看看他会变出什么样的鬼来。结果师公变成了一根木头，然后又变出了一个穿着花花绿绿的漂亮衣服的鬼，而且头发很长，头上戴个帽子，也不知道是男还是女。在场的人都吓死了，赶紧一个个跑回家关好门。现在人们很少讲起这些鬼故事，而且因为很多人都接受了现代的知识体系，认为过去的那些都是老一辈人的封建迷信思想。这也是现在很多土瑶的年轻人不想学习“做功德”的一部分原因。现在土瑶人中学习“做功德”的人是越来越少了，度过戒的男子学习成为师公的过程需要学习很多宗教的知识，除了需要有一定的学识之外，还要有勤勤恳恳的心态。徒弟要传承师父的法术，就必须看完师父指定的书籍，还要自己抄写一份以备日后使用。有一些人认为那些都是封建迷信的东西，学那个没什么用。

二、信仰对象的变化

在土瑶社区，神明信仰、祖先崇拜、鬼魂祭祀构成土瑶的三大宗教信仰体系。神明信仰的对象包括日月星辰、风雨雷电、山林树木和石头等自然界的万事万物，同时还包括因为受到佛教和道教的影响而崇拜其他宗教的神灵，比如菩萨、玉皇、太上老君等，并将之画在画纸上，在举行宗教仪式时要一一请下来。每次祭献，道公要念接受贡品神灵的名单，其中既有神仙、佛、道、土地、菩萨，又有玉皇大帝、盘古大王，还有王旗兵马，求财太保，三代祖先以及贺县的城隍，各寺庙的男官女圣等。[①] 土瑶人家大厅中的神台前和墙壁上挂着名人或一些影视演员的画像，也有人挂上代表财神爷的画像。土瑶地区也盛行汉族的"阴阳五行"学说，其最明显的标志就是对新生婴儿的取名上。

土瑶是一个没有文字的民族，所以对本民族的历史甚至是本家族的历史都无法给予最翔实的文字记录。他们对本民族祖神的最直接记忆就是设立盘王庙，并将庙中供奉的石头看成是"像狗头一样"，以此来祭拜，显示出对本民族始祖盘瓠的崇敬。有些识字的家长把本家族本宗支的人名记在一本册子上，记录本家族本宗支的历史，称为"家先簿"或"家先单"。清明时到祖先墓地扫墓祭祖，初一、十五饭前上香，敬神敬祖习惯无形中贯穿了人们的日常生活。如今，各家各户自行祭拜家族的祖先，对本村社和庙宇的关注度似乎在减弱。虽然石排庵的建立，未能吸引到马窝寨的土瑶前去祭拜。但当人们在讨论石排庵时，都会说那个庙很漂亮，还知道以前石排庵是如何的灵验。人们对村社和庙宇不重视，反而注重对祖先的崇拜。

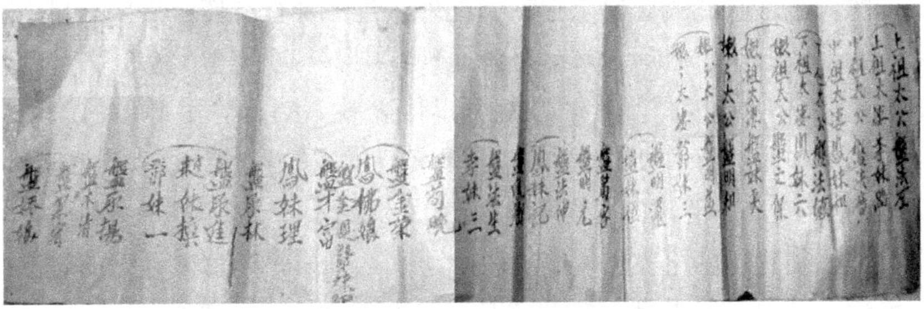

图 5—23　金竹村鸭尾小组盘弟客家的"家先单"

---

① 龚佩华:《广西贺县土瑶的社会和文化》,《广西民族研究》1990 年第 3 期，第 94-102 页。

三、宗教仪式的变化

土瑶山区里娱乐活动少，平时每家每户都在自己的田间地头忙活。秋收之后才有空闲的时间操办各种仪式，比如婚礼、度戒、安龙等。几十年前，每当一个村寨举行大型的宗教仪式时，其他土瑶村寨的村民都会去观看。而现在当一个村民家中要举行宗教仪式时，村里的人虽然都会知道，但是除了主人请去帮工的人之外，村寨里其他人一般都不会去看。其中存在许多原因，原因之一是现在村寨里的娱乐方式增多，人们已经不会为了凑热闹而特意去看师公在仪式中都做了什么。另外，许多年轻人都觉得大冷天去看几个师父在那里念经，跳来跳去，没什么意思，而且他们念的经文有些也听不懂。还有一个原因是很多人都对仪式中的程序不感兴趣了，即使是来帮工的人大部分都是待在厨房里烤火或在其他房间里看电视玩手机，在大厅里看师公做仪式的一般只有一些上了年纪的老人。“虽然在做仪式时没有观众，但是我们也不能马虎，因为祖宗和我的师父都在看着。”黄南的盘金花师公（65 岁）说，不能因为没有人看就想蒙混过去。

土瑶每一场大型的宗教仪式都要花费数额巨大的财力和物力。过去做安龙或度戒经常要做七天七夜，期间除了师公念经喃神之外，到场帮工的村民吃饭喝酒经常都要很久才散场，有时候从下午一直喝到晚上，这样很容易耽误仪式的进程。现在每一场仪式期间，村民吃饭喝酒一般用时在一个小时左右，大大加快了仪式的进度，节省了时间。以前做一场度戒要杀四头猪才够用，因为亲朋好友会到家里吃饭喝酒，现在最多只要两头猪或 300 斤猪肉即可，米酒也不需要太多，这样仪式的费用就大大节省了。土瑶除了度戒、安龙这样的大型宗教仪式需要杀猪献祭之外，过去拜社拜庙也需要全村人集体出资买猪来杀，杀了之后拿来献祭。而现在则不需要花费太多，去拜社拜庙时只要有猪头肉、猪肝、猪尾巴就可以代表整头猪，除了祭品的简单化之外，祭祀的过程也变得更加简单。土瑶宗教仪式的简单化还表现在打斋上。在 20 世纪 70—80 年代，家里老人去世了，儿子要光着脚，腰上别着一把砍柴刀，直到打斋结束才可以穿上鞋子，现在则只是在仪式开始的时候由长子一人代表其他兄弟光脚，腰上戴上一把砍柴刀即可。老人去世后子女要守孝 49 天，每天起床时要在神台前供茶给死者的亡灵。普通人去世的打斋一般只要两天一夜即可结束，下葬之后大家回到主家共进一餐便可离开。

四、宗教功能的变化

马林诺斯基认为，宗教是对付危险和不确定性以及直接为生计服务的，其最基本的功能意义在于满足个体的心理需要，减缓伴有强烈情感压力的生活危机，提供积极的人生态度以面对生活和死亡的考验。[①] 按照马林诺斯基功能理论，宗教是一种文化特质，它的产生、存在和发展都是为了满足人类的某种需要。

（一）宗教整合功能的变化

宗教通过仪式活动给人以直观的感受。土瑶的祖先崇拜通过每年的拜盘王、祭祖等仪式中表现出来。通过集体祭盘王仪式，将瑶族共同始祖盘瓠视为盘王，设立盘王庙，祈求盘王庇佑瑶族子孙后代。当全村人一起祭拜盘王时，村落的力量被集中，并区别瑶族与其他民族，达到整合族群内部共同抵御外部力量的作用。如今土瑶祭拜盘王的仪式已经十分简单化，但是又十分重视祭祖。各家各户祭祖和整个家族集体祭扫灵墓的行为在一定程度上起到整合某一个家族集体力量的作用。

（二）宗教教化功能的变化

度戒、安龙等仪式是瑶族普遍存在的宗教活动。在很多瑶族地区，度戒是瑶族男子一生中都要经历的宗教仪式。土瑶男子不是每个人都要度戒，只有“命里需要度戒”的男子才会度戒。他们在挂灯、度戒仪式过程中，聆听师公讲解经义。师公在仪式上教导度戒的弟子要严格遵守师门的条规，遵照师门的“戒律”行事。度戒过后，师父要求弟子抄写经书，熟悉经文，为以后出师做好准备。而在教育水平不高的土瑶山区，抄写经文还能帮助度戒的男子提高文化知识。这对土瑶社区有一定的教化功能。现在土瑶男子愿意学习“做功德”的人越来越少，马窝寨上百名男子中愿意去学习并坚持下去的人几乎没有一个。他们更多是从学校或其他渠道获得知识。而且现在师公认为选择弟子也需要有一定的文化水平，这样才比较容易领悟经书的内容。宗教教化的功能在减弱，教化对象的范围也在缩小。

---

① 庄孔韶主编：《人类学概论》，北京：中国人民大学出版社 2006 年版，第 349 页。

（三）心理调适功能的变化

土瑶人相信鬼神，相信魂灵存在。他们深信，“善鬼”能救人保护人，而“恶鬼”却常常害人。过去土瑶家里有人生了病，最先想到的不是寻医问药，而是认为病人“撞鬼”了，或是之前触犯了某种神灵。为了减轻或消除病人的痛苦，经常请师公举行消灾祛病的仪式。瑶族利用宗教式的心理治疗，为病人增加病情痊愈的信心，在很多情况下确实可以达到减轻或消除病人痛苦的目的。“从理论上说，当族群中的每一成员都处于迷信气氛的笼罩下，人们既然相信某些疾病是神鬼造成的，经过巫师跳鬼可以治好病，而这类疾病的产生及病情的加重均与宗教迷信有很大关系。所谓‘心病还须从心治’，这时巫师的跳鬼能起到稳定情绪，除去心病，使病人恢复信心，从而减轻病情乃至病体痊愈是有可能的。”[①] 而今随着科学的普及与医疗的发展，很多年轻人不怎么相信“鬼神致病”之说了。

① 张有隽：《瑶族宗教信仰的人类学意义》，《广西民族学院学报》1996年第3期，第42-47页。

第六章　马窝寨的学校教育

我国是一个历史悠久的统一的多民族国家。这个统一的多民族国家是经过长期历史发展而形成的，是中华各民族人民共同缔造的。中华民族有统一的民族精神，但其表现形式又是多样的。各个民族都有自己的文化传统，而文化传统的继承和发展靠的是教育。中华民族几千年的文化传统主要就是靠教育，包括正规的学校教育与非正规的教育传承下来的。[①] 因此，教育是一个社会不断延续和发展过程中非常重要的一个环节。在世界各地，位于偏远山区的少数民族的学校教育水平都比较低，学童的学习成绩也普遍低下[②]。长期以来，少数民族的学校教育问题一直是教育学、人类学共同关注的话题。理解和分析少数民族学校教育存在的问题，是了解少数民族内部文化以及认识不同文化之间差异性的重要内容。

土瑶学校教育所面临的问题在偏远少数民族山区具有普遍性。目前，对土瑶学校教育研究最为系统、深入、全面的学者当属袁同凯，他曾于2000年初次到广西贺州市的鹅塘和沙田两个镇的土瑶山区做博士论文的选点调查，之后他跑遍了所有的土瑶村寨，写成《走进竹篱教室：土瑶学校教育的民族志研究》一书。此后，土瑶的学校教育问题受到了各界的广泛关注。此前，广西少数民族社会历史调查组于20世纪60年代到土瑶地区进行调查，收集到了关于土瑶学校教育的一些资料。1988年中山大学的黄淑娉和龚佩华两人在马窝寨做土瑶社会文化调查时，也关注到了土瑶的学校教育。“了

---

① 顾明远：“序二”，载滕星《文化变迁与双语教育：凉山彝族社区教育人类学的田野工作与文本撰述》，北京：教育科学出版社2001年版，第7-9页。

② 陈志明：“序一”，载袁同凯《走进竹篱教室：土瑶学校教育的民族志研究》，天津：天津人民出版社2004年版，第1-4页。

解学校教育对我们从整体上理解社会文化变迁的过程是至关重要的。”[①] 本章主要介绍马窝寨土瑶学校教育的发展变化。在内容安排上，本章分为学校教育的历史、现状与变迁三个部分展开论述。第一节、第二节分别从历史与现状两个维度介绍马窝土瑶的学校教育状况。此外，为了表现马窝土瑶学校教育的变化情况，第三节以教育规模和教育内容的变化为关注对象，辅之以变迁因素分析，论述马窝寨土瑶二十多年来学校教育的发展状况。

第一节　学校教育的历史

“在中国封建社会，私学是文化知识传播的基本场所，尤其是私塾，是普及面最广的启蒙教育形式。”[②] 贺县民间私学历史悠久，但起源于何时无从稽考，至“民国二十一年已经禁止，并无私塾之存在”[③]。在土瑶地区，私塾教育只是在个别村寨时断时续地进行，私塾先生是从山外汉族村寨请来的。一般是村中相对富裕的家户联合起来聘请老师，时间通常在非农忙季节，一年也就上三四个月的课，当村民没钱支付老师工钱时，自然就停课了。当时的工钱是以粮食或山货代替。[④] 盘绍明说，他父亲一辈时，曾从山外请来1位汉族老师，教了3个多月的书。当时老师的俸薪是由全村人凑钱凑米供给的。由于大家太穷，山外的汉族老师留不住；另一方面，土瑶也怕读了书，有了文化就会被抓壮丁抓走了。[⑤] 盘孝荣回忆，听老人讲当时学的是《增广贤文》《三字经》四书五经等，老师只管教学生念，也不注意学生的学习，学生有的能背诵不能写，写了也不知其义。马窝寨请来的老师来自松木村，平时饮食起居在村里，周末才步行回到松木村。由于山里生活条件比较

① 袁同凯:《走进竹篱教室：土瑶学校教育的民族志研究》，天津：天津人民出版社 2004 年版，第 119 页。

② 袁同凯:《走进竹篱教室：土瑶学校教育的民族志研究》，天津：天津人民出版社 2004 年版，第 119 页。

③《贺县志》卷六。

④ 袁同凯:《走进竹篱教室：土瑶学校教育的民族志研究》，天津：天津人民出版社 2004 年版，第 120 页。

⑤ 黄淑娉、龚佩华:《广西壮族自治区贺县土瑶社会文化概况》，1988 年手写稿，第 64-65 页。

差，老师一般都是待 3 个月就走了，而家长也因为没有钱财不再请老师来教书。[①] 不过，土瑶内部也有一些人认识点字，他们多半是通过跟师道公学习经书、抄写经书而认识一些字，算是土瑶中最有文化的人了。20 世纪 60 年代，中国科学院民族研究所广西少数民族历史调查组在贺县狮狭民族乡（今狮东村）土瑶地区做调查时发现，“解放前狮狭瑶族乡没有一所初级小学，也没有一个相当于小学文化程度的人，99% 的人是文盲，尤其是妇女，文盲则是 100%。虽然有个别人识字，也是到狮洞汉族地区学的，学习时间最长的是三年，认不到几百字。”[②] 在土瑶山寨，许多老年人，特别是妇女，数字概念较差，不知自己是多大年纪，有的只知道自己出生的干支，不知是多少岁。另外，许多年轻的妇女，也不知道一天是 24 小时。[③] 黄淑娉、龚佩华的《广西壮族自治区贺县土瑶社会文化概况》报告说，“解放前，土瑶几乎人人都是文盲。”

1949 年后不久，“党根据瑶族人民文化落后，人口、村落分散和民族乡的小学经费、设备、校舍、师资均不足以及学生流动性大、生活困苦的情况给予了大力关怀。按照规定，小学以 30—50 人为一班，而在人口分散的民族地区，改为 25—30 人一班，甚至有 20 多个学生建一个学校。”[④] 贺州县政府根据土瑶各个村寨的人口分布情况，在人口较多的土瑶村寨设立小学教学点。在 20 世纪 50 年代，土瑶山寨相继建立了 14 个小学教学点；20 世纪 60 年代以后又创建了 6 个教学点。[⑤] 马窝寨所在的沙田镇在 10 个土瑶村寨设立了 8 个教学点，狮东小学作为村一级的中心小学。马窝寨小学教学点于 1956 年建成，隶属于新民小学。马窝学生在教学点读了一年级和二年级后就到新民小学读三年级和四年级，五年级和六年级到沙田镇中心小学上学。马窝教学点建成之后，一部分适龄儿童因为各种原因未能顺利入学，村干部和老师到各家各户动员家长送学生来上学。1957 年，党和人民政府还拨了大批款项帮助建校和支持贫雇农子弟解决入学的困难。仅 1957 年就拨给马

① 信息提供人：盘孝荣；访谈人：何彩秋；访谈地点：马窝寨；访谈时间：2014 年 7 月 25 日。

② 广西区编辑组：《广西瑶族社会历史调查》（三），北京：民族出版社 2009 年版，第 211 页。

③ 广西区编辑组：《广西瑶族社会历史调查》（三），北京：民族出版社 2009 年版，第 211 页。

④ 广西区编辑组：《广西瑶族社会历史调查》（三），北京：民族出版社 2009 年版，第 211 页。

⑤ 袁同凯：《走进竹篱教室——土瑶学校教育的民族志研究》，天津：天津人民出版社 2004 年版，第 122 页。

窝小学校舍修建补助费 50 元，教学设备补助费 40 元，课本文具补助费 4.8 元，被服补助费 38 元，特设人民助学金补助费 15 元，共计 147.8 元。[①]

狮东村在 20 世纪 70 年代曾办过初中班，学制两年。土瑶和过山瑶的学生在读完小学五年级后可到狮东初中就读。马窝寨小学教师盘道养回忆，他是狮东初中的第一届学生，当时整个狮东大队有只 16 个人在狮东初中读书，全部是瑶族。在狮东初中毕业的学生就可以到沙田中学读高中。不过直至现在，马窝寨 430 人中几乎没有经过正规的九年义务教育之后成为高中生，更不用说大学生了。"解放后，当过副区长的盘绍明以及其他一些土瑶干部，均深深感到土瑶没有文化的苦处，所以积极动员土瑶子弟上学校读书。解放后至文化大革命的 10 余年间，经盘绍明之手送出去培养并回村当民办小学老师的有 11 人之多。但是不少家长仍不愿让孩子多读书，总想让孩子帮着做家务和农活；青少年本人读了高小也不想升中学了，而是忙于找对象谈恋爱，16-7 岁结婚的很普遍。盘绍明说，他曾经送过几个学生去平乐师范学习，但是学生本人偷偷回家去。盘绍明去动员，家长们却讽刺说'我们家的风水没有你们家的好'，不愿意让孩子继续上学。"[②] 1988 年，黄淑娉、龚佩华两人在马窝寨调查时发现，当时马窝寨"有一所破旧的初级小学，共有 2 个年级，1 个老师。一年级有 13 人，其中男孩 4 人，女孩 9 人；二年级只有 4 个学生，其中男孩 3 人，女孩 1 人。全村适龄儿童 40 多人，入学率还不到 50%。农村体制改革后，有些孩子要放牛，照看弟妹，不能上学，年龄越大，越要干家务活，因此升三年级时，将会有几个学生就难说了。与土瑶相比，过山瑶情愿卖掉猪，赚得五六百元钱，也要送子女上高中、大专继续学习，而土瑶纵然经济情况好也不愿送子女上学。如马窝寨经济情况显然比金竹村过山瑶要好些，但马窝的土瑶就是不让子女上高中，更不要说大专了。因此，金竹一条冲的过山瑶，就有十几个青年当公办小学老师，而马窝却一个也没有。"[③]

党和政府一贯重视民族教育事业，培养各民族的干部。设于贺县的梧州地区民族干部学校，自 1981 年重建后，大力培养少数民族地区的基层干部，提高他们的政治文化科学技术水平，为了培养少数民族干部，特别是少数民

① 广西区编辑组:《广西瑶族社会历史调查》(三)，北京：民族出版社 2009 年版，第 211 页。

② 黄淑娉、龚佩华:《广西壮族自治区贺县土瑶社会文化概况》，1988 年手写稿，第 65 页。

③ 黄淑娉、龚佩华:《广西壮族自治区贺县土瑶社会文化概况》，1988 年手写稿，第 65-66 页。

族教师，于1975年成立贺县师范学校，招收普通中师班和少数民族中师班。土瑶当时也有一小部分初中毕业的学生有机会去到贺县师范学校继续学习，毕业之后回到当地学校教学。1987年，在贺县民族事务委员会和教育局的支持下，在贺县民族干部学校设一个“土瑶班”，招收土瑶青年学生。然而，尽管党和政府采取了很多旨在提高土瑶人文化教育水平的措施，但土瑶的学校教育发展还远远落后于其他民族。1990年，马窝寨村民盘绍明在给沙田镇政府的报告中写道：

> 因地处山区，居住分散，交通不便，小学生读书来回有困难，经济文化落后。解放几十年来，瑶族初中毕业生屈指可数，加上当地政府对山区文化不重视，多年来对招工招干升学根本没得到考虑。而且一批公办教师被开除返乡务农。解放三十多年来，三个村公所只有高中生12人，民族师范毕业生10人，初中毕业生20人，国家干部1人，医生3人，教师20人，其中民师5人，有6人在去年（1987年）因超生被开除回家务农。[①]

土瑶人因为文化教育水平不高，很多人的发展受到了限制。黄淑娉、龚佩华两位学者在报告中提到的，“20世纪60年代虽然有20多个土瑶青年参军，但由于缺乏文化，复员回来仍当不了干部。整个沙田乡的土瑶没有一个复员军人当上干部的，只有鹅塘乡去年（1987年）安置一个土瑶复员军人当干部，由于文化低，政府或其他部门每年招干考试，土瑶人没有一个人被录取”[②]。

第二节　学校教育的现状

土瑶的低教育水平制约了他们的发展，如今虽然他们拥有了平等的受

---

① 资料提供人：盘孝荣；采集人：何彩秋；采集地点：马窝寨；采集时间：2014年7月25日。

② 黄淑娉、龚佩华：《广西壮族自治区贺县土瑶社会文化概况》，1988年手写稿，第65页。

教育权利，不再“人人都是文盲”，但受过高等教育的人依然寥寥无几。自1988年至今已过去了二十多年了，马窝寨的学校教育情况虽有所改观，但依然不容乐观。

马窝寨1956年开始设立教学点，从1956年至2004年，马窝的教学点先后在“篱笆教室”“木板教室”“泥土教室”中办学。2004年，市教育局和乡政府出资，村民出工出力，每户派一人集体修建校舍，半个月之后建成了现在还在使用的混凝土结构的四间教室。土瑶的文化教育水平低，除了设备简陋，学生的学习主动性不强等原因之外，教师队伍流动性大也是其中的重要原因。最早在马窝寨教学的老师是新民的过山瑶，前后待了不超过五年的时间。其中有几位是教育局抽调过来的教师来马窝寨教学，待的时间也都很短。2000年曾经有一个来自桂林的女老师，在马窝教学点待了一年就离开了，还有一个来自上海的男老师，待了两年之后也离开了。马窝寨本村先后有两个老师，一个已经退休，现在还有一个老师还在村里教学，同时也是马窝寨教学点唯一的教师。结合现有的学校硬件设施和软件配套来看，土瑶山区各个村寨教学点的情况都不容乐观。

一、基础设施

2004年，马窝寨在政府的资金资助下，建成新的教学点。这算是土瑶村寨中最早一批建成新教室的教学点了，而很多土瑶村寨的教学点还是近两年才建好教室。马窝教学点的校址在上寨的一片平地上，周围是村民的房屋。与其他很多土瑶村寨的教学点一样，没有围墙，没有校门，没有体育设

图6—1　马窝教学点的校舍

施。四间教室连成一排，两间是教室，一间是教师的办公室，还有一间是杂物室。窗户上的玻璃很多被村里调皮的孩子打烂，地板坑坑洼洼。如今有一间教室是村委用来堆放扶贫办发给村集体用来给茶叶施肥的化肥。学生就在旁边的另外一间教室上课，教室的桌椅比较崭新，都是教育局送来的。老师的办公室里有两把椅子，一张桌子，一个柜子，另外还有一台电脑是教育局给各个教学点配的，但是在山里没网络，而且老师也不会操作电脑，拿回来后基本没用过。老师办公室的墙上挂着一个钟和两副三角尺，柜子里有几盒粉笔之外，没有其他的教学用具。学校左侧有一间用木板搭起来的厕所，女生都在那里解决小便，放假时老师会用锁把厕所门锁上。

二、学生状况

马窝教学点 2015 年春季学期有 12 个学生，其中 7 个男生，5 个女生，有 2 个男生是北都寨的过山瑶学生，其他都是马窝寨的学生。土瑶山区没有开设学前教育，孩子 7 周岁才正式入校读书。马窝教学点只有一个教师，村里一些适龄儿童跟随在外务工的父母一起到外地上学。比如有些家长在沙田镇做生意，就会带着子女到沙田镇上幼儿园、上小学。另外，还有一些家长在广东务工带着子女一起去，所以就在广东上小学。当地老师说因为学生人数少，所以每两年才招生一次。也因为这样，同个年级的学生在年龄上经常相差一两岁。比如村里有两姐妹，现在同样在沙田小学上五年级，但姐姐已经 13 岁，妹妹才 11 岁。父母说是因为当年姐姐满七周岁的时候村里的小学还没到招生时间，必须再等两年。而两年之后妹妹也正好满 7 周岁了，所以两姐妹才一起上一年级。很多教学点都采取复合班教学，安排一年级在一组，二年级在另一组，老师讲一年级的课程就让二年级的学生做作业，讲二年级的课程就让一年级的学生做作业。马窝教学点每周一至周五的上课时间是上午 9 点半上课，11 点半放学，下午 14 点上课，15 点 40 分下课。只有语文和数学两门课程，没有体育课，也没有音乐课，很多学生从来没有接触过篮球、乒乓球等体育课程。每天上午上四节课，下午上两节课。课间休息时，就在教室门口的泥地上追逐打闹。

从北都来的过山瑶学生几乎每天步行到马窝来上学，从北都到马窝的山路前两年修通之后，有时候家长会骑摩托车送孩子到马窝来上学，来回要半个小时左右。北都到马窝要先爬上山顶然后再从山顶一直下坡才到马窝，走惯山路的小学生一般步行半个小时就到。马窝的学生在本村读完二年级后就要到新民小学读三年级和四年级，他们若是抄近路就要走小路，要先从马窝到北都，再从北都走一个小时的山路到达新民。马窝的学生每周的星期天下午背着书包带上一个星期要吃的青菜或猪肉，成群结队地爬上去新民小学的山路。若是父母有空会在星期一的早上骑着摩托车送子女去新民小学上学。新民小学每周五的下午就放学，学生下午就可以回家。学校考虑到居住在山区里的瑶族学生回家的路途远，星期五中午 11 点之后便允许学生离校回家。而居住在沙田镇附近的学生星期五下午还是继续上课，这样无形之中很多瑶族学生每个星期因为路途遥远而少了一个下午的课程。长此以往，瑶族学生的学习成绩与其他学生相比就显得更差了。

村里的老师包括新民和金竹过山瑶的老师都说，土瑶学生平时学习的积极性不强，经常不按时完成老师布置的作业。为了改变土瑶学生学习成绩差的问题，1990 年沙田五中也开设“土瑶班”，开班四年后因为土瑶生源不足，加上地方政府不重视便停办了。直到 2003 年沙田一中重新设置“土瑶班”。同年，沙田小学也设置“土瑶班”，把沙田镇各个土瑶村寨中四年级和五年级学生分别分到土瑶班中教学。其实沙田一中和沙田小学的“土瑶班”实质是“民族班”，把土瑶、过山瑶的学生都放在一个班级里学习。民族班的学生全免住宿费，还可以享受国家补贴，每个学生一个学期有 500 元的伙食补助，一般在期末时学校会把钱打到学校统一办理的银行卡里，之后由学校通知家长把钱取出来后交给学校，作为每个学生一个学期内在学校的伙食费用，所以民族班的学生在入校时不用自己缴纳伙食费。然而，从 2014 年秋季学期开始不再设置民族班。很多老师和家长都认为，民族班并没有为土瑶培养出一个高中生。狮东村和金竹村的黄南小组也有人考上大学，但不是在沙田的民族班就读的。民族班并没有取得最直接的效果，所以现在已经撤销，瑶族和其他民族的同学一起在一个班里学习。土瑶学生学习基础差，在学习上很难与其他学习基础好的汉族学生竞争。因为学习成绩不好，很多土瑶学生都有厌学的心理。若是问土瑶的学生不上学了想做什么，有些会说出去打工或是回家里做山工，有些会说在家里玩，还有一些是说想去读艺校。他们所说的艺校是贺州市里的一个学校，是 1995 年创办的一个专门跳土瑶舞蹈的表演队。现在已经发展为广西贺州民族旅游艺术学校，招收一些 10—13 岁的土瑶学生，教他们跳土瑶舞蹈，经常到广西各地演出。每年艺校来招生时，很多学生都想辍学到艺校学习。在艺校，学生基本上没有学习文化课，经常在寒暑假也不能回家。据统计，至今马窝寨有七个人初中毕业后去读职业高中，学计算机专业一人，在南宁学厨师一人，其余四人学的都是市场营销之类的专业。另外，还有一个人初中毕业后到贺州师范学校读汉语言文学专业，现在已经全部毕业。毕业后，有一个人回到马窝寨当村干部，在南宁打工一人，有三个人在广东一带进厂打工，两人回马窝寨务农。马窝寨目前没有一个高中生，更不用说大学生了。

土瑶孩子经常出现辍学的现象，除了他们自身学习基础差以及跟不上学习进度之外，在学校受同学欺负而无法安心学习也是辍学的一个重要原因。

【案例 6—1】 邓英，13 岁，原本在沙田小学上六年级，现已辍学在家一年。她辍学的很大原因是在学校受到同学的欺侮。“他们那些男生经常欺负我们女生，不只是沙田镇上的汉族男生欺负我们，还有我们瑶族的男生，特别是过山瑶的男生也会欺负我们。有一次，一个金竹的男生在教室里和我吵架之后直接用脚踢我的肚子，当时我同学去找老师来，那个男生被老师叫家长带回家一个星期之后，又送回来。他一回来第二天就故意和我吵架，用书打我的头。当时，我就打电话和我爸爸说了。我爸第二天就来到学校说他了。后来，他消停了一段时间又开始找我麻烦，把我的作业本都撕烂。再加上我觉得自己的学习也跟不上，所以就不想继续读书了。在学校用钱又多，家里还有弟弟要读书，所以六年级第一学期期末没参加考我就回家了。我的父母没有骂我，只是说了一两句而已。”辍学后，邓英在 QQ 上认识了马窝寨的凤留胜，两人年龄相差 14 岁。邓英还瞒着父母偷偷从大冷水寨跑到马窝寨的男朋友家里住。她父亲知道后，来到马窝寨想把她带回家去，结果她偷偷和凤留胜跑到贺州市八步区去，邓英的父亲只好自己回到大冷水。2015 年 8 月，他们两人一起去广东找工作，现在也不知道他们在广东是否能找到了合适的工作。[①]

土瑶学生受到欺侮后，怯懦的性格通常使得他们不愿意继续在学校读书，校方又不干预，家长又干预无效，所以有部分学生小学没毕业就已经辍

① 信息提供人：凤留胜；访谈人：何彩秋；访谈地点：马窝寨；访谈时间：2015 年 7 月 25 日。

学在家。小小年纪又不能跟大人到山里干活，想出到外面找工作既没有身份证又没有文化，所以只能在村里闲逛着，无所事事，女孩子就会有早恋的现象。土瑶人爱喝酒，辍学在家的孩子学家里的长辈喝酒、抽烟，家长也不管，而且有一些学生在半夜偷偷骑着家里的摩托车到沙田镇上的网吧通宵上网。山路崎岖，而且他们的车技又不成熟，在半夜骑行更容易引发交通事故。狮东村小冷水屯就有一个辍学在家的男孩子半夜偷偷开着家里的摩托车到沙田镇上上网玩游戏，不料在快到沙田镇的路上撞到了人，后来那个人闹到家里来，强行要那个孩子的家人赔了几千块钱，这对于家庭条件本来就不好的土瑶来说，这就成了一个沉重的负担。

三、师资状况

土瑶地区的教学点，师资力量薄弱，教师严重缺乏。如果把一个教学点的师生全部召集起来，看到的是 10 多个小孩子排成一排，上面孤零零地站着一个老师。土瑶地区的教学点几乎都是这样的景象。每个教学点一般只办到二年级，只有一个教师，村委会驻地的教学点情况相对好一些，会办到四年级或五年级，通常也会有 4 个以上的教师。土瑶文化水平低，初中毕业的没几个人，教师一般都是 20 世纪 80 年代初中毕业后去到贺州师范学校读师范专业后回到当地任教。

马窝寨教学点的教师只有盘道养老师一人。盘老师是马窝本寨人，现年 55 岁。他小学在马窝读到五年级，当时马窝还办到五年级。20 世纪 70 年代以前，小学只有五年制，初中为两年制。盘老师小学毕业后到狮东村（白虎）读两年初中，毕业后又到沙田中学读了两年高中，1978 年到贺县师范学校读了两年中师。1980 年参加工作，最早是在沙田的龙中小学教了一年半，之后在马窝、冲办、新民、水湿等教学点教学，1998 年回到马窝教学至今。现在已经成为公办教师，每个月的工资也有 3000 元，这在土瑶山区已经称得上是高收入人群了。在还没正式成为公办教师之前，每个月的工资只有 900 元。盘老师在周末和课余时间除了干农活，还喜欢出去捕鸟、打渔和采草药。去过最远的地方是上海，是政府拨款提供给山区特困教师一起出游的机会。2010 年起了新房子，儿子盘冬客 2003 年初中毕业之后就到梧州读职业学校，专业是电子商务，现已经回家务农，结婚生子了。盘老师的文化水平在村里算是最高的，以前逢年过节村民都请他帮写对联，他自己也比较乐意。马窝教学点只有他一位教师，如今已经教了十几年。平时若是家里有什么婚丧嫁娶之事，学校就不得不放假。他一个人教语文和数学，因为两年才招一次学生，所以今年上完一年级的课，明年再上二年级的课。不管学生年龄的差别，都统一教学。送走一批学生之后再重新招收新的学生。

土瑶教师自身的文化水平不高，而且处在长期闭塞的环境下，对外界的新知识知之甚少。他们都是在 20 世纪 70—80 年代受学校教育的人，对现代的多媒体技术几乎一无所知。教师的年龄一般都在 40 岁以上，而且都是已经有家室的人，课余时间还要上山去干活，没有空闲时间去学习新知识，也就无法提高自身的教学能力和教学水平了。沙田镇土瑶的每个教学点都配有一台电脑，还在教室的楼顶上装上一个信号接收器，但是由于山里经常接收不到信号，而且最主要是老师本人自己都不会用，所以更不说教学生使用了。在村委所在地的新民小学和狮东小学，配有电脑室，学生每周有一节电脑课，老师主要是教学生打字之类的简单操作。那些会使用和操作电脑的都是从外面来的老师，一般待 2—3 年就离开了。若是他们走了，没有其他新的老师进来，留下的老师又不会操作电脑，电脑也只能当作是摆设了。土瑶本地有点文化知识的人不多，所以很多老师都是过山瑶或其他外面来的老师。沙田镇有 10 个土瑶自然村，设立了 8 个教学点，其中有 4 个教学点的教师是附近其他村的过山瑶，有 3 个教学点的教师是土瑶，马窝寨教学点便是其中之一。另外，还有一个教学点的教师是土瑶、过山瑶和汉族的老师共同教学，算是土瑶各村中最大的一个教学点了。土瑶山区条件艰苦，教师以男性居多。过山瑶的教师一般是附近村寨的人，汉族教师都是从外面调进来的。从城市里调来的教师，他们多数不适应山区既闭塞又枯燥的生活，只不过是把这里当成一个跳板，一有机会到其他更好的岗位就一定会离开。过山瑶老师不住在学校里，每天开摩托车往返家里和教学点一次。“上面把从外地来的教师都安排在村委会所在地的教学点，而把我们这些原本在那些教学点教学的老师安排到其他的小教学点。我们有些年纪大了还要天天走山路来上课。”这是在其他土瑶村寨教学的一个过山瑶老师对我们说的。不过，这些过山瑶的教师到土瑶教学点教学也是有轮班的，他们每个人待两年，两年之后又回到原来的教学点，还有一些是直接调到外地去了。我们在 2014 年 7 月到沙田镇的一个土瑶村寨调查时，听说有一个过山瑶的大学生刚刚到土瑶的教学点教学。可是过了一年之后，当我们再次问起那个大学生还在不在时，村民说他上完一个学期之后就考试考到外面其他的学校去了。近年来，虽然马窝教学点没有过山瑶或其他民族的老师经常来教学，但是曾经也有过类似的情况。若是他们本村没有教师，那教师的流动情况和其他土瑶教学点肯定是相似的。用马窝寨民们的话说就是："那些外地的老师觉得山里太苦了，待不了多久的，他们都还没学会几句我们的土瑶话就走了。"土瑶教学点教师队伍流动性大，教师职业素养低，教师人数严重不足等现状和问题，仍然是制约土瑶社区学校教育发展的症结所在。

第三节　学校教育的变迁

"教育作为社会的子系统，一方面随着社会变迁而变迁，另一方面又以其独特的功能影响着社会发展和变迁。"[①] 土瑶地区的文化教育和其他瑶族支系一样，民众从最初一字不识到部分民众开始学会写字、认字的过程。从最开始的"愚昧"到通过请山外的汉族教书先生进山教学，开设私塾，而使得个别土瑶孩子学会了写字、认字。中华人民共和国成立后，从 1952 年开始在土瑶地区开办学校。虽然发展进程缓慢，但是土瑶的学校教育因此得到极大的改善。1986 年九年义务教育的推行，土瑶享受到与其他民族同等的受教育权利，虽然因为教育资源配置不均，而导致土瑶的学校教育还存在许多弊端。但对比解放前后，1980 年以来的土瑶学校教育在教育规模、教育内容方面都明显出现了不同程度的变化。

一、教育规模的变化

教育是传播文化的一种途径，也是改变命运的主要方式。在贫困的土瑶山区，在温饱问题尚不能解决的年代里，学校教育根本无从谈起。"几乎人人都是文盲。"这话放在解放前的土瑶人身上一点都不夸张，他们世代居住封闭的小山村，没有学校学习文化知识。在他们看来，填饱肚子比念《增广贤文》那些来得更实际一些。20 世纪 50 年代以前，土瑶山区没有正规的学

① 袁同凯:《走进竹篱教室：土瑶学校教育的民族志研究》，天津：天津人民出版社 2004 年版，第 227 页。

校教育，95% 以上的土瑶子女没有读书识字的机会，只有赛迭识些汉字，妇女的文盲率100%。[①] 文化教育反映了一个社会的发展进程，教育规模的变迁同时也反映了一个社会的变迁。

1956 年马窝在两间泥土房里建成教学点，最早一批学生不足 10 人。两个过山瑶的教师，开办一年级至五年级，在土瑶山区算是规模较大的教学点了。2004 年政府资助修建新校舍，改成混凝土结构的教室，三间教室和一间老师办公室。一个年过 50 岁的土瑶教师，12 个学生，学生年龄在 7—9 岁之间，每两年招一批新生入学，只有一个年级。学生在教学点学完之后到新民小学读三年级和四年级，五年级和六年级要到沙田小学就读。每个想要读完小学六年级的学生都要更换三次教学点，这种情况还导致一个严重的问题，即学生辍学率的升高。2015 年春季学期，马窝寨有适龄学童 45 人，而辍学在家的有六人，有五人是初二或初三时辍学在家，有一人是小学四年级就辍学，年仅 11 岁，辍学率为 13.3%。入学的 39 人中，有十人在马窝教学点上学；九人在新民村小学就读；七人在沙田镇小学上五年级、六年级；八人在沙田一中上初中；两人跟随父母在公会镇读初中；一人跟着父亲在广东省读小学；一人在松木镇小学读六年级；一人在八步区上小学四年级。2015 年 7 月，马窝寨有两人初中毕业，但都没有参加当年的中考。

土瑶因为居住分散，每个教学点的学生很少。老师一个人负责所有科目的教学，兼当校长，负担很重。教师除了日常教学之外，还要参与家中的农活，没有时间安排课外活动。因为合并教学点，许多土瑶学生离开家到新民村或是沙田镇上学，经常会出现不适应的情况。在新民村和过山瑶学生一起学习，土瑶学生经常被过山瑶学生欺负，有些学生因而不想去上学。马窝寨现有一个辍学在家的学生就是因为在新民村和同学打架而偷偷跑回家，父亲送回新民小学一次后又自己偷偷跑回家，之后就再也没有回去读书。现在整天在村里闲逛，小小年纪就学会抽烟喝酒，又因为年龄小，平日里也无法跟父母上山干活。马窝寨的学生在新民小学读完四年级后到沙田小学读五年级。沙田小学的学生有瑶族、汉族和壮族的学生，土瑶学生从小生活学习在农村，文化基础差，在班里的成绩常常是倒数。再加上家庭经济条件不好，来到镇上读书之后自卑心理更加强烈。因此，土瑶学生极易产生厌

① 袁同凯:《走进竹篱教室：土瑶学校教育的民族志研究》，天津：天津人民出版社 2004 年版，第 103 页。

学的心理，家长又常常忽视子女的学习。虽然马窝寨部分家庭的经济相对好一些了，家长每个星期都给上学的子女几十块钱的生活费，但是很多土瑶学生拿着父母给的生活费上街买零食或者到网吧打游戏。一些初中生还吵着父母给自己买手机，父母不答应就威胁说不想去学校了。家长白天忙于家里的农活，晚上没有精力去关心孩子的学习。有些家长因为自己没有文化，所以也不知道如何去指导孩子学习，再有就是有些家长对孩子的教育常常不放在心上，都不知道孩子在学校的表现如何。每个学期学校开家长会也只是去听听，回来后也不知道要怎么去做。家长对教育是否能改变孩子的未来，也是持怀疑态度的。

马窝寨初中毕业后去职业技术学校读书的几个人中，大部分还是没有真正走出大山，甚至还回家和没有读过书的人一起务农。父母简单地认为，送孩子去上学是为了让他们会写自己的名字，会一些简单的加减法，去沙田“赶闹子”不被别人坑骗就行了。“读书无用论”在马窝土瑶的观念中根深蒂固。比如马窝盘老师他们那一届 16 个同学一起在狮东初中上学，毕业后有两个同学当了村干部，一个当了教师，其他人都回家务农了。学生对教育也不抱有什么大的期望，他们选择去读卫校、师范或其他不用看分数也能被取录的中专技校，因为他们知道若是凭着自己的实力参加统考，希望十分渺茫。若是家里还有条件让他们继续学习，他们更愿意去技校学习两三年，毕业后学校还会安排到工厂里打工，当然也有一些从技校毕业后回家务农的。很多人都认为学校教育对他们的人生没有起到多大的改变，所以更加不想学习。土瑶村的教学点设备简陋，师资力量薄弱，一个教师守着一个教学点，教师队伍中没有新鲜血液注入，学生流动性大。现在有一些村寨的个别学生跟着外出务工的父母一起到广东等沿海一带就学，但由于学费太贵，去了一两年之后又不得不回到村里的教学点学习，而父母又还在外地务工，学生就成了留守儿童。解放前，私塾教育在土瑶地区并没能够一直延续，发展也没有规模，受众面极窄。“20 世纪 50 年代之后，基层地方政府开始陆续在土瑶山寨开设教学点，派山外的壮族或过山瑶老师进山任教，才结束了土瑶社区没有学校教育的历史，但五十年来，土瑶的学校教育发展相当迟缓。”[①] 如今几十年过去，土瑶山区里文盲半文盲的窘境虽然没有得到解决，但是部分

① 袁同凯：《走进竹篱教室——土瑶学校教育的民族志研究》，天津：天津人民出版社 2004 年版，第 104 页。

年轻人已经开始熟练使用手机和电脑上网，相信他们的子女在教育上一定比他们有所进步。

二、教育内容的变化

土瑶学校教育起步晚，发展进度相当缓慢。解放前的私塾教育主要在小范围内进行，只有个别人才享受到山外汉族或壮族教书先生的教学，教学时间一般都不超过 3 个月，教学内容为《增广贤文》四书五经之类。解放后，土瑶各个村寨都设立教学点，土瑶学生和山外学生一样学习到了现代文化知识。教师在力所能及的范围之内教导学生学习，向学生灌输现代教育体系下的新知识。

由于土瑶山区没有学前教育，儿童在进入学校前都是在村里的树上或山上玩耍。从小父母都是用土瑶话和他们交流，过去也没有电视等现代媒体的传播，所以极少接触到普通话。直到现在，一些还未进到小学读书的孩子仍然不会讲普通话，当山外人用普通话和他们交流时，他们只是疑惑地看着或者跑开了。“学生上学后因为语言的障碍，上课时，老师先用普通话带学生朗读课文，然后再用瑶语解释课文的内容，并帮助学生看图识字。”[①] 现在土瑶教学点的教师都是本地的土瑶或是过山瑶，学生平日使用普通话的机会远远少于本地瑶话。土瑶山区的学生对花草树木、鱼虫鸟兽的感知和理解比城市中的学生更多，而对现代知识体系下的飞机、网络以及球类等物品却知之甚少，这与他们的生活环境密切相关。土瑶教师队伍中急需新鲜血液注入，需要见识丰富的教师来教导和讲解土瑶社会之外的新鲜事物。土瑶教师，特别是教学点的教师需要用普通话和瑶话进行“双语教学”，需要本民族或是其他会使用土瑶语言的教师。但是若是在土瑶中招聘教师，却往往难以实现，因为马窝寨到目前没有高中毕业生或是大学毕业生，可以从教的人少之又少。如果现在的教师退休了，真的很难从本村找到可以顶替他的人，而如果从其他地方招来新老师，又有可能像前文说的那样，导致教师队伍的流动性大，这样又影响到土瑶教学的质量，而且也不是一个长久之计。

教学点的教学设备更新远远跟不上山外的节奏，老师还在三尺讲台上用粉笔在黑板上一笔一画的教学生读书认字。随着政府部门对山区教育的关

① 广西区编辑组:《广西瑶族社会历史调查》(三)，北京：民族出版社 2009 年版，第 212 页。

注，沙田镇上的小学和初中的教学设备则相对好一些。沙田镇上的小学和初中上课时都采取了幻灯片教学，教育形式出现了很大的变化。小学五年级之后到沙田小学上学的土瑶学生普遍都会讲普通话，也比山里的其他学生掌握了较多的现代知识。他们知道使用电脑上网，了解更多城市里的新知识。袁同凯在他的著作中讲到，过去实行“土瑶班”的教育内容脱离土瑶学生的实际生活、主流学校文化与土瑶社区文化之间存在冲突。[①] 现在的土瑶学生不仅仅从教师那里学习到知识，还从电视或电脑等网络媒体中学到新知识。调查中，当我们问马窝寨的学生想在马窝小学读三四年级还是去新民小学读书时，很多学生都说在自己村里的教学点学习太无聊了，想尽快去新民小学或是沙田小学读书。外界的新事物在吸引着土瑶学生，土瑶学生也急需走出去才能掌握更多的新知识。过去“土瑶山区的学校教育只是在不断地复制只能生存与土瑶社区、从事父辈那单一社会生产方式的生力军，离开这个相对封闭的社会环境，他们大都找不到生存的空间。”[②] 由于文化基础差，即使是在教学设备和师资力量都较好的沙田镇上就读，土瑶的学生学习成绩依然很差，其中有来自许多方面的原因。在马窝寨教学点的学生都是一年级或二年级的学生，平时开始成绩普遍很差，很少有人能考上 90 分，一般 50 分或 60 分的人较多，甚至还有的学生考了 10 多分。每次我们问起在沙田镇上学的土瑶学生的成绩时，他们都说自己成绩不好，过山瑶和汉族的同学成绩比较好。

图 6—2　在村里四处玩耍的孩童以及一个人在家照顾妹妹的小女孩

① 袁同凯:《走进竹篱教室：土瑶学校教育的民族志研究》，天津：天津人民出版社 2004 年版，第 185 页。

② 袁同凯:《走进竹篱教室：土瑶学校教育的民族志研究》，天津：天津人民出版社 2004 年版，第 145 页。

三、教育变迁的原因

土瑶的学校教育从20世纪50年代后开始出现了改变，从原来的“几乎人人都是文盲”到现在越来越多的人进入到课堂学习文化知识。多数土瑶人知道如何书写自己的名字，能听得懂电视里面的普通话，也能用普通话与外人交流。新中国成立后，土瑶作为偏远山区的少数民族群体，其文化教育特别是学校教育得到了党和政府的关注与支持，政府的力量在很大程度上推动着土瑶学校教育的发展。从20世纪80年代开始，土瑶民众解决了温饱问题，部分家庭开始注重子女的教育问题。袁同凯的《走进竹篱教室》一书出版发行之后，土瑶的学校教育更是得到社会的广泛关注。所有这些原因都在无形中影响和改变着土瑶的学校教育。

（一）家庭因素

1949年前的土瑶山区，温饱是首要解决的问题。土瑶家庭没有足够的财力物力支持子女上学。1949年后，特别在田地包产到户，每个家庭都急需大量的劳动力，而作为半个劳动力的未成年人不得不承担家里的部分家务，特别是长子长女。他们要在家里照顾年幼的弟弟妹妹，到时间了还要烧火煮饭菜，等着在山里劳作了一天的大人，根本没有机会坐到教室里和其他人一样学习。在土瑶社会，虽然“重男轻女”的观念不是特别强烈，但是女性在受教育问题上却处于弱势地位。特别是长女，她们的童年更多的是要照顾年幼的弟弟妹妹。等到弟弟妹妹长大了，自己也错过了上学的年纪。盘老师说，在教学点开办之初，老师和村干部每个学期开学时都去动员没有送子女来上学的家长，但仍然有很大一部分的家长以家中没有劳动力为由迟迟不愿意送子女入学。在他们的观念里，上学读书除了花钱没有任何直接的回报。他们尊重作为“文化人”的老师，但却忽视了自己子女的学业。正如袁同凯在《走进竹篱教室》一书中所说的那样，当今的土瑶人处于自相矛盾的两难境地。他们一方面尊重教师，另一方面却忽视“知识”。[①] 即使把子女送去上学了，他们也不相信子女能通过学知识改变一辈子在山里劳作的命运。

① 袁同凯:《走进竹篱教室：土瑶学校教育的民族志研究》，天津：天津人民出版社2004年版，第236页。

很多家长对子女在学校的学习情况也不是特别关心，子女从学校带回来的试卷或成绩单很多都只是看一下就完了。考得好就会夸一两句，考得不好也不会责罚，但更多时候都是考得不好，家长很少在学习上与孩子有什么交流。一方面是不放在心上，另一方面是家长自身的文化水平有限，特别是母亲，几乎是文盲。他们不可能在学习上对孩子的学业有什么指导。黄淑娉、龚佩华两位学者的报告中也提到土瑶的家长不愿意让孩子多读书，总想叫孩子帮着做家务干农活。

家长的观念在很多时候对孩子产生很大的影响。现在马窝寨之所以有越来越多的孩子能进到学校学习，父母的观念特别是父亲对子女教育的支持是最为关键的因素。马窝寨的小学生入学率几乎为百分之百，这与过去“几乎人人都是文盲”的情况相比有了天壤之别。现在的家长几乎都是“70后”或“80后”，他们在20世纪80年代或90年代接受了文化教育，特别是一些“80后”的家长都是初中毕业生。他们在年轻时也去到广东等地方务工，在大城市待过的他们了解到知识的重要性，因此在对待子女的教育问题上，都持支持的态度。

【案例6—2】 盘七连初中毕业后到广东进厂打工，是马窝寨最早一批外出打工的年轻人。2003年，他和同村的好友到东莞、深圳等地打工，因为文化水平有限，干过很多的苦力活。在广东待了5年之后回来学习驾驶，现在的工作是开着大货车帮山里的各个村寨运送建房子的钢筋、水泥等材料。其妻是鹅塘镇小苦竹的土瑶，也是初中毕业，现在贺州某酒店当服务员。因为经常往返于村寨和沙田镇或贺州市里，所以在沙田镇上租了房子，现在把子女都接到沙田镇上一起生活。大女儿6岁，小儿子4岁，都在沙田镇上的幼儿园就读。整个马窝寨65户，就只有两户人家的小孩是在沙田镇上幼儿园的，他家是其中之一。[①]

这两户人家的共同点是父母都是初中毕业生，有的甚至上过中专技校的，他们比较重视子女的教育。另外就是他们家里的劳动力充足，家里的农事活动不需要小孩的参与。比如我们的东家盘七连，他们家是四代同堂的大

① 信息提供人：盘七连；访谈人：何彩秋；访谈地点：马窝寨；访谈时间：2015年7月30日。

家庭，而且第三代是两兄弟同住，家里男女老少加起来共有 10 人。盘七连常年在外开车帮村民运货物，家里的农活主要由父母、弟弟和弟妹操劳。如果是播种收割的农忙时节，他也会回来一起帮忙。现在在沙田镇照顾两个孩子生活的是盘七连的外婆。另外，他弟弟有一个刚满 1 周岁的小孩，平时家里 4 个劳动力轮流照顾。他们家的劳动力人口多，而且得到合理的分配和利用。家里的小孩不用为了照顾弟弟妹妹而面临无法上学的问题，而且家庭劳动力的合理利用也能创造出更多的财富。

（二）经济因素

家庭劳动力的合理利用能够给家庭带来更多的经济利益。现在土瑶人的生活条件变好了，人们不愁吃了上顿就没下顿。而在家庭经济来源多，家庭生活宽裕之后，就有足够的财力和物力支持子女的学校教育。

新中国成立初期，土瑶人还过着缺衣少粮的生活，温饱问题尚不能得到解决，更不用说发展学校教育了。即使请山外的汉人来到土瑶村寨里开办私塾，也只是个别家庭经济比较宽裕的子女有读书识字的机会，多数家境贫寒的子女还是游离在学堂之外。土瑶学生生活在条件差的山区，家里的经济能力无法支撑他们在学校的费用，即使能够进入到学校里，也担心有一天会因为家里没有经济来源而面临辍学。马窝学生要到新民或沙田去读书，除了缴纳学费外，每个星期父母还需要给子女伙食费，虽然只是几块钱，但对于一般的土瑶家庭来说已经是一笔不小的开支了，特别是在尚不能解决温饱问题的年代，进学校受教育是一种奢望。在土瑶人的观念中，读书识字的费用是一项十分昂贵的支出。即使到了经济生活条件较好的今天，他们仍然是这样认为。不可否认的是，把一个人从幼儿园到大学的所有受教育的费用加起来，即使很节省，仍然是一笔数目不小的费用。但是，土瑶没有学前教育，而且现行的九年义务教育之下，土瑶人的教育费用实际上并不多。他们上小学、初中不用交学费，而且每个月还有补贴。现在入学只是缴纳一些其他费用，如马窝寨的盘七连反映到，每个住校的小学生在开学注册时要交 130 元的伙食费、90 元的书费和 40 元的保险费，每个学期共交 260 元。[①] 现在人们的生活变好了，子女每个学期开学所需的几百块钱费用都能凑齐。近年来

① 信息提供人：盘七连；访谈人：何彩秋；访谈地点：马窝寨；访谈时间：2015 年 7 月 30 日。

的教育支出对土瑶家庭来说没有像以前那样成为沉重的负担，有些家长还是竭尽所能供孩子上学，甚至有些家长带着子女到镇上来上幼儿园，有一种想让自己的子女与城市里的学生站在同一起跑线上的意思。我们所住的东家和另外一家的子女都在沙田镇上幼儿园，每人每年需要缴纳3000元的学费。这对于村里一般的家庭来说其实是一笔不小的开支，但因为这两家人的男主人都开着货车给各个村寨里的人运输建筑材料，在经济收入上与其他村民相比则显得比较多一些。因此，他们有足够的经济能力来为自己的子女提供更好的学习和生活环境。另外，马窝寨还有一个女生在八步上小学，家长每年缴纳10000元送她到贺州市区的一所全托小学读书。这个女孩子的家庭算是村里比较富裕的了，父亲是村里的木工，平时用4—5天的时间给村民做一个打谷机都能赚几百元钱，加之其大女儿和大儿子都已经在外打工，也能为家里增加一定的经济收入，所以对于小女儿每年10000元的学费，在他家并没有成为沉重负担。村里经济条件好的家庭尽量让子女接受更好的学校教育。

土瑶人过着从一日三餐吃红薯、芋头到现在每餐都可以吃上白米饭的日子，经济条件明显得到了改善。人们不再只是想着如何才能吃上白米饭，而是想着如何才能过上更舒适的生活。他们羡慕村里唯一的“文化人”即教师，而且有些人曾经到城市见识很多事物，渐渐发觉知识的重要性。因此，一旦回到自己的生活圈子就会想办法让自己的子女学到更多的知识，日后才有可能过上与城市人一样的舒适日子。过去，对于喜欢喝酒的土瑶人来说，把拿来送子女上学的钱拿来买酒才是最实在的，因为送子女上学是没有直接效果的，而喝酒能有暂时的满足感。现在土瑶的家里经济条件变好了，特别是已经建好新房的家庭，供子女上学读书就成为最主要的任务。而若子女学习成绩优秀，家长也会觉得特别有面子。当然，经济条件变好是一方面的原因，还有更重要的是家长的观念已经改变。

（三）社会因素

土瑶过去因为久居深山，与其他族群的交往并不多。即使有交往，也是在沙田镇内与汉族、壮族或过山瑶等群体有往来。解放前，很少有土瑶人走出大山，甚至贺县都没去过。20世纪60年代，社科院对少数民族进行社会历史调查，一些学者开始关注土瑶。1988年，黄淑娉、龚佩华两位学者关于贺县土瑶社会文化的调查报告，成为民族学、人类学研究土瑶社会文化最早的资料。袁同凯《走进竹篱教室：土瑶学校教育的民族志研究》一书的出版，让更多的人了解到土瑶社会，他们的社会经济、文化教育都需得到社会的关注与支持。土瑶的学校教育受到外界的关注之后，境况有了很大的改善。很多社会爱心人士纷纷慷慨解囊，捐钱捐物给山里的土瑶儿童，一些学生也因此得以继续留在学校学习。袁同凯在其著作中举了不少因为外界的资助而使得辍学的学生得以重返校园的例子。在马窝寨，社会资助并没有波及到，外界对土瑶学生的资助主要受益者是鹅塘土瑶学生，沙田镇土瑶学生很少享受到。当然除了外界的资助之外，家长因为受到外界的影响而转变观念，开始支持子女上学接受文化教育，这也是土瑶教育发生变化的社会原因之一。马窝寨离沙田镇不远，几乎每天都有人往返于村里和镇上，很多家长与外界的交往增多。在交往过程中，他们逐渐意识到知识在生活中具有的重要作用。现在加上电视等媒体的导向作用，不少家长希望自己的子女将来也能过上城里人的生活，而不用再回到农村里继续老一辈“日出而作日落而息”的辛苦日子。土瑶学生在学校的成绩比较差，又因为从小在山里长大，经常受到其他民族同学的欺侮，但是又生性胆怯，受到欺负了也不怎么敢告诉家长或老师，有些学生因为害怕被欺负而不敢进教室和宿舍，经常偷偷跑出学校去网吧上网玩游戏或是直接回家。比如，在马窝寨有一个学生在沙田学校受欺负后，半夜一个人走了 9 公里的山路回家。虽然土瑶年轻人早恋早婚的习俗由来已久，但是在如今通讯发达的社会里，土瑶在校学生通过手机短信或上网聊天软件谈恋爱的现象越来越严重。因为处在一种不良的社会环境，土瑶学生常常会染上一些社会恶习。抽烟、喝酒、打架、上网玩游戏、谈恋爱等行为严重影响了学生的学习。因此，社会的导向作用对土瑶学生来说并不都是积极的，也有带来消极的影响。

（四）政府因素

土瑶居住偏远山区，他们很想得到政府和社会的关注，但苦于没有可以依靠的人际关系。“一个族群参与地方政治的程度可以表明该族群在社会中所占有的地位和政治资源，即在社会中处于支配地位还是被支配地位。政治上的支配与从属、主动与被动，在很大程度上影响着一个族群的政治、经济和文化教育的发展。”[①] 地方政治资源对解决本地的教育问题有着重大的作

① 袁同凯：《走进竹篱教室：土瑶学校教育的民族志研究》，天津：天津人民出版社 2004 年版，第 238 页。

用。沙田镇土瑶内部现在没有在政府机关工作的人，曾经在职的两位土瑶干部已经退休或去世。土瑶的学校教育迟迟得不到发展，这与政府的关注和重视不够有关。从土瑶人逃迁到大桂山脉直至20世纪50年代，基层地方政府从未考虑过土瑶学校教育的发展问题。[①]

马窝寨教学点直到2004年才搬迁到新的校舍。新校舍由市教育局资助，村民出工出力建成。据某些村干部说，政府虽然对土瑶的教育表示担忧和同情，但是政府用于扶植土瑶山区教育的款项常常不到位，即使有这样的款项，也主要用于乡镇或村级中心小学的建设和发展，其他教学点是没有资助的。马窝的教学点除了2004年建校时政府资助修建校舍的资金以外，之后再也没有得到任何补助。现在校舍的地板、墙壁、窗户都已经出现不同程度的破损，但却迟迟得不到修善。虽然是只有十几个学生的教学点，但是他们同样拥有享受公共教育资源的权利。政府相关单位资助建修土瑶山区教学点的教学设施，村民会觉得政府对土瑶的教育还是关心的。2004年，马窝寨还没有几户人家在混凝土结构的楼房里居住，校舍建成之后已经算是村里比较好的一幢建筑了。学生可以坐在敞亮的教室里学习，家长当然会对子女的未来增添了几分信心。对于土瑶山区的教育发展步伐缓慢，甚至止步不前，政府相关工作人员很少进到土瑶山区中去关心民众的生活。马窝寨盘老师说，沙田镇镇政府相关工作人员每年有一至两次到马窝教学点来视察工作，一般待四五个小时就回去了。主要在教学点通过老师了解小孩子的学习情况、老师的教课和作业批改的情况，不会亲自到每个小孩子的家里进行家访。那些原本在新民和沙田读书的学生辍学在家时，学校领导或是老师不会亲自打电话给家长，更不用说到家里来劝说学生回去继续入学了。[②]“如果从《教育法》的角度审视，国家和基层地方政府应对土瑶儿童的学业失败负有一定的不可推卸的法律责任。”[③]政府虽然在2003年重新设置土瑶班，但成效不大，他们并没有为土瑶山区输出一个高等人才。政府对土瑶学校教育所给予的支持和关注在某些方面是有缺失的，比如对土瑶教师队伍的建设。土

① 袁同凯:《走进竹篱教室：土瑶学校教育的民族志研究》，天津：天津人民出版社2004年版，第121页。

② 信息提供人：盘道养；访谈人：何彩秋；访谈地点：马窝寨；访谈时间：2015年7月28日。

③ 袁同凯:《走进竹篱教室：土瑶学校教育的民族志研究》，天津：天津人民出版社2004年版，第135页。

瑶山区教学点的教师在未取消民办教师之前，基本都是民办教师，每个月只有几百块钱的工资。他们为山区的教育事业打拼，但与劳动所得相比却形成巨大反差。现在山区的教师工资水平稍有提高，但是山外的教师却不愿意进山。即使他们愿意进到山里来，政府为了教师的人身安全，往往只招收男教师，而且一般只安排到村级的中心小学，教学点的教师只能继续由当地的瑶族担任。当地本民族的教师一般年纪都比较大，而且受教育水平不高。调查过程中，在谈到认为村里的教师教学如何的问题上，很多村民会说："我们瑶山里的教师水平都不高的，而且现在老师的年纪也大了，教得也不怎么样了。"①很多家长都希望这个土瑶教师退休了以后，如果政府能够安排一个大学生进到山里来教书就好了。

政府为改变土瑶的教育做过努力，他们也支持土瑶的教育事业。从修建校舍、开"土瑶班"这样的举措就可以看出来，但是力度不够。他们对土瑶教师的扶植从20世纪80年代保送一些初中毕业生去到桂林或贺州学习，中师毕业就安排进山教学。这项优惠政策结束之后，土瑶教师队伍的建设就一直止步不前。土瑶山区的教育随着时间的推移并没有一直前进，而是停滞甚至倒退。土瑶的教育急需得到政府的持续关注和支持。正如袁同凯在《走进竹篱教室》一书中提到的："只要基层地方政府支持、地方要员重视，少数民族学校教育的发展就有希望。"②

① 信息提供人：盘增养；访谈人：何彩秋；访谈地点：马窝寨；访谈时间：2015年7月28日。

② 袁同凯：《走进竹篱教室：土瑶学校教育的民族志研究》，天津：天津人民出版社2004年版，第184页。

第七章　土瑶与相邻各族关系

民族关系是民族与民族之间的关系，是各民族之间在政治、经济、文化、语言等方面的相互关系。民族关系的发展趋势主要有两类：一类是良性互动，是民族之间在平等团结的背景下进行的互动，不断地进行交融的过程；另一类是恶性发展，是民族之间在日常互动中不断发生矛盾，并且矛盾逐渐激化，导致民族间的隔阂加深的过程。土瑶与周边民族之间的关系，经历了民族关系从恶性发展到良性互动的过程，并且在不同的历史时期，民族关系也不仅仅是恶性发展或良性互动这样简单的划分，而是互相交错的过程。本章我们将详细考察马窝土瑶与相邻各族关系的变化，以便增强我们对于马窝寨土瑶社会文化变迁的总体认识。

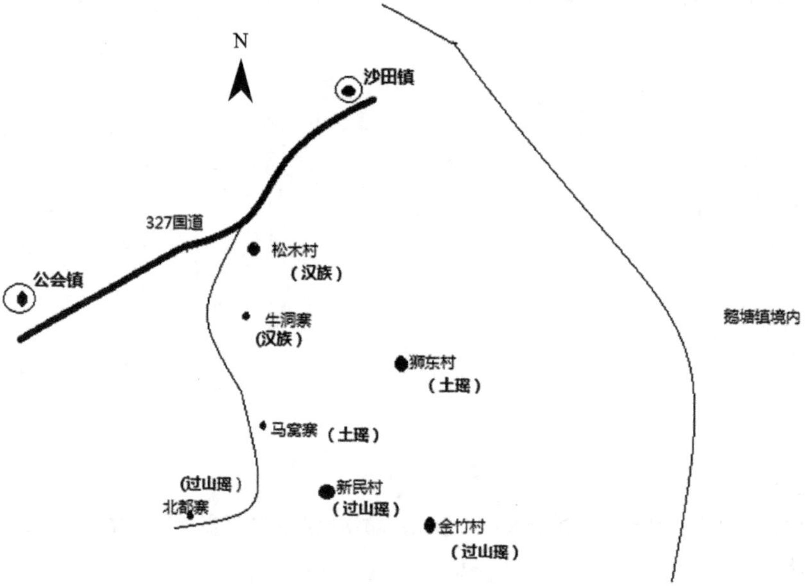

图7—1　马窝寨与周边部分村寨的区位分布图

第一节　民族关系的历史

土瑶作为偏远山区的少数民族群体，不仅在地理位置处于边缘，他们的政治、经济、社会地位也都处于社会的边缘。土瑶人生活的沙田、鹅塘两镇周边是汉族、壮族和过山瑶等族群居住，而与土瑶日常生活交往交流最为密切的是汉族和过山瑶。土瑶自称“育棉地”，意为“瑶人的地方”；称过山瑶为“归带”，意为“过海”，因为过山瑶是海上来的；称汉族为“干”，也称过山瑶为“干”，意为外人。[①] 通过了解历史上土瑶与周边民族的相处关系，再来分析和对比今天土瑶与他们之间的关系变化，才能更好地了解土瑶社会历时性的变化过程，以及文化和心理是如何变化的。而通过了解民族关系的变迁，才能更彻底地掌握土瑶与其他人群之间的交往和互动，从而在整体上把握土瑶历时性的社会文化变迁。

一、土瑶与过山瑶的关系

土瑶和过山瑶是两个不同的瑶族支系，居住环境和生活习俗大体相同，但也有许多不同之处。过山瑶根据服饰、语言、风俗习惯的差异，又区分为平地瑶、尖头瑶。沙田镇的过山瑶主要是尖头瑶，他们在结婚等喜庆之日头戴一个尖头状的帽子而被称为“尖头瑶”。他们认为祖先在200多年前，从湖南江华迁来，来到沙田之后进山租种土瑶人的山场来耕种，久而久之就在大桂山里定居了。

沙田镇的土瑶和尖头瑶都居住在大桂山深处，村寨之间距离不远，寨与寨之间都有小路通行。土瑶认为，自己比过山瑶最早在大桂山上定居，而且世代勤劳，定居之后就开辟了广阔的山场。后来过山瑶到此定居之后就租种土瑶的土地来种植旱地作物。“过山瑶要想在土瑶地区开种山地，必须征得土瑶同意，当地称之为‘批种’。这些批种都是村对村的，虽然不收地租，

① 广西区编辑组：《广西瑶族社会历史调查》（三），北京：民族出版社2009年版，第197页。

但秋收后批种者要宴请土瑶，届时土瑶村每户派一名代表赴宴。”① 但据一些过山瑶老人回忆，当时过山瑶租种土瑶的土地耕种时，虽然不收租金，但每年秋收之后还要给土瑶一些旱稻或红薯之类的杂粮。过去，土瑶和尖头瑶除了在经济生产上有往来之外，在其他方面的交流相对较少，比如土瑶和尖头瑶历史上几乎不通婚嫁。“马窝寨土瑶与北都过山瑶相距仅一公里，两村也不通婚嫁，且彼此很少来往，心理上保持一定距离。”② 北都寨和马窝寨都属于新民村委管辖，2010 年北都寨共有 12 户，共有 65 人，都是过山瑶。北都寨最初只有 6 户人家，之后从新民的各个过山瑶村寨陆续搬来几户，之后有一些家户分家，直到现在还只有 12 户。北都寨至今未通高压电，是沙田镇唯一还未通高压电的村寨。村民只能每家每户在山冲里自制小水电站，所发电量可供应一家人的日常使用，如照明、播放电视机都没有问题。北都寨与马窝寨相比，村落规模小、人口少，且社会经济发展更是劣势。北都寨目前只有三户住进混凝土结构的新房，其他 10 户都还是泥瓦结构的房子。

土瑶自称“土优”，认为世代祖先都是以土地为生的人，称过山瑶为“归带”，意思是从海上来的人。过去土瑶和过山瑶之间很少往来，青年男女不会在对方村寨找朋友。直到 1949 年前，彼此之间还保持一定的距离。他们之间除极少数人家发生婚姻关系外，大多数人都不通婚，甚至发生过因强奸、偷盗引发的人命案。③

【案例 6—1】 过山瑶居住的北都寨与马窝寨在地理位置上相距不远。历史上，两个支系之间就存在隔阂。北都寨的赵福进老人在提到土瑶时说道：“土瑶脑子很笨，从古到今都没有几个人能读书的，当年也有马窝的土瑶和我们一起加入民兵的，他们穿得很邋遢，和我们站在一起一看就知道不是我们过山瑶的。”赵福进老人说，土瑶的生活条件没有他们过山瑶好，但其实北都的过山瑶在经济水平上却远远不及马窝的土瑶，仅仅从楼房的修建数量和比例就可得知。赵福进老人表示不愿意将自己的子女嫁给土瑶，觉得土瑶的生活太辛苦了，不能让自己的孩子受苦。而土瑶在提到过山瑶时都会说过山瑶好吃懒做，以前常常偷土瑶的

① 龚佩华：《广西贺县土瑶的社会和文化》，《广西民族研究》1990 年第 3 期，第 94-102 页。
② 龚佩华：《广西贺县土瑶的社会和文化》，《广西民族研究》1990 年第 3 期，第 94-102 页。
③ 广西区编辑组：《广西瑶族社会历史调查》（三），北京：民族出版社 2009 年版，第 198 页。

杉木。过去过山瑶山林少，常常会有一些人到土瑶的山林里偷杉木苗或茶油果，甚至一些过山瑶的“懒汉”趁着土瑶家里没人在的时候进来偷米或猪肉，这样就导致土瑶与过山瑶两个支系之间产生很严重的隔阂。①

土瑶村寨有红白喜事也不会邀请过山瑶，平时土瑶若有事需要请帮工，也只会在土瑶村寨里找，不会到北都请过山瑶。双方基本上是不相来往，互不干涉。1949 年后，特别是集体大生产时期，马窝和北都属于一个生产队，村民之间在生产上开始有往来。从 20 世纪 80 年代开始，马窝寨和北都寨的交流合作更为密切。因为地理上的接近，两个寨子的“头人”经常一起合力商议解决村内外的相关事宜。这些从马窝寨现存的村规民约便可看出。1984 年农历二月初七，马窝和北都两个寨子在马窝召开家长会，会议结束后订立两个村寨共同遵守的村规民约，目的是规范或惩处两个寨子内外关于偷砍山林或进屋偷盗的行为。土瑶与过山瑶在外形上的最大区分是服饰的不同，过山瑶女子服饰主要是黑色或深灰色为主体，领口处缝上一条约五寸长的花边，一直到胸口处，袖口和衣服的边缘都缝上一条蓝布。上衣为开襟长衣，前短后长，背后衣长至膝盖，没有扣眼。穿时用一条腰带束起，裤子一般都为黑色。过去还有绑腿，上山赶路时都会扎绑腿。男子的服饰较为简单，也以黑色或灰色为主。妇女平时头上扎一条毛巾，逢节庆日时才会戴上装饰华丽的尖头帽。因此，过去若是在路上或是在集市里看到瑶族妇女头上的帽子就可区分土瑶与尖头瑶。土瑶与过山瑶的语言同属汉藏语系苗瑶语族瑶语支系，虽然两个支系的语言个别词语的发音有所不同，但基本都能交流。

二、土瑶与汉民族的关系

自明清以来，贺州汉族与瑶族在同一地区生产生活的过程中不乏冲突和摩擦。1949 年前，由于国民党和地主阶级对广大瑶族人民实行剥削压迫和挑拨各族人民之间的关系，使得瑶族内部和瑶、汉两族人民之间存在着一定的隔阂。部分瑶族（特别是土瑶）对汉族怀有恐惧心理，不愿到山外汉区，怕与汉人接近，长年累月住在深山里。除了部分人到外面进行交换外，大多

① 信息提供人：赵福进；访谈人：何彩秋；访谈地点：北都寨；访谈时间：2015 年 7 月 28 日。

数人和山外汉族联系较少。[①] 瑶汉两族之间在心理存在很大的隔阂，汉族歧视在山里居住的瑶族，瑶族畏惧山外的汉族，特别是一些汉族土匪进到瑶山掠夺瑶族人的劳动成果，导致瑶族人对汉族产生一种恐惧和厌恶的心理。过去，土瑶和山外的其他民族之间互不通婚。为了控制土瑶的女子外嫁，土瑶社区于 1983 年 5 月 10 日至 11 日，在沙田镇狮东村大冲寨专门联合召开了由沙田镇的狮东、新民、金竹和鹅塘镇的明梅、大明、槽碓等六乡代表参加的"四甲"会议。参加会议的有妇女代表 8 人，老辈代表 1 人，行政村干 13 人，各寨代表 32 人，共 53 人。他们自带米、酒会聚于大冲，商讨有关禁止土瑶女子外嫁的问题，共同草拟了《"四甲"会议决议书》。《"四甲"会议决议书》的内容分"婚姻"和"作风"两个方面。婚姻方面第六条规定："一律不准与汉人谈情恋爱，犯者罚款一次 30 元，二次加倍。女的 28 岁以上，没有与同族人谈成，可由本人愿意，也可与汉人结婚。[②] 解放后，虽然政府推行各民族平等的民族政策，但是汉族和瑶族之间的冲突却一直在瑶山里上演。比如马窝寨村民盘绍明在 1987 年给沙田政府的一份关于土瑶的发展报告中写道：

> 一些汉族不法分子进入林区偷砍、哄抢林木，山区群众拦后就会被报复，赶集半路被打伤、砍伤。还有蒙面进屋打抢，拦路打抢。在这样的情况下，群众多次向当地的政法部门反映都没有得到立案处理，使群众单人不敢出入，造成瑶族群众出入的困难。土瑶与汉族的紧张关系直到近些年才有所好转，汉族人不会再进到土瑶村寨里偷抢，土瑶人去沙田"赶闹子"也不再害怕受到汉族人的报复或攻击。[③]

沙田镇的汉族包括客家人和本地人，他们与土瑶、过山瑶都有着密切的联系，"明王朝统治者为'剿平'瑶族起义，统治者强化'以夷治夷'策略，不断调用'土兵'，尤其是韩雍推行'秋调法'之后直到嘉靖年间，桂西及湖广、粤东的'土兵'相继调到贺县'屯田守险'，这些外来的'土兵'最后在

---

① 广西区编辑组：《广西瑶族社会历史调查》（三），北京：民族出版社 2009 年版，第 197 页。

② 袁同凯：《走进竹篱教室：土瑶学校教育的民族志研究》，天津：天津人民出版社 2004 年版，第 232 页。

③ 资料提供人：盘孝荣；采集人：何彩秋；采集地点：马窝寨；采集时间：2014 年 7 月 25 日。

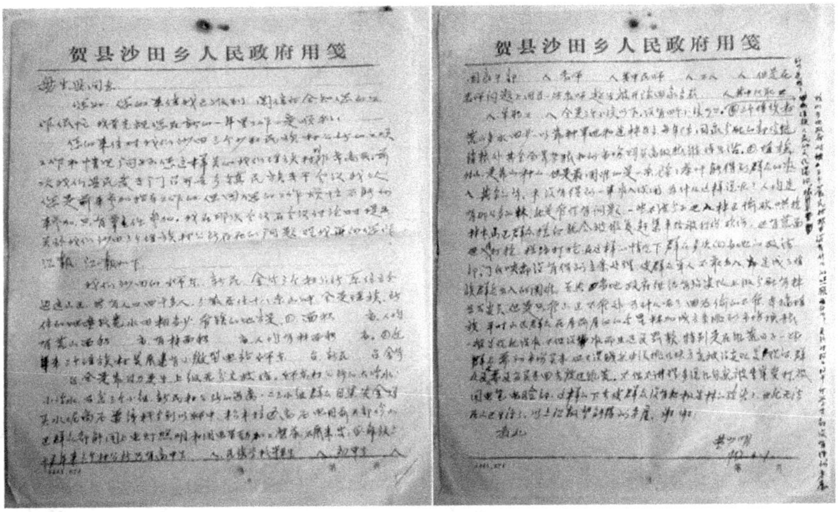
贺县沙田乡人民政府用笺

贺县沙田乡人民政府用笺

图 7—2　马窝寨盘绍明的工作报告

贺县定居落籍而繁衍后代，土著和外来的相汇一处，使贺县成为多民族聚居县。到清代，大量的汉族客家人从广东迁到贺县，又给贺县这块多民族聚居之地注入新的活力，增添了新的内容。”[①] 因此，汉族在明清时期就已经定居在贺州的各个县镇。

土瑶每到圩日到沙田镇上“赶闹子”时就要和汉族人打交道，因而客家话也成了官方用语，土瑶中的很多人都能熟悉掌握和使用客家话。除此之外，有些土瑶人还能掌握本地人所讲的本地话。通过掌握语言能使彼此之间交流更为便利，从而促进族群之间的关系友善发展。在马窝寨山脚下的牛洞村和松木村的汉族都自称为本地人，他们最早的居住地并不在沙田镇，而是从贺州其他地方迁来的。马窝土瑶要到沙田镇上都要经过牛洞和松木两个村子，所以从过去到现在都与这两个村子的汉族有着不同寻常的关系。牛洞村今年 75 岁的莫广忠说，牛洞村人大约在 100 年前从各地搬过来，其中莫姓是从公会搬来的。现在每年清明节，每家每户都要派一个人到公会的祠堂与同宗的子孙一起祭拜祖先。他说最早在牛洞居住的是马窝寨的土瑶，但是后来不知道什么原因他们就搬到山上去了。[②] 而马窝寨土瑶内部都说是在 100

① 陈毓山、唐择扶等:《贺县乡土情》，南宁：广西人民出版社 1992 年版，第 6 页 。

② 信息提供人：莫广忠；访谈人：何彩秋；访谈地点：松木村牛洞寨；访谈时间：2015 年 8 月 6 日。

多年前被汉族追赶，才被迫进到山里来居住。土瑶人口少，势单力薄，在历史上被汉族多次追赶，不得不躲进深山老林里才得以安定下来至今。解放前，他们很少与山下的汉族来往，甚至害怕或厌恶山下的汉族。每次出去沙田镇上“赶闹子”要经过汉族的村寨时，都需要结伴而行，以免遭到他们的欺侮。汉族的一些不法分子常常会到土瑶村寨里做一些偷鸡摸狗的事，比如除了偷抢山上的林木外，还把土瑶家里养的鸡、猪、狗等偷走。要是被土瑶撞见了，他们非但不停手，还动手打伤一些反抗的土瑶人，行为极为恶劣。

历史上，土瑶与汉族的关系经历了冲突、磨合的阶段，土瑶在某些时期一直都受到来自大民族主义的欺压，他们以躲避作为无声的另一种反抗。虽然两族之间的关系一直处于紧张状态，但是也有缓和的一面。如土瑶在解放前请山外的汉族老师进到山里来教学，个别村民还与老师建立了良好的关系，过年过节还偶尔请汉族的老师到家里来吃饭喝酒。随着土瑶与汉族之间有一些中间人在努力撮合和改善两族之间的关系，因此解放后两族之间的关系稍有好转。如各个村寨的村干部，包括土瑶、过山瑶和汉族，因工作需要经常在一起开会，所以常常聚在一起吃饭喝酒。他们之间有了一定的了解之后，日后也会有来往，所以两族之间的关系无形中有了很大的改善。以前土瑶学生刚刚从山里出来到镇上上学时，常常遭到汉族同学的欺负，他们无力反抗也不敢告诉老师。土瑶和汉族的关系有所改善之后，汉族学生欺负土瑶学生的情况也变少了。土瑶与汉族之间的关系，经历了从不断产生摩擦到彼此心里都有隔阂的历史过程，但也都逐渐走向和谐共处的局面。

第二节　民族关系的现状

土瑶与外界的交流地域范围还一直停留在大桂山的各个瑶族山寨。土瑶与过山瑶的联系相比于土瑶与汉族更为紧密一些。因为语言相通，风俗习惯的差异性不大，土瑶和过山瑶在现实生活中的交往和互动也较为频繁。土瑶和汉族的关系在历史上具有很明显的强弱之分，土瑶经常受到汉族的压迫和歧视。随着国家各民族平等团结等相关民族政策的实施，瑶族和汉族的民族关系上了一个新台阶。

一、土瑶与过山瑶的交往交流

土瑶和过山瑶是瑶族的姊妹支系，同生活在大桂山山脉的深处。因地域接近，土瑶和过山瑶的交流和互动比较多。如今区分土瑶和过山瑶，已经不能依靠服饰的不同来界定。土瑶和过山瑶在服饰上已经趋向汉化，他们在语言上本来也不存在交流障碍。各自的生产活动虽然还是在各自的村寨进行，但是都有了一些合作和交集。他们之间在人际交往、经济交换、文化交流等方面都有紧密的联系。

图 7—3　北都寨（过山瑶）村落一角

（一）人际交往

过去，过山瑶和土瑶的交往并不多，除了平日见面打招呼之外，其他时间几乎不会往来，即使距离很近的马窝土瑶和北都过山瑶之间也少有往来。他们认为与过山瑶虽然同属瑶族，但祖先不同，过山瑶是“归带”，即是“从海上来的”。

如今土瑶和过山瑶的联系有了变化。平日结伴到外地去“打山工”，还有个别土瑶的女子嫁给过山瑶。即便如此，土瑶和过山瑶在交往中的心理隔阂还是存在。如当与土瑶人谈论过山瑶时，他们认为过山瑶懒，做工不上进，且嘴巴恶毒，满嘴脏话。而过山瑶则认为土瑶生活邋遢，不讲究卫生，而且做工太辛苦了。

【案例 7—2】 10 年前，曾经有马窝的一个土瑶女子嫁给北都的过山瑶，当时女方父母并不是特别满意这桩婚姻，但是无奈拗不过女儿。

女子嫁到北都之后生了两个女儿，丈夫在刚结婚时表现得很勤快，天天上山劳动，可是两三年后就突然变得很懒惰。白天不上山干活，而是在村里和几个年轻人赌博就是去沙田赌博，把本来就很少的家产全都输光了。女子一气之下丢下女儿自己跑回马窝的娘家，过山瑶的婆家来劝说女子回去，但是女子执意不回，土瑶这边的娘家本来就不同意这桩婚事，所以也没有劝说女儿。两年后，女子又嫁给松木村的一个汉族人。①

从以上案例可以看出，马窝土瑶不愿意将本族的女子嫁给过山瑶，特别是在生活条件各方面都不如自己的北都寨过山瑶。每当马窝土瑶说到北都时都会说："那边的人很少的，到现在还没有通高压电，还要自己发电。"北都过山瑶从不同的村寨搬迁来，村落内部也没有久居一地的土瑶村落团结，所以马窝土瑶看不起北都的过山瑶。他们人口少，生活条件相比马窝寨要差一些，但是在北都寨内部对土瑶的看法却与沙田的其他过山瑶一样，认为土瑶头脑不灵活，不会分配家中的财产，有时候卖一些土特产或杉木所得到的钱都是当天或当月就花掉，也不会用来解决子女的教育问题。过山瑶经常说"土瑶他们都是没有文化的，而且他们的小孩在学校都不认真学习。"正如黄淑娉和龚佩华两位学者在报告中所提到的，"与土瑶相比，过山瑶情愿卖掉猪，赚得五六百元钱，也要送子女上高中、大专继续学习，而土瑶纵然经济情况好也不愿送子女上学。"② 马窝寨的学生在本村读了二年级之后就到新民小学读三年级和四年级。马窝寨附近的北都寨过山瑶因为人口稀少，没有设教学点，寨里的孩子要到马窝教学点上一年级和二年级，所以马窝土瑶的学生和过山瑶学生从小就建立了一种同学关系，过山瑶的学生每天下午三点半放学之后就步行回到北都。小学三年级之后马窝寨土瑶和北都过山瑶的学生都要到新民小学继续就学，又是在一起学习，到五年级之后也同样一起在沙田小学上学。然而，虽然土瑶和过山瑶的学生从小一起学习，但是一般都很少来往，都是土瑶的学生组成自己的朋友圈，过山瑶的学生也有自己的朋友圈。在调查中，与一些土瑶学生交谈他们平时在学校与过山瑶学生的关系处得怎么样时，他们都说："平时都不喜欢和过山瑶的同学玩，因为他们说话很凶，而且还经常讲脏话。"有些说过山瑶的学生在学校经常欺负土

① 信息提供人：盘客兰；访谈人：何彩秋；访谈地点：马窝寨；访谈时间：2015年8月3日。

② 黄淑娉、龚佩华：《广西壮族自治区贺县土瑶社会文化概况》，1988年手写稿，第45页。

瑶的学生。

土瑶和过山瑶历代生活在同一片山区，在日常生活中经常会有交集。比如过山瑶刚到大桂山时要租种土瑶的山林，就要常常到土瑶的家里走动。如今过山瑶和土瑶的村落在共同的地域管辖之下，村干部之间的联系也变得更加紧密。土瑶学生和过山瑶学生在同一个学校甚至同一个班学习，有些土瑶和过山瑶的学生还成了对方的朋友，这些都在不断地促进土瑶和过山瑶的人际交往与互动。

（二）经济交往

经济互动不仅进行物质交换，还可以促进人群交流，经济交换不仅满足两个群体的需要，而且促进个人与个人、个人与群体、群体与群体之间的交流。

土瑶祖先在贺州定居之后，砍山开荒，耕种大片的山林。过山瑶到来之后，为了生存不得不从土瑶的手中租种土地。过山瑶派一个代表到土瑶村寨向头人求租土地，承诺秋收之后把土地归还并且给土瑶送相应的食物作为补偿。刚开始的两三年，土瑶还会接受过山瑶在秋后送来的食物，但是之后就没再收了，而是让过山瑶免费耕种。在这一时期，过山瑶的经济生活水平低于土瑶，他们在租种土瑶山地的过程中既解决了食物问题，部分过山瑶还与土瑶建立了友情。1949 年后，沙田镇的土瑶和过山瑶同属于狮东大队管辖，到集体大生产时期，土瑶和过山瑶一起耕种大队的山林，他们种植杉木、茶叶、竹子等林木，在生产和过程中产生了互助合作的生产关系。20 世纪 80 年代分田到户之后，土瑶和过山瑶都分到了集体的土地，过山瑶租种土瑶山林的历史已经过去。土瑶和过山瑶村寨各自耕种自己的山林，在经济生产上的往来没有那么频繁。近年来，一些过山瑶看到市场上对木材的大量需求，于是又到土瑶村寨去承包和收购木材。这样一来，一些过山瑶开始因为木材生意而与土瑶打交道。过山瑶作为中间人把土瑶的杉木林承包下来，雇佣土瑶的劳动力把杉木砍下，然后运送到山外，卖给汉族商贩。

土瑶和过山瑶同住山区，生产和消费的物品几乎都相同。他们在经济互动中物品交换很少，更多的是租赁关系或生产合作关系。与马窝土瑶相比，北都过山瑶的经济生活水平比较低。北都因为人口少，寨子里没有商店。从北都到沙田镇要经过马窝，北都村民平日来往于北都和沙田镇都会经常见到，所以都比较熟悉。他们有时候路过马窝也会在马窝小卖店买一些生活用品。平时从松木村或沙田镇贩来的菜会在马窝寨口卖，北都过山瑶要买菜就要到马窝来。除此之外，北都过山瑶修建房子所需要的材料都是请马窝寨跑运输的土瑶用大货车运送回来的。人口数量上的弱势导致北都的过山瑶在经济上对马窝的土瑶有一定的依赖性。

（三）文化交流

在土瑶村寨，当有人问起他们和过山瑶有什么不同时，他们的回答一般是：“我们土瑶和过山瑶本来就是不一样的，我们土瑶妇女戴的帽子和过山瑶妇女戴的帽子是不一样的”。如果要再追问还有什么是不一样的，这时他们一般都回答不上来了。土瑶和过山瑶甚至和其他民族之间的差异已经不是单纯从外表就可看出，因为他们的服饰和装扮已经逐步趋向同一化。除此之外，土瑶和过山瑶在日常的生活中交往交流逐渐增多，频繁的文化交流使得两个支系的差异性不再是那么明显了。他们在交流过程中相互吸收对方的某一种文化特质，或者是两个支系同时吸收某一个外族如汉族的某些文化特征，而逐渐有了越来越多的相似性。

土瑶和过山瑶频繁的文化交流，从外在特征已经很难区分土瑶和过山瑶，甚至在风俗习惯、婚姻礼仪、生活方式等方面都越来越相似。土瑶人有自己的语言，与其姊妹支系过山瑶的语言虽有差异，但 80% 以上的词汇与发音基本相同，可以相互通话，属于勉语支。[①] 土瑶和过山瑶都自认为是盘王子孙，逢年过节都拜始祖盘王。他们都相信鬼神，相信万物有灵。两个支系的男子都举行度戒仪式，只是过山瑶的度戒是一种全民性质的，几乎每个男子都要参与，而土瑶的度戒仪式并不需要每个男子都参与。土瑶度戒时不请过山瑶的师父，认为所拜的神明不同，因此不可以让过山瑶的师父来帮土瑶度戒。在生活习俗上，马窝土瑶不允许村民在村内赌博，一旦发现就要被惩处，而过山瑶村民可以肆意在村内赌博，不受任何惩罚。对于过山瑶的赌博行为，马窝土瑶很有意见。他们认为过山瑶放任村民在村内赌博，一旦输了钱，就容易出现各种偷盗行为，有些赌徒甚至到马窝寨居民家里偷东西，土瑶村民对此感到十分气愤。他们认为过山瑶的村子应该都学习他们村的习惯，大家才能过上更安宁的日子。长期共同处在同一大环境下，土瑶和过山

① 袁同凯：《走进竹篱教室：土瑶学校教育的民族志研究》，天津：天津人民出版社 2004 年版，第 103 页。

瑶的风俗习惯相差无几。在学校里，土瑶学生的学习成绩没有过山瑶学生的成绩好，过山瑶的学生经常会歧视土瑶的学生，土瑶学生在学校经常被孤立，土瑶学生和土瑶学生在一起玩耍，过山瑶的学生也有自己的圈子。土瑶学生在学校有早恋的现象，一般只在土瑶学生内部，但现在有一些土瑶的初中生也开始和过山瑶的学生谈恋爱。久而久之，土瑶和过山瑶的婚姻隔阂就有可能被打破，只允许族内通婚的土瑶传统婚俗也将不复存在。另外，一些过山瑶的老师到土瑶教学点教学，不仅带来现在科学文化知识，而且还带来过山瑶的一些习俗。土瑶学生在部分老师身上看到过山瑶勤奋学习的精神，有可能更好的学习。一些家长对老师的尊敬，也使得他们对过山瑶的刻板印象有些许的改变。过山瑶的老师对土瑶所谓的愚昧、落后的刻板印象也有可能慢慢地消除。

二、土瑶与汉民族的交往交流

20 世纪 50 年代以前，土瑶与汉族的关系以矛盾冲突居多，直至 20 世纪 90 年代两族之间的矛盾冲突还一直存在。近十几年，随着两族交往的不断加深，族际之间的隔阂慢慢地消除。从总体而言，土瑶与汉族之间的关系已经逐步走向和谐共处的局面。

图 7—4　牛洞寨（汉族）村落一角

（一）民族交往

沙田镇下辖 25 个村民委员会，有 17 个村民委员会的居民全是汉族，5 个村民委员会是汉族、壮族杂居，瑶族分布在 3 个村民委员会的各个村寨之中。从沙田镇到土瑶村寨一般都要经过汉族的村落，如去马窝要先经过松木村、牛洞村才到达马窝，同样去到金竹村或狮东村的其他土瑶村寨也是要经过狮中和狮南的汉族村落。两个民族村寨之间相距不远，为日常的交往交流提供了便利条件。

从沙田镇到马窝寨要经过松木村和牛洞村，松木村和牛洞村居住的都是自称“本地人”的汉族。马窝位于半山腰，距寨子不远的山脚是本地人住的牛洞寨，属于松木村委管辖，该村与马窝寨往来比较密切。2013 年政府资助部分资金，牛洞村和马窝寨每家每户筹钱修通了从松木村至牛洞村口的水泥路。牛洞村村民每人缴纳 300 元，马窝寨村民每人缴纳 40 元，修通水泥路之后，从牛洞村到松木村所用的时间更少了。这不仅使牛洞的村民受益，马窝寨和北都寨的瑶族进出沙田镇也更加便利了。马窝和牛洞这两个村寨因地域等原因，历来就有很密切的联系。今年 75 岁的牛洞寨一位莫姓老人说，牛洞寨的人大约在 100 年前从各地搬来，其中莫姓是从公会迁来，最初是两兄弟举家搬到牛洞寨，如今已经发展成为牛洞寨最大的姓氏。现在每年清明节，每家每户都派一个人到公会的祠堂与同宗的子孙一起祭拜祖先。马窝土瑶也曾经在现今的牛洞寨居住，在很多年前就搬到山上去了。[①] 土瑶的一些老人回忆，马窝寨土瑶是被外地来的汉族“驱赶”才不得不躲到深山密林中的。因为土瑶的生活条件较差，衣着样式比较奇特，也因此在外出“赶闹子”的路上常常受到汉族人的嘲笑或欺侮。当然也有一些汉族人和土瑶的关系较好，平时会到土瑶村寨走动。如一些村干部偶尔会到土瑶村寨与土瑶村民打交道，有时会在土瑶村民有难时向他们伸出援手。土瑶的经济来源很少，一年种植的大米和杂粮都不够全家人全年食用，每当遇到粮食歉收时，会有四五个月无法解决全家人的温饱，而村外的汉族因为居住在平地，种植稻谷的水田多，每年都有余粮，所以一些好心的汉族人会把余粮借给土瑶人，土瑶会在来年采摘一些山货到镇上卖出去之后再把粮钱还给山外的汉族。有时候土瑶实在无力把粮食或钱还给汉族，一再拖欠，久而久之，借粮的山外汉族便不再讨要了。

牛洞村汉族与马窝寨土瑶在解放后一直保持友好的交往关系。近年来，土瑶家里若是有喜事，常常邀请牛洞的汉族朋友到家里来喝酒。一些汉族人包括牛洞的本地人也常到土瑶村寨去给孩子认“干爹”，因为一些汉族认为

① 信息提供人：莫姓老人；访谈人：何彩秋；访谈地点：松木村牛洞寨；访谈时间：2015 年 8 月 12 日。

图 7—5　马窝寨和牛洞寨共同修建道路的捐款功德碑

土瑶人在山区艰苦的环境下依然可以健康的生活，他们可能是得到了神灵的庇佑。若是自家的孩子经常体弱多病，则会到瑶山里找一个身体强壮且儿女双全的男性土瑶认作孩子的“干爹”。比如沙田镇有一位汉族人在前几年带着他儿子来到马窝寨认盘火保作“干爹”。当时，请盘火保到他家吃一顿饭，双方互送一条裤带，盘火保送一个碗给汉族的孩子。“干爹”和“干儿子”的关系建立之后，逢年过节那个汉族人都会带上儿子到马窝盘火保家来走动，直至现在两家都还有往来。两家之间不仅建立了一种亲戚关系，并且还增进土瑶和汉族之间的友好往来。

（二）经济交往

土瑶与汉族的交换关系以在沙田镇上的经济交换为主。每逢一四七的日期，土瑶便成群结队地骑着摩托车下山，带上采摘的药材或山货到沙田镇上出售。土瑶几乎每天都上山干活或是在深山密林里采草药，如灵芝、铁皮石斛等名贵的中草药。采摘回家晒干之后，等到圩日就拿出去出售，这也是土瑶家庭的收入之一。有些土瑶村民还经常上山打猎或是到山冲里找一些野味，他们上山打到竹鼠、山鸡、松鼠，有时候还捕猎到山猪等山中野味，下到山冲里捕捉石蛙或鱼。他们除了自己食用之外，经常在圩日或是在当天拿到沙田镇上卖给开饭馆的汉族老板。听村里人说，有时候还有老板打电话来预定。这些山珍野味受到城里人的热烈欢迎，所以经常供不应求，价格也比较高。有些年轻人每天上山或下到山冲里，捕捉山里的野味拿到镇上售卖，以此作为个人的经济收入。土瑶把山里的草药或野生动物买给汉族，然后将所得的钱从汉族那里买来大米、食盐和一些日常所需的物品。如今松木村和沙田镇上的汉族时常开着摩托车到马窝来卖菜，与土瑶村民建立了良好的买卖关系。土瑶和汉族之间的关系得到进一步的改善。除了物品的交易之外，土瑶和汉族还有劳动力的雇佣和交换关系。土瑶一直以来都是住在泥土或木板结构的房子里，对于修建混凝土结构的房子，土瑶内部没有人有这方面的经验，所以土瑶村寨里修建新房子都是请山外的汉人，包括松木村或牛洞村的建筑工来修建。他们早上骑摩托车进到马窝寨，做完工吃完晚饭后就骑摩托车回去，第二天再进山，有时候晚上也会在主人安排的地方休息。他们进到山里做工常常和村民一起吃饭喝酒，有些人还因此建立友谊，日后也经常往来。

马窝土瑶现在耕种的水田很多都是从松木村的汉族人手中买来的。除了凤木胜、盘火保、凤客成等 7 户人家在老马窝有田地之外，山脚下的水田都是土瑶从松木汉族人手中买来的，相传是用一箩筐玉米就能换回两亩田。这些买来的水田都是在牛洞寨周边，马窝土瑶每年耕作水田都要与当地的汉族人打交道。土瑶没有养耕牛，一到耕种季节就要请有耕牛的牛洞村民帮忙犁田。两个村子的水田相隔很近，常常都是一起在田间劳动。如今牛洞寨因为劳动力外出务工较多，很多水田都给马窝寨土瑶耕种了，以前是每年要给水田持有者一些粮食作为“租金”，而现在都是免费给土瑶耕种了。土瑶因为田地少，以前非常愿意耕种牛洞汉族人的水田，但是由于近年来种田成本很高，而且耕种又非常辛苦，很多土瑶的水田也开始丢荒或是给其他人耕种，牛洞寨的很多水田也丢荒了。

图 7—6　从松木村和沙田镇来的商贩在马窝寨村口卖菜

（三）民族通婚

过去土瑶实行族内婚导致本民族的通婚范围受到很大的限制。土瑶与汉族之间在现实生活中存在矛盾冲突，在心理上也存在很深的隔阂。土瑶以前非常不愿意与山外的汉族、壮族通婚，他们认为这是祖先“盘王”传下来的规矩——不准嫁“国民”。但随着土瑶与汉族的交往加深，土瑶婚姻的封闭性逐渐被打破。

近年来，马窝寨有从汉区嫁进来的女子，也有土瑶女子嫁到汉区的例子。目前，在马窝有两个土瑶男子娶汉族女子为妻的例子。第一例是土瑶男子在广东打工认识一个四川来的女子，两人谈了恋爱，女子怀孕后回来领结婚证，生下孩子之后两人又一起外出打工了。第二例女方是八步的汉族，男子在八步打工时认识，两人都是中专毕业生，女方怀孕后回到马窝生产，现在还在家里照顾孩子，男子则留在八步打工。这两对夫妻目前都没有办酒，以后若要办酒也是要按照土瑶的风俗习惯举办。马窝寨至今有 6 个土瑶女子嫁给汉族，最远的有 1 个人嫁到香港，还有 1 个人嫁到四川，她们都是在广东打工时相识然后就嫁过去了。其他 4 个人是通过亲戚或朋友介绍嫁给了汉族。以前“如果那个姑娘与外族尤其是汉人耍‘勉切’，她就会受到社区舆论的谴责，其家庭也有可能受到孤立而处于十分尴尬的境地。”[①] 土瑶女子和汉族男子不能有亲密来往的关系，就像马窝和牛洞的村民之间往来频繁，但却从未有过联姻的例子。汉族对土瑶的称呼通常都含有贬义，称他们为“山瑶佬”或“山瑶鬼”。他们从心理上歧视土瑶，认为他们愚昧落后。土瑶因过去受到汉族的欺侮而对汉族产生排斥和恐惧的心理。两族之间的心理隔阂导致族群之间少有通婚甚至不通婚。然而，如今出现土瑶与汉族联姻的例子，其实是人群之间交往范围的扩大和教育水平的提高，部分土瑶接触了外面的世界，向往更舒适的生活而产生的结果。因为厌倦了山区艰苦的生活，年轻的女子通过外嫁来改变自己的命运，但同时带来的问题就是本民族内的单身男性增多，还有就是一些已婚妇女出逃的现象。在土瑶的各个村寨几乎都有这样的例子，有些妇女出去外地打山工之后就跟着过山瑶或汉族的男性私奔，无论家人如何劝说都不肯回来。“土瑶妇女出逃的事实也从另一侧面

---

① 袁同凯:《走进竹篱教室：土瑶学校教育的民族志研究》，天津：天津人民出版社 2004 年版，第 222 页。

反映出社会变迁对土瑶人日常生活所造成的影响，同时也潜在地表露出土瑶妇女对土瑶社区限制妇女外嫁的一种抗争。”[①] 但这一问题也使得土瑶在心理上对其他族群产生更深的隔阂。土瑶传统的族内婚制被打破，越来越多的土瑶女子外嫁，也有汉族的女子嫁到土瑶村落，但都还只是个例。马窝土瑶的婚姻圈还是在土瑶内部，甚至只是在本村内部。

（四）文化交流

土瑶在封闭的环境下形成自己固定的生产生活习俗和价值观念，在与其他民族交往时也吸收了其他民族的一些文化特质而形成一种新的文化特征。民族之间的文化互动主要体现在语言、服饰、风俗习惯等方面的相互吸收或学习借鉴。

土瑶内部除了一些还没到沙田镇上学的未成年人不会讲客家话之外，其他人基本都能熟练地掌握和使用汉族的客家话。另外一些村干部还能与牛洞或松木村的本地人使用本地话交流。客家话是土瑶和汉族之间的通用官方语言，本地话只有少数土瑶人在与本地人交流时使用。土瑶话是土瑶内部交流使用，汉族人几乎没有人学讲瑶话。在沙田镇上学的土瑶学生和汉族学生都是用普通话交流，甚至有些土瑶学生之间也开始使用普通话。就像他们说的：“我们瑶话不好听，我和土瑶的学生也都是讲普通话。我们在学校里讲瑶话会被汉族的同学取笑，说我们的话像鸟语，不好听。”土瑶学生到沙田镇上学两三年后基本都能听懂客家话，甚至能熟练使用客家话。土瑶服饰在20世纪80年代末就已经基本全都汉化，土瑶的服装基本都压箱底了，老一辈人在节庆日或婚礼时会翻出来穿上。在土瑶与汉族的文化互动上，一般都是汉族文化影响土瑶文化。汉族人对土瑶一直都有一种刻板印象，认为土瑶“愚昧”“落后”，所以在心理和言行上是不会吸收或学习土瑶文化的，有时候甚至会排斥和怀有偏见。就像某些学生家长所说的一样，因为山外的老师基本都是汉族，有些对土瑶存在偏见，认为土瑶学生成绩不好就是头脑笨，个别老师还会辱骂土瑶学生。土瑶政治地位也边缘化，在乡镇一级没有一个土瑶人任职，几乎全都是汉族人。土瑶在地方上的权力地位完全受制于汉族的地方政治力量，土瑶文化遭到汉族文化的排挤。土瑶在与汉族交往的过程

① 袁同凯：《走进竹篱教室：土瑶学校教育的民族志研究》，天津：天津人民出版社2004年版，第234页。

中，习得一些不良的习惯，如赌博、互相攀比。马窝寨不允许村民在村内赌博，但是有一些人会到沙田镇上去赌，而经常与他们赌博的一般都是沙田镇上或周边的汉族，他们在村里村外赌博都是不受约束的。土瑶去沙田“赶闹子”的时候，常常在某个空地上围着一群人聚众赌博，有些人把刚刚卖山货所得的钱都输光，这样的事情在其他土瑶山寨都曾有发生过。另外，学生在沙田的学校里形成了互相攀比的不良习惯，如在饮食和衣着上，因为汉族的学生家境一般都比土瑶好，他们父母每天给的零花钱比土瑶的多，而土瑶学生常常因此和汉族的学生攀比，这对原本经济生活贫困的土瑶家庭来说是一个沉重的负担。

土瑶和汉族之间的文化互动主要体现在日常的生活中，包括生产生活方式、风俗习惯、服饰穿着等方面。土瑶还在宗教信仰上吸收和借鉴了汉族的文化，如用汉字手写经书，从而习得汉字和汉语。在信仰体系中吸收了汉族的道教、佛教教义，形成了本民族独特的宗教信仰。在长期的交往过程中，从矛盾和冲突重重到和谐共处的局面，从各民族互相戒备、互相排斥到亲密往来的心理变化。

第三节　交往交流的原因

自宋代以来，瑶、汉、壮等民族相继定居贺州各地，形成了与其他地方相似的各民族杂居的居住格局。土瑶作为最早在贺州定居的瑶族支系，与过山瑶相比，其与汉族等其他民族之间的接触时间更早，关系也更为复杂。土瑶和过山瑶虽然是瑶族的不同支系，但是他们在历史渊源、语言文化、风俗习惯等方面的相似性使得两个群体在向外区别身份时会有强烈的民族认同。如他们区分本族与山外的汉族时，只简单区分为“我们是瑶人，他们是汉人”。而当过山瑶与土瑶区分时又会细分为“我们是土瑶，他们是过山瑶”。他们在区别“我”与“他者”的过程中表现出强烈的自我认同。土瑶在与过山瑶、汉族的互动交往过程中，经历了一个接触、磨合到和谐共处的过程，而其中发生变化的原因非常值得关注。

一、交往交流的反映

土瑶与过山瑶、汉族同处在一个地域范围，距离的接近使得他们之间在生产活动、社会交往、经济交换、文化交流和婚姻往来方面或多或少有一定的关系。

1949 年前，土瑶与过山瑶之间无论是在生产生活还是在文化活动上都有了一定的联系。土瑶最先到达贺州山区，开发了土地。过山瑶到来之后从土瑶手中租种土地，定居在土瑶村寨周边的其他山冲。解放后，两个族系属于同一个生产队，一起参加生产劳动。在婚姻往来上，也有个别人打破了两个支系之间不通婚的传统。一直以来，土瑶宗教活动所使用的仪式神画几乎都是从过山瑶的师公手中买来的，他们的宗教活动虽然有些许的差异，但彼此之间都是相互了解的。另外，由于语言相通，交流无障碍，因此彼此之间是紧密的交往关系。虽然土瑶和过山瑶在心理上对对方仍然有一些偏见，但总体上还是表现出一种和谐的局面。

土瑶与汉族是一种既疏离又依附的关系。历史上的矛盾和冲突导致两族之间存在心理隔阂。如今汉族经济社会发展都远远超越土瑶，而且在文化上以强者的姿态在影响着土瑶的文化。土瑶把山里的木材、草药、野兽等拿到汉族地区出售，再从汉族地区买回大米、食盐、铁具、日用品等山里缺少的物品。在经济交换上，两者各取所需。土瑶女子向往经济生活水平高的汉族地区，她们通过婚嫁的方式达到这一目的。土瑶学习汉族的客家话和本地话，通过建立土瑶与汉族的关系网络，相互接触和了解。文化之间的交融使得族群关系走向和谐共处的新局面。

二、交往交流的主因

民族关系从冲突走向和谐共处，离不开政府和相关政策的指导和支持。解放后，党和政府实行民族平等和民族团结政策，各民族有平等的受教育权。政府重视培养少数民族干部，特别是少数民族教师。政府对教育的重视使得土瑶从过去“几乎人人都是文盲”的窘境逐步成为追求文化知识的群体。政府为了提高土瑶的文化教育水平专门设立“土瑶班”，不仅在学费上给优惠政策，而且资助很多土瑶学生完成了九年义务教育。虽然现在都已经取消，但却在一定程度上改变了土瑶文化水平低的教育境况。政府的一系列扶贫政策也让瑶族的生活条件逐渐改善。在马窝寨，政府无偿资助村民种植茶叶，所得收益归村委会和村民所有。土瑶的生活条件在逐步改善，与汉族的沟通和交流也随着交通的便利而逐渐增多。政府下拨用于修建道路的经费到各个土瑶村寨，使得土瑶外出沙田或到其他过山瑶村寨和汉族地区的交通更为便利。

政府资助土瑶的学校教育、经济发展和交通设施建设，不仅仅加快了土瑶地区的社会经济发展，同时为缩小土瑶与汉族的社会发展差距起到重要作用。土瑶教育水平的提高，有助于增强土瑶人走出大山的信心，在瑶山之外接触到汉族并和他们建立一种交往的关系，从而有助于改善土瑶和汉族关系。土瑶社会发展离不开政府的支持与帮助，同时也要在经济交换中与汉族建立一种良好的贸易合作关系。土瑶地区的山林由山外的汉族承包砍伐和售卖，若是两族之间的关系依然如解放前后那几年恶劣，那土瑶不可能放心把家里的杉木卖给汉族商贩。这一切的发生是因为他们之间已经建立了一种互相信任的友善关系。虽然由于历史和环境的原因，相比于经济条件和文化教育相对发达的汉族地区，土瑶的社会发展进程缓慢，但毕竟是朝着好的方向发展。而土瑶的社会发展也会在一定程度上改变汉族对他们的一些看法和偏见，从而促进两个民族之间的交往交流交融。

第八章　结论

通过前面几章的叙述，我们展示了广西壮族自治区贺州市沙田镇马窝寨土瑶在社会经济、婚姻家庭、宗教信仰、文化教育、民族关系等方面的变迁以及变迁的现实状况。我们通过对马窝寨的追踪研究，运用文化变迁理论对这个土瑶村寨的社会文化变迁进行了阐释，从中探讨出变迁的原因以及变迁中存在的问题，并从中得出一个徘徊在传统与现代之间的土瑶村落如何进行调适与发展的规律。虽然我们仅以一个土瑶村寨作为研究个案，然而就社会文化变迁的实际内容而言，马窝土瑶社会文化变迁状况可以说是中国少数民族社会文化变迁的一个缩影。

我们追随先行研究者的脚步，即在黄淑娉和龚佩华两位著名人类学家调查研究的基础上对马窝寨土瑶的社会文化进行重新调查研究。1988 年 7 月，黄淑娉、龚佩华两位学者在广西贺县土瑶地区进行调查访问，同年 8 月写成《广西壮族自治区贺县土瑶社会文化概况》，报告中对马窝寨土瑶的基本概况、迁徙历史、族源传说、社会经济、政治状况、物质文化、婚姻家庭、宗教信仰、文化教育做了深入细致的描述，并用文化人类观点来解释土瑶的社会结构和生存情况以及他们的特殊文化习俗和民族心理，并说明其形成的原因，同时还从土瑶人的内部眼界对土瑶社会的今后发展规划提出了对策建议。报告真实反映了 1988 年土瑶的社会文化状况，如今已经成为研究土瑶社会文化的宝贵的民族志资料。追踪研究的田野调查点之所选择马窝寨，最主要的原因是它是先行研究者的田野考察点，另外也由于地域的关系，它作为一个与汉族、过山瑶两个族群交流甚多的村寨，是作为研究族群互动关系变化的最佳土瑶村落。我们的研究立足于现代化的大背景，从土瑶的社会经济、婚姻家庭、宗教信仰、文化教育、民族关系等方面开展研究，不仅分析土瑶的社会文化现状，还将之与先行者的研究做对比分析，希望从一个土瑶村寨的发展变迁映射出整个瑶族社区的变迁。

我们的追踪研究发现，马窝土瑶的社会文化变迁似乎都在朝着积极的方向发展，社会经济发展水平有了明显提高，但在自身文化的发展方面却面临着困境。通过对比马窝土瑶的婚姻家庭现状与黄淑娉和龚佩华两位学者的报告中关于婚姻家庭的内容，可以明显地看到土瑶传统内婚制被打破，女子外嫁的现象逐渐增多，甚至成为土瑶村寨与外界沟通的重要桥梁。在宗教信仰方面，黄淑娉和龚佩华两位学者在报告中提到，土瑶的宗教形式结合道教和佛教，是土瑶宗教信仰的一大特色。我们的研究也发现，土瑶的宗教信仰在仪式、画像、法服等方面吸收了更多外来的元素，如在道公和师公的服饰上有明显的佛教色彩，特别是师公的帽子一般都会写上“佛”的字样。土瑶的宗教信仰在保持本民族传统的同时也吸收了过山瑶和汉族的信仰习俗。过去土瑶教育是制约本民族发展的一大障碍，而今情况显然有了很大的改观。在入学率和教育水平上都有了明显的提高，但学校教育发展仍然十分缓慢。从1988年至今，土瑶与外界的交流已经大大增加，除了经济交换、婚姻往来之外，民族间的文化交流也促进了不同民族之间的交往。土瑶与汉族、过山瑶的族群关系呈现出由冲突到磨合再到和谐共处的新局面。

马窝土瑶在寻求自身发展并与汉族、过山瑶交往的过程中，一方面想标榜自己作为“土瑶”的身份以区别于周边的其他民族；另一方面，在其他民族看来土瑶的风俗习惯、生活方式和文化教育等都是“落后”的。历史上，过山瑶和汉族对土瑶的偏见态度，影响了民族之间的交往交流。土瑶为了改变外界对他们的刻板印象，他们学习和使用其他民族的语言，在服饰、习俗等方面努力作出改变，但土瑶的传统文化对他们又有很强的吸引力，导致土瑶在传统和现代之间不停地徘徊。

世界上所有民族的文化在发展过程中，也许都会经历过这样的抉择过程。但可以肯定的是，尊重和保护每个民族的优秀文化与促进其发展之间并不存在根本性的冲突。土瑶人在社会文化变迁的过程中要“守住”本民族的传统文化，保持传统的服饰、节庆、婚礼、信仰、习俗等，以保持本民族的文化特色，而当传统文化与现代化发生冲突时，要从本民族的长远利益出发，不应为了迎合外界的需求而抛弃传统文化。在社会文化变迁的过程中，尊重和保护少数民族的特色文化，促进各民族文化共同繁荣也是中国特色社会主义精神文明建设的重要体现。

附　录

一、《过山榜》[①]

奉国普天之下，十三省南北西东，浙江、福建、湖广、陕西和山东、山西、云南、贵州、广东、四川。广西省止盘六公龙护出榜为号，保前时先置上界，常脚人民啖败垊土，王洪水厌绝前后，王造天造地，开天立地。斯人之初，鉴开混纷天地，伏羲置造横眼人民，义和造日，当羲造月，史区造星，俭伦告律吕。此隶首作□（原文如此，下同）数，告火造甲子，盘古置田，衫袖舜农王帝教人耕种。盘古子孙拨座五湖四海，青山封惟徭地任游天下落业。逢山吃山，逢水吃水，离田三尺，泗水三尺，付水不上任从徭人耕。官阳鸟飞得过舡车，马行不到，安生徭人乐□。开宝，准平王劝言太子，人孙小名盘王。平王，隋代二年五月十三日，给文牒一道付下各处，山徭取资永日凭代为照者，先被国王、平王许战国纵横。平王朝内龙犬言问："朝内诸臣及大将军朝内何臣为计，取得柴王胜牒二宫女，与臣为妻，与国平分。"朝内诸臣及大将军启我朝内并无人无计将得柴王，可在殿前龙犬元口人语小名盘护，启告吾王曰，吾取得柴王以得平王降齐才文。龙犬也领时奏报立身游过大海去，柴王殿山见龙犬必心中欢喜，称说平王无道败国忘家。龙犬游过海去与我国为主，国内诸臣尽皆起自柴王每日引龙犬游宫内。有猛虎之威且碍国界安宁，此犬有色斑点。畜生在东海龙王家被刘弟男刘称是毒厄不养，将去都落口抛弃。有一如不见，将家里养活，看待见处，毛色自别。平王知事贤物，降劝归朝内，宗殿从被柴王饮酒醉，龙犬开口咬耳朵一边不放，龙犬记得却转泥里居藏。上放伏身有猛虎之威，平王立时杀牲置

---

① 提供人：邓接连；采集人：何彩秋；采集地点：狮东村大冷水寨；采集时间：2014 年 7 月 24 日。

酒，广排宴会三日三夜，庆贺国界安宁。会摆诸臣启战王金口降劝在前，王言何人有计取得柴王，赐二宫女以他为妻，与国平分，王□出劝给龙犬。平王才文诸臣，奏准，呵呵大笑，便将二宫女以身着得好衣，切天色得。二宫女口面哽吃之声上殿内，口咬二宫女黄裙脚下不放下，用他为妻，生下六男六女，报具成人身，员端正。平王急付八姓为官，四姓为将，天子张公候送八情州县，会稽山七宝洞，青山竹木林，白云山脚凤凰山脚。任游普天之下，百鸟飞不识人之处，四方无邻，高岩山水岸一石壁泥岩。汝有水底处开田，牵牛打马不行之处，除免王税服役，钱米苛件各物勤耕。徭田出垌望舡车马性得到，皆属国王地面，养生百姓连世纳粮，送入山内立应当差，有高山后岭。日听飞禽之语，夜听饿鬼，泥岩壁狐狸之取名为徭户，先居住。无人说着自耕自种尽系徭人，为□不与民人定居。于有汉民百姓军民人等，进入徭垌居住，强占徭田徭地，科上不徵杂项税粮徭人之地，不以军民争夺本内。徭人本分为人刀耕火种，并不非违亦无隐藏。 右下二十三省布政司，各府县军民人等与徭不同，各有山水，分界天下，置有东南西北，乾坤艮癸，金木水火土，但有山岭界，至盘古子孙所占榜文。东南西北天地，地合天为界。原有五咎凄凄养活。盘古子孙此一清水，源流不乾。弟一波场，弟二波田，坐落深山白云之地。王徭子孙所管大小田地，禽鸟飞得过舡车，马行不到，尽是徭人所管。青竹木林不行，民人占夺。若有百姓夺占，依法律问罪。第波水流不下，亦为徭人所管。田地山中小垌、鱼塘、江河、山岭不得军民乱占、取鱼肉。乃是盘古子孙三年敌乐朝会应用，如违者，徭人可罚百姓民人取鱼纳税。徭人苗水开垦田地，只望年待丰熟五谷活。盘古自耕自种，即系徭间管草。民人以徭不同，各有山水分界，荒山后岭尽是盘古子孙世代管草。上不纳粮，下不纳税，不得百姓强占田地。□科纳税分上耕种，徭天若有不遵王法，强占八山各冲，乱作非违，勤要艮银钱，打骂无事生端，平□赫诈徭人执出盘古榜文告上，问罪施行。但有平水流下大田垌，禽鸟飞不过，弓箭打不过，使军民田地住皆民人管草。田地不同，徭人地面田衫水，各立尺寸。民人不得争占，若有不依，强占徭人。通仍存出盘古定律为界，如有不依定界，如有不依定界许今盘古榜问告发，开国王帝官司定律。今民人衣从所有榜文帖，以盘古王子孙世代永远为照，除免差役。朝迁国内应有州县官乡村，头目三千大。百姓道师人等，如有不遵王法，乱入徭山大科差役，害徭人田地取要税需索物件许。今徭老盘古铁索如良藤巴，并木枷锁缚解。官司依古罚钱三百贯，白米三百石，更当三百十大棒无嗣。徭人居住青山江河田土以上，揪泥头为界。便是龙犬子孙刀耕火种，斩□养活□内许种。生理诸色人等不许强取，如有不遵强取，徭人告首到官依律问罪施行。徭人源是前国王子孙，乐家娇子百银千面，绞纙百锭，百米百担，万古铜钱三百万贯，谷种三百担，铁刀斧二件，狗猪鸡羊三百六十只。民人无嗣山岭田地，源水口付以龙犬子孙耕管，天下出盛之人。平王元劝赐山源水口田地，金银铛锅碗碟，钱米等件各物，领赐黄金五姓六根永为活养生。天子启前国王长衫，大□长腰木鼓班，依赤□琴瑟吹唱送入会稽，七宝山垌白云山脚等处 。平王爨金银珍珠宝贝，以龙犬子孙游山处用庆，日昔犬入山捕鼠被石□叉死，见落石东树上，塌见孙遂充尸手，将七贤垌南方安葬，见孙连手抱臂，呵呵唱跳作乐三日三夜，惊天动地便是。平王盘王子孙宗祖平王，王函内封官有品，先伏父亡，在波州石□县，白石山有石人马石、狮子石、虎石、猪石、牛石、马石、羊石。王先在青山小垌居住，于贞观三年，蒙督府金精先子禄子孙，兵部尚作龙犬子孙伏敕令于代财。五年十五日仲夏节，在贤垌开具各神御盘古大王，盘十七郎、盘十八郎、盘十九郎圣会和尚圣帝。如今后代龙犬子孙祖居青山，逢节启叩祭此神。也有于代财二年内，蒙充州司马使经郑女二千户，死葬知州石□县。夫人却去充州作知府，有□元始充州朝散郎，紫禄大夫公班二郎有二千户在昌元府□充都尉，曰国尚书右牒使。贞观二年，内立例十二姓徭，不得以民人百姓为婚，若有强取婚者，蚊子□三翁，开通铜钱三百贯，金□三斗，糠绳索三百六十丈，节竹三百根，狗猫鸡角梳三百六十双，□子木舡一双，涧八尺面长十二丈。若有此物，便以他为婚。若无者，休言右牒移家过山。将州县省城开律去处，路村头目把隘□兵，民仪军马人员盘问行程文，引徭人居住青山，别无文引正日有祖公盘古将界通程。官中捡看中间无夹带祈求赐，施行不得州府县省城。母许阻挡原是开天立地盘古大王开国子孙乐家娇子，于开宝八年五月十三日，出给下山功处帖榜敕言文牒，通知平王朝史散大夫文林郎，朝奉大夫承节，朝奉大夫信郎李郎中，黄郎中三秋打下税，家男女耕种，三秋打上竹木。龙犬子孙所管，若有民人百姓者取竹木不问龙犬子孙，强占田地山岭许盘古子孙，申奏州县官员问罪施行，不便天王兄弟十一人，王是狗九头九兄弟，分九州相传一百五十四万六百，秋三十以后有巢构木为巢，食木贯有巢。民后代人未赞遂该火教食。前王三千七百二十四帝王神器，已有妇任游榜牒浮游天下五湖四海，乐业万万代。逢山吃山，逢水吃水，任游天下落业。自祖生下十二姓徭人，一姓盘三四公，二姓男沈文敬，三姓男包容亮，四姓男黄进成，五姓男李思安，六姓男灯连安，七姓男周文旺，八姓男赵财昌，九姓男胡广通，十姓男雷伸鸣，十一姓男唐得禹，十二姓男冯德万。自足生下十二姓人，未流天下，东南西北不问民人耕种，具山岭河源水口，不拘大小之山人，从徭人耕种平水流水，流下大田偕系民人耕管。民不娶徭妻，徭不种军田。如有民人强占田山岭，不遵王法乱入徭处，将帖告首到官依律问罪施行，积祖向后徭人居住青山，并无非违安生落业，保全身家先于敕赐。绍兴三年五月十三日给榜为照。盘王子孙永古滕出徭榜，子孙万万代存照。

二、《入山照》[①]

皇帝圣旨太玄（大人）佑两广广西道梧州府苍梧县地方等处因大老巢贼作反乱，屡行打劫村乡百姓男女无处安身，排第会议，府京申奏，有招主排年朱三哥将子万苟陆前去广东清州大巷口大石梘村，招到土狼瑶目盘营七、盘弟幼、盘弟护、盘弟捌、赵贵壹、李嫩三、邓宗华、黄弟五、冯贵七等。器械盔甲药弩、铳炮一千余百。前来梧州府东安上乡山口立营屯抢于至元年九月初四日，入老峒麻子浪立营姻。十月初一日入牛寨宰杀死李肋太、第十一李弟四。十入牛岗石巢杀死欧公姻、欧噗入堡雾，白鹤巢杀死胡谭青老大人铁将军，又入冷水巢杀死王大人，白马杀死铁将军，照得五百九十功名册解府申奏三院军们抢至大道二元年一月初九日。当洪三军、盘总兵喻大人当官报赏给帖扎、付与盘营七、赵贵壹、李嫩三、邓宗华、盘宗满、盘弟幼、盘月酉、盘月华子孙为照，日后又有反乱贼、摆出龙角一双、虎尾一封、到日头倒出、江水倒流，日后不敢赶超子孙，如有，到官理论为照。管束地方二十四山头，入至大道二年正月三，田九角。赵贵一开牛田冲、大罗、小罗冲立田方、三不曲田、李纲田、三食一片。李嫩三、赵海祥开都宛大田、平两岭口田。凤贵七、盘月酉、盘月华开大头田冲三石九统牛洞冲，两岔岭口一带粮田分水界。牛洞冲、地税一钱止到分界水口牛洞感应庙堂之虾鳖鱼顶为界，新塘六断一直为线界。东至七星头头为界，一直到石牌顶为断，一直到北都岭马窝顶为界分水，南至北都分水各流各管，西至石牛顶一直到分水凹、四方顶一直管至裕步凹、一直到横冲牛洞分水凹、管到牛洞界

① 本《入山照》藏于广西贺州市博物馆，由何彩秋于 2014 年 7 月抄录。

顶、北至感应庙顶为界，分断周围后岭，车水不上一水顶尾之地税一为后人看管呈报交纳一面山税当日分断至明。东至石牌顶，南至辉洞大河水大冲为界，西至鲁班冲为界，北至狮洞大顶岔岭水为断，准遣留下马窝之地傜人所管。今入理还傜之管，皇岁至道三年十月十五日立当洪三府给正。

给帖盘月酉、盘月华、凤贵七、盘营七准此，招主排年朱三哥、朱明德正大道王四十八年，兴德王五年，祥府王十年，大德王六年，乾兴王一年、天平王三年，天开曹龙正一年，乾德王五年，开宝王五年，大平王五年，磨七王五年、梯扶王四年，明道王六年，影佑王五年，又明王二年，嘉裕王五年，元佑王五年，鉴治王四年，元邓王八年，治平王五年，常宁王五年，黄禾王七年，重禾王六年，广禾王七年，乾道王九年，治熙王十六年，麻王三年，治定王五年，嘉熙王四年，宝庆王四年，开德王四年，元佑王六年，中尧王四年，梁全王二年，开庆王三年，乾德王三年，九涌王一年，至大王二年，皇庆王二年，治至王六年，泰定王四年，天历王五年，贤佑王七年，建央王四年，神满王一百年，定恭王四年，元经王三年，至德王三年，洪武王三十一年，建文王四年，永乐王二十年，洪熙王一年，宣得王十年，正统王四年，京太王七年，天顺王八年，成化王二十三年，弘治王八年，正德王六年，嘉迪王四十五年，隆庆王六年，万历王四十八年，泰昌王六年，天启王七年，崇祯王十七年，顺治王十七年，康熙王六十年，雍正王十三年，乾隆六十年，嘉庆王二十五年，道光王三十年，咸丰王十一年，同治王三十一年。

仰出执照人盘凤两姓人等，牛洞冲、石牌冲、两水分断为向内山岭土地傜人之地，日后不得准外姓谋占偷葬，亦不得准外姓强住为此赏立治为准，如有外姓反乱及乱占领，依此山照办，今明万古千秋给照傜王盘姓子孙永执为照。

参考文献

一、中文部分

（一）古籍文献

[1] [宋] 周去非:《岭外代答》，北京：中华书局 2006 年版。

[2] [宋] 范成大著，齐治平校补:《桂海虞衡志校补》，南宁：广西民族出版社 1984 版。

[3] [元] 脱脱:《宋史》，北京：中华书局 1985 年版。

（二）地方史志

[1] 贺州市地方志编纂委员会编:《贺州市志》，南宁：广西人民出版社 2001 年版。

[2] 贺县人民政府：贺县地名志，贺县：贺县人民政府 1985 年刊印。

[3] 陈毓山、唐择扶等:《贺县乡土情》，南宁：广西人民出版社 1992 年版。

（三）学术著作

1. 中文著作

[1] 包路芳:《社会变迁与文化调适——游牧鄂温克社会调查研究》，北京：中央民族大学出版社 2006 年版。

[2] 褚建芳:《人神之间：云南芒市一个傣族村寨的仪式生活与等级秩序》，北京：社会科学文献出版社 2005 年版。

[3] 费孝通:《江村经济》，上海：上海人民出版社 2006 年版。

[4] 费孝通:《江村农民生活及其变迁》，兰州：敦煌文艺出版社 2000 年版。

[5] 费孝通、王同惠:《花蓝瑶的社会组织》，南京：江苏人民出版社1988年版。

[6] 费孝通、张之毅:《云南三村》，北京：社会科学文献出版社2006年版。

[7] 奉恒高主编:《瑶族通史》，北京：民族出版社2007年版。

[8] 广西区编辑组:《瑶族〈过山榜〉选编》，北京：民族出版社2009年版。

[9] 广西区编辑组:《广西瑶族社会历史调查》(三)，北京：民族出版社2009年版。

[10] 龚佩华:《龚佩华人类学民族学文集》，北京：民族出版社2003年版。

[11] 谷家荣:《坳瑶社会变迁：广西金秀大瑶山下古陈村调查》，昆明：云南人民出版社2010年版。

[12] 黄淑娉、龚佩华:《文化人类学理论方法研究》，广州：广东高等教育出版社2004年版。

[13] 黄钰辑注:《评皇券牒集编》，南宁：广西民族出版社1990年版。

[14] 黄钰、黄方平:《国际瑶族概述》，南宁：广西民族出版社1993年版。

[15] 胡起望、范宏贵:《盘村瑶族：从游耕到定居的研究》，北京：民族出版社1983年版。

[16] 何海狮:《家屋与家先：粤北过山瑶的家观念与实践》，北京：社会科学文献出版社2015年版。

[17] 李本高:《瑶族〈评皇券牒〉研究》，长沙：岳麓书社1995年版。

[18] 李远龙主编:《传统与变迁：大瑶山瑶族历史人类学考察》，南宁：广西民族出版社2001年版。

[19] 林耀华:《凉山彝家的巨变》，北京：商务印书馆1995年版。

[20] 林耀华主编:《民族学通论》，北京：中央民族大学出版社1997年版。

[21] 林耀华:《义序的宗族研究》，北京：三联书店2000年版。

[22] 兰林友:《庙无寻处：华北满铁调查村落的人类学再研究》，哈尔滨：黑龙江人民出版社2007年版。

[23] 兰林友:《莲花落：华北满铁调查村落的人类学再研究》，北京：社会科学文献出版社2012年版。

[24] 梁永佳:《地域的等级：一个大理村镇的仪式与文化》，北京：社会科学文献出版社2005年版。

[25] 罗宗志:《信仰治疗——广西盘瑶巫医研究》，北京：中国社会科学

出版社 2012 年版。

[26] 麻国庆:《走进他者的世界》，北京：学苑出版社 2001 年版。

[27] 麻国庆:《家与中国社会结构》，北京：文物出版社 1999 年版。

[28] 毛宗武:《瑶族勉语方言研究》，北京：民族出版社 2004 年版。

[29] 纳日碧力戈:《姓名论》，北京：社会科学文献出版社 1997 年版。

[30] 乔健:《飘泊中的永恒》，济南：山东画报出版社 1999 年版。

[31] 潘乃谷、王铭铭编:《重归"魁阁"》，北京：社会科学文献出版社 2005 年版。

[32] 孙尚扬:《宗教社会学》，北京：北京大学出版社 2003 年版。

[33] 孙秋云主编:《文化人类学教程》，北京：民族出版社 2004 年版。

[34] 孙庆忠:《黄淑娉评传》，北京：民族出版社 2010 年版。

[35] 田汝康:《芒市边民的摆》，昆明：云南人民出版社 2008 年版。

[36] 吴永章:《瑶族史》，成都：四川民族出版社 1993 年版。

[37] 吴永章:《畲族与瑶苗比较研究》，福州：福建人民出版社 2002 年版。

[38] 吴国富:《穷则思变：粤北必背瑶寨变迁记》，广州：广东人民出版社 2010 年版。

[39] 王莎莎:《江村八十年：费孝通与一个江南村落的民族志追溯》，北京：学苑出版社 2017 年版。

[40] 夏建中:《文化人类学理论流派：文化研究的历史》，北京：中国人民大学出版社 1997 年版。

[41] 徐祖祥:《瑶族文化史》，昆明：云南民族出版社 2001 年版。

[42] 徐平:《大瑶山七十年变迁》，北京：中央民族大学出版社 2006 年版。

[43]《瑶族简史》修订本编写组:《瑶族简史》，北京：民族出版社 2008 年版。

[44]《瑶族简史》编写组:《瑶族简史》，南宁：广西民族出版社 1983 年版。

[45] 玉时阶:《瑶族文化变迁》，北京：民族出版社 2005 年版。

[46] 袁同凯:《走进竹篱教室：土瑶学校教育的民族志研究》，天津：天津人民出版社 2004 年版。

[47] 杨正军、王建新:《粤东侨乡——汕头新和村社会经济变迁》，广州：广东人民出版社 2008 年版。

[48] 张有隽:《瑶族传统文化变迁论》，南宁：广西民族出版社 1992 年版。

[49] 张有隽:《瑶族历史与文化》，南宁：广西民族出版社 2001 年版。

[50] 张宏明:《土地象征：禄村再研究》，北京：社会科学文献出版社 2005 年版。

[51] 张泽洪:《文化传播与仪式象征》，成都：巴蜀书社 2007 年版。

[52] 张振江:《三水瑶区变迁的描述与探索：以改革开放前后为中心》，广州：广东人民出版社 2008 年版。

[53] 郑慧:《瑶族文书档案研究》，北京：民族出版社 2011 年版。

[54] 周大鸣:《凤凰村的变迁:〈华南的乡村生活〉追踪研究》，北京：社会科学文献出版社 2006 年版。

[55] 周大鸣主编:《文化人类学概论》，广州：中山大学出版社2009年版。

[56] 朱炳祥:《社会人类学》，武汉：武汉大学出版社 2004 年版。

[57] 庄孔韶:《时空穿行：中国乡村人类学世纪回访》，北京：中国人民大学出版社 2000 年版。

[58] 庄孔韶:《银翅：中国的地方社会与文化变迁》，北京：三联书店 2000 年版。

[59] 庄孔韶主编:《人类学概论》，北京：中国人民大学出版社 2006 年版。

[60] 庄孔韶:《行旅悟道：人类学的思路与表现实践》，北京：北京大学出版社 2009 年版。

2. 外文译著

[1] [日] 白鸟芳郎（Shiratori）编著：东南亚山地民族志，黄来钧译，昆明：云南省历史研究所东南亚研究室 1980 年刊印。

[2] [泰] 差博 · 卡差 · 阿南达（Chob Kacha Ananda）著:《泰国瑶人：过去、现在和未来》，谢兆崇、罗宗志译，北京：民族出版社 2006 年版。

[3] [美] 丹尼尔 · 哈里森 · 葛学溥（Daniel H.Kulp Ⅱ）著:《华南的乡村生活：广东凤凰村的家族主义社会学研究》，周大鸣译，北京：知识产权出版社 2012 年版。

[4] [澳] 德里克 · 弗里曼（Derek Freeman）著:《米德与萨摩亚人——一个人类学神话的形成与破灭》，夏循祥译，上海：商务印书馆 2008 年版。

[5] [美] 杜赞奇（Prasenjit Duara）著:《文化、权力与国家：1900—1942 年的华北农村》，王福明译，南京：江苏人民出版社 2003 年版。

[6] [德] 恩格斯（Friedrich Von Engels）著:《家庭、私有制和国家的起源》，北京：人民出版社 2018 年版。

[7] [英] 菲奥纳 · 鲍伊（Fiona Bowie）:《宗教人类学导论》，金泽译，

北京：中国人民大学出版社 2004 年版。

[8] [美] 黄树民著 :《林村的故事：一九四九年后的中国农村变革》，素兰、纳日碧力戈译，北京：三联书店 2003 年版。

[9] [美] 罗杰·M· 基辛（R. Keesing）著 :《文化人类学》，张恭启、于嘉云译，台北：巨流图书公司 2004 年版。

[10] [美] 克莱德 ·M· 伍兹著（Clyde M.Woods）:《文化变迁》，何瑞福译，石家庄：河北人民出版社 1989 年版。

[11] [美] 罗伯特 ·F· 墨菲（Robert F. Murphy）著 :《文化与社会人类学引论》，王卓君、吕迺基译，北京：商务印书馆 2004 年版。

[12] 林耀华著 :《金翼：中国家族制度的社会学研究》，庄孔韶、林宗成译，北京：三联书店 2008 年版。

[13] [美] 摩尔根（Thomas Hunt Morgan）著 :《古代社会》，杨东莼、马雍译，北京：商务印书馆 1997 年版。

[14] [美] 马尔库斯（Marcus）、费彻尔（Fischer）著 :《作为文化批判的人类学：一个人文学科的实验时代》，王铭铭、蓝达居译，北京：三联书店 1998 年版。

[15] [英] 马凌诺斯基（Malinowski）著 :《西太平洋的航海者》，梁永佳、李绍明译，北京：华夏出版社 2002 年版。

[16] [美] 玛格丽特 · 米德（Margaret Mead）著 :《萨摩亚人的成年——为西方文明所作的原始人类的青年心理研究》，周晓虹、李姚军译，北京：商务印书馆 2014 年版。

[17] [芬] 韦斯特马克（Edward Westermark）著 :《人类的婚姻简史》，刘小幸、李彬译，北京：商务印书馆 1992 年版。

[18] [美] 威廉 ·A· 哈维兰（William A.Haviland）著 :《文化人类学》第十版，上海：上海社会科学院出版社 2006 年版。

[19] [美] 威廉 ·A· 哈维兰（William A. Haviland）、哈拉尔德 E·L· 普林斯（Harald E. L. Prins）、邦尼 · 麦克布莱德（Bunny Mcbride）、达纳 · 沃尔拉斯（Dana Walrath）著 :《文化人类学——人类的挑战》，陈想超、冯然等译，北京：机械工业出版社 2014 年版。

[20] 杨懋春著 :《一个中国村庄：山东台头》，张雄、沈炜等译，南京：江苏人民出版社，2012 年版。

[21] [越] 阮克颂等著 :《越南瑶人》，梁红奋译，贵州省民族研究所编：

《民族研究参考资料》第 18 期，1983 年。

[22] [日] 竹村卓二著:《瑶族的历史和文化：华南、东南亚山地民族的社会人类学研究》，金少萍、朱桂昌译，北京：民族出版社 2003 年版。

（四）学术论文

1. 期刊论文

[1] 白兴发:《关于云南著名人类学田野调查地点的再研究》,《学术探索》2008 年第 6 期，第 75-79 页。

[2] 陈运飘:《人类学家黄淑娉教授》,《广西民族学院学报》1999 年第 4 期，第 1-2 页。

[3] 陈曼平:《广西历代各族服饰文化概貌（三）》,《广西地方志》2004 年第 5 期，第 49-54 页。

[4] 陈敬胜:《21 世纪初瑶族研究的回顾与展望》,《广西民族研究》2014 年第 1 期，第 88-94 页。

[5] 陈容娟:《土瑶传统村落地景和空间结构研究：以贺州市沙田镇大冷水村为例》,《重庆文理学院学报》2015 年 4 期。

[6] 陈鹏:《20 世纪以来瑶族民间传统音乐研究综述》,《广西民族研究》2017 年第 2 期，第 118-123 页。

[7] 崔莲:《近 20 年来日本有关中国少数民族研究文献简述》,《西南民族学院学报》2001 年第 2 期，第 53-62 页。

[8] 段伟菊:《大树底下同乘凉:〈祖荫下〉重访与西镇人族群认同的变迁》,《广西民族学院学报》2004 年第 1 期，第 39-46 页。

[9] 风笑天:《追踪研究：方法论意义及其实施》,《华中师范大学学报》2006 年第 6 期，第 43-47 页。

[10] 冯智明、陈容娟:《人类学视野下的仪式空间研究——以贺州土瑶安龙仪式为例》,《广西社会科学》2015 年第 7 期，第 27-32 页。

[11] 龚佩华:《广西贺县土瑶的社会和文化》,《广西民族研究》1990 年第 3 期，第 94-102 页。

[12] 胡起望:《近代国外瑶族研究概述》,《中央民族学院学报》1986 年第 1 期，第 50-55 页。

[13] 胡鸿保:《从香港小姐到中山大学博士研究生导师：读〈黄淑娉评传〉》,《青海民族大学学报》2004 年第 3 期，第 1-3 页。

[14] 黄建兴:《民间法师仪式传统研究综述》,《世界宗教研究》2014 年第 6 期，第 120-125 页。

[15] 江田祥:《20 世纪 60 年代以来西方学界广西民族研究动态与趋势》,《广西民族研究》2013 年第 3 期，第 66-73 页。

[16] 李生柱:《瑶族抄本课题献在海外的典藏及研究：以“瑶传道教”经籍为中心》,《民族论坛》2016 年第 2 期，第 84-88 页。

[17] 林耀华:《凉山彝族今昔》,《社会科学战线》1984 年第 2 期，第 235-244 页。

[18] 林耀华:《三上凉山：探索凉山彝族现代化中的新课题及展望》（上）,《社会科学战线》1986 年第 4 期，第 311-326 页。

[19] 林耀华:《三上凉山：探索凉山彝族现代化中的新课题及展望》（下）,《社会科学战线》1987 年第 1 期，第 290-297 页。

[20] 兰林友:《华北村落的人类学研究方法》,《中央民族大学学报》2002 年第 6 期，第 18-23 页。

[21] 兰林友:《人类学再研究及其方法论意义》,《民族研究》2005 年第 1 期，第 36-46 页。

[22] 兰林友:《满铁调查村落的历史与现状透视》,《中央民族大学学报》2012 年第 1 期，第 65-71 页。

[23] 刘志扬、骆腾:《从革命到改革：循着人类学家波特夫妇的足迹》,《社会科学战线》2011 年第 9 期，第 118-125 页。

[24] 刘豪兴:《社会学人类学研究的新开拓：费孝通的江村追踪研究》,《中共福建省委党校学报》1999 年第 3 期，第 67-70 页。

[25] 麻国庆:《家的传承与民族认同：方洞瑶族追踪调查与再研究——〈家屋与家先：粤北过山瑶的家观念与实践〉序》,《西南边疆民族研究》2015 年第 3 期，第 1-6 页。

[26] 莫碧琳:《民族传统服饰的潜在文化意义研究：以贺州槽碓土瑶女性服饰变迁为例》,《贺州学院学报》2009 年第 2 期，第 26-29 页。

[27] 莫碧琳:《民族服饰在婚礼仪式场景中的象征符号：以贺州土瑶服饰在婚礼仪式场景中为例》,《贺州学院学报》2010 年第 3 期，第 71-74 页。

[28] 潘守永:《重返中国人类学的“古典时代”：重访台头》,《中央民族大学学报》2000 年第 2 期，第 20-26 页。

[29] 潘守永:《“一个中国的村庄”的跨时空对话：“台头”重访》,《广西

民族学院学报》2004 年第 1 期，第 69-76 页。

[30] 潘天舒:《“男性偏见”与发展实践中的性别问题》,《广西民族大学学报》2009 年第 6 期，第 37-42 页。

[31] 彭兆荣:《魂之归兮，乡土中国：费孝通的乡土情结》,《西北民族研究》2018 年第 3 期，第 105-113 页。

[32] 覃德清:《波特夫妇华南茶山调查的追踪研究》,《广西民族学院学报》2004 年第 1 期，第 56-61 页。

[33] 覃延佳:《困境与启迪——国内外泰国瑶族人研究溯析》,《世界民族》2009 年第 2 期，第 93-96 页。

[34] 覃康聪:《广西贺州土瑶生态伦理面临的困境及出路》,《边疆经济与文化》2015 年第 9 期，第 32-34 页。

[35] 石奕龙:《书写文化与真实〈林村的故事〉读后》,《民族研究》2003 年第 1 期，第 99-101 页。

[36] 孙庆忠:《林耀华教授和他的凉山彝族研究》,《中央民族大学学报》2000 年第 6 期，第 8-11 页。

[37] 孙庆忠:《都市化与农民的终结：广州南景村经济变迁研究》,《中国农业大学学报》2003 年第 2 期，第 15-22 页。

[38] 孙庆忠:《都市村庄：南景——一个学术名村的人类学追踪研究》,《广西民族学院学报》2004 年第 1 期，第 62-68 页。

[39] 王铭铭:《继承与反思：反思云南三个人类学田野工作地点的“再研究”》,《社会学研究》2005 年第 2 期，第 132-154 页。

[40] 韦祖庆:《民族班调查：族群记忆正在走失——以贺州市土瑶民族班为例》,《教育评论》2007 年第 1 期，第 101-105 页。

[41] 韦祖庆:《瑶族居所的历史叙事意象分析：以贺州瑶族为例》,《黑龙江民族丛刊》2009 年第 4 期，第 142-148 页。

[42] 韦祖庆:《土瑶姓名社会生态意蕴分析》,《贺州学院学报》2010 年第 4 期，第 36-41 页。

[43] 韦浩明:《生态环境与贺州土瑶的文化适应》,《贺州学院学报》2015 年第 1 期，第 11-14 页。

[44] 徐祖祥:《瑶传道教中的佛教与儒家因素》,《贵州民族研究》2002 年第 2 期，第 81-86 页。

[45] 徐文涛:《一个村庄的七十年变迁》,《中共青岛市委党校 青岛行政

学院学报》2017 年第 1 期，第 82-95 页。

[46] 徐德信:《西方人类学再研究的争论和启示》,《民族论坛》2017 年第 1 期，第 88-95 页。

[47] 袁君煊:《瑶族宗教与道教关系研究综述》,《宗教学研究》2016 年第 4 期，第 170-175 页。

[48] 阮云星:《义序：昔日“宗族乡村”的民俗节庆》,《广西民族学院学报》2000 年第 3 期，第 20-26 页。

[49] 阮云星:《宗族研究中的“义序”与“义序研究”中的宗族》,《福建论坛》2001 年第 3 期，第 60-65 页。

[50] 阮云星:《宗族风土的地域与心性》,《中国社会历史评论》2008 年第 9 卷，第 1-33 页。

[51] 玉时阶:《瑶学学科理论体系的构建与拓展》,《广西民族大学学报》2018 年第 4 期，第 2-11 页。

[52] 张有隽:《瑶族宗教信仰史略(一)》,《广西民族学院学报》1981 年第 3 期，第 107-111 页。

[53] 张有隽:《瑶族宗教信仰史略(二)》,《广西民族学院学报》1981 年第 4 期，第 91-95 页。

[54] 张有隽:《瑶族宗教信仰史略(三)》,《广西民族学院学报》1982 年第 1 期，第 6-64+83 页。

[55] 张有隽:《瑶族宗教信仰史略(四)》,《广西民族学院学报》1982 年第 2 期，第 68-72 页。

[56] 张有隽:《论瑶族教育的历史发展》,《广西民族学院学报》1983 年第 2 期，第 38-47 页。

[57] 张有隽:《瑶族宗教信仰的人类学意义》,《广西民族学院学报》1996 年第 3 期，第 42-47 页。

[58] 张有隽:《瑶族研究国际化述论》,《广西民族学院学报》1997 年第 1 期，第 73-78 页，第 73-79 页。

[59] 张泽洪:《近现代中国西南少数民族宗教研究述论》,《宗教学研究》2001 年第 2 期，第 91-99 页。

[60] 张丽梅、胡鸿保:《米德·弗里曼·萨摩亚：兼论人类学田野调查与民族志写作》,《北方民族大学学报》2009 年第 2 期，第 76-79 页。

[61] 张录文、龙宇晓:《三十年来国内学术界海外瑶族研究回顾与展

望》,《民族论坛》2015 年第 2 期，第 47-56 页。

[62] 张江华:《“乡土”与超越“乡土”：费孝通与雷德斐尔德的文明社会研究》,《社会》2015 年第 4 期，第 134-158 页。

[63] 赵书峰、吴宁华:《国外瑶族传统文献研究现状综述》,《音乐研究》2011 年第 6 期，第 24-28 页。

[64] 郑威、余秀忠:《广西贺州瑶族服饰及其文化变迁》,《广西社会科学》2007 年第 10 期，第 22-25 页。

[65] 周大鸣:《凤凰村的追踪研究》,《广西民族学院学报》2004 年第 1 期，第 33-38 页。

[66] 周大鸣:《“凤凰村”与“江村”之比较及其对人类学村落研究的贡献》,《社会学评论》2018 年第 3 期，第 3-11 页。

[67] 庄孔韶:《回访的非人类学视角和人类学传统》,《西南民族大学学报》2004 年第 1 期，第 1-3 页。

[68] 庄孔韶:《回访和人类学再研究的专题述评：回访和人类学再研究的意义之二》,《西南民族大学学报》2004 年第 2 期，第 3-9 页。

[69] 庄孔韶:《南部中国乡村都市过程及动力：回访和人类学再研究的意义之三》,《西南民族大学学报》2004 年第 3 期，第 1-4 页。

2. 析出文献

[1] 陈志明：“序一”，载袁同凯《走进竹篱教室：土瑶学校教育的民族志研究》，天津：天津人民出版社 2004 年版，第 1-4 页。

[2] 费孝通:《重访三村》，载潘乃谷、王铭铭主编《重归“魁阁”》，北京：社会科学文献出版社 2005 年版，第 151 页。

[3] 顾明远：“序二”，载滕星《文化变迁与双语教育：凉山彝族社区教育人类学的田野工作与文本撰述》，北京：教育科学出版社 2001 年版，第 7-9 页。

[4] 刘绍唐主编，孙希宗撰稿:《民国人物小传（杨懋春）》(277)，台北《传记文学》第 27 卷 6 期，1998 年，第 131-133 页。

[5] 张有隽:《瑶族研究史略说》，载张有隽《张有隽人类学民族学文集》，北京：民族出版社 2011 年版，第 756-759 页。

3. 外国译文

[1] [韩] 安东濬著:《韩国瑶族文化研究现状与课题》，崔元萍译，《广西民族大学学报》2010 年第 6 期，第 2-6 页。

[2] [越] 陈友山著:《越南瑶族研究回顾》，阮小虹译，《广西民族大学

学报》2010 年第 6 期，第 7-9 页。

[3] [日] 吉野晃著:《泰国北部勉瑶挂灯礼仪反映的父系理念》，吴国富译，《广西民族学院学报》1996 年第 1 期，第 85-88 页。

4. 学位论文

[1] 高思峰:《台头村的文化转型研究：20 世纪 30 年代至今》，硕士论文，山东大学，2008 年。

[2] 李秀杰:《开发区村庄的社会变迁研究：以山东省台头村为例》，硕士论文，山东大学，2009 年。

[3] 骆腾:《增埗三十年：从革命到改革》，博士论文，中山大学，2009 年。

[4] 欧阳颖:《广西贺州市鹅塘镇语言生活调查研究》，硕士论文，广西师范大学，2013 年。

[5] 潘守永:《重访台头：中国基层社会文化变迁的田野研究》，博士论文，中央民族大学，1999 年。

[6] 王静:《家庭、社区与国家：二十世纪山东台头福利实践》，博士论文，上海大学，2014 年。

[7] 张晶晶:《社会群体与信仰习俗：恭城东部瑶族的人类学研究》，博士论文，中山大学，2014 年。

（五）调查报告

黄淑娉、龚佩华:《广西壮族自治区贺县土瑶社会文化概况》，1988 年 8 月调查报告手写稿。

（六）报纸

韩长赋:《从江村看中国乡村的变迁与振兴》，经济日报 2018 年 6 月 15 日。

二、外文部分

[1] C. K. Yang. *A Chinese Village in Early Communist Transition.Mass*. The M.I.T Press, 1959.

[2] Norma Diamond: *Model Villages and Village Realities*[J]. Modern China, 1983, Vol.9 No 2: 163 -181.

[3] H. G. Barnetl. *Innovation: The Basic of Culture Change*. McGraw-Hill, New York, 1953.

[4] Lemoine, Jacques. *Yao Ceremonial Paintings*. Bangkok: White Lotus Press, 1982.

[5] Martin C. Yang. *A Chinese Village*: *Taitou*, *Shantung Province*. New York: Cambridge University Press, 1945.

[6] Nicholas Tapp, Don Cohn. *The Tribal Peoples of Southwest China*: *Chinese Views of the Other Within*. Bangkok: White Lotus Press, 2003.

[7] Paul S. hankman, "*Mead-Freeman Controversy*" in David Levinson and Melvin Ember (eds.), Encyclopedia of Cultural Anthropology, New York : Henry Holt and Company, 1996, p.759.

[8] Pourret, Jess G. *The Yao: The Mien and Mun Yaoin China*, *Vietnam*, *Laos and Thailand*. Chicago: Art Media Resources, 2002.

[9] S. H. Potter and J. M. Potter. *China's Peasants: The Anthropology of a Revolution*. Cambridge University Press, 1990.

[10] Weiner, Annette B. *Women of Value*, *Men of Renown*. University of Texas Press, 1976.

后 记

土瑶是瑶族众多支群中的一支，主要分布在广西贺州市沙田、鹅塘两镇交界处，大桂山脉东端余脉深处的27个山寨。土瑶地区山高谷深，群山环抱，交通极其闭塞。土瑶人久居高山密林中，过去他们除了赶外，平时很少走出深山。除了他们周边的族群外，很少有人了解这支生活在深山里的群体。1988年7月，中山大学人类学系的黄淑娉、龚佩华两位人类学家进入广西贺县（今贺州市）土瑶地区进行调查访问，同年8月写成《广西壮族自治区贺县土瑶社会文化概况》，首次向外界全面展示了这支几乎被世人遗忘的瑶族群体的社会历史文化。

从2014年7月起，我们追随两位先行者的考察足迹，四次进入广西贺州市沙田镇的土瑶社区进行调查。我们走访了马窝、大冷水、大冲、小冲、白虎、黄南、鸭尾等土瑶村寨和金竹、北都的过山瑶村寨以及牛洞的汉族村寨。我们的访谈对象超过100人，既有马窝、大冷水、大冲、小冲、白虎、黄南、鸭尾的土瑶，也有金竹和北都的过山瑶，还有牛洞的汉族，以及两位先行者在马窝考察时访谈过的村民的后代。调查期间，我们与土瑶同胞同吃同住，观察他们的日常生活，参与他们的仪式活动。土瑶田野工作的经历使我们深切地体会到，人类学田野工作是一项极为艰苦的事情，虽然我们的土瑶田野工作条件与黄淑娉、龚佩华两位先行者二十多年前徒步进入沟壑纵横、山峦起伏的土瑶社区时的情景相比，其差别已不可同日而语，但考察期间的许多困难与辛苦，至今仍历历在目。

从2014年7月至2015年9月的四次调查，每一次调查都得到当地干部、群众的大力支持。土瑶居住的大桂山让我们感受到从未有过的祥和安宁，大桂山的土瑶同胞让我们体验到了从未见过的纯朴。大桂山给我们留下了很多美好的回忆，让我们总想着为这块土地做点什么，总想着为这些土瑶同胞尽点心力。

2018年10月31日，承蒙广西壮族自治区委员会宣传部关心和支持，马窝寨的追踪调查得以列入“2018年度广西哲学社会科学规划研究课题”，终于让我们有机会以本书小小地回报这片土地和这片土地上的土瑶同胞。

本书的完成得到许多单位和个人的帮助。值本书付梓之际，谨向多年来一直给予我们热心支持和无私帮助的众多个人和单位致以谢意。

感谢沙贺州市的瑶族同胞，没有他们绝不可能有今天这份心智的成果。在这些善良、可爱的乡亲们中，尤其感谢：马窝寨的盘孝荣和盘七连一家，在我们做调查时给予生活上的细心照顾，让我们的调查没有后顾之忧；北都寨的赵福进，不厌其烦地回答我们的问题，并无私地与我们分享他所知道的知识；马窝寨的盘火保支书、盘道养老师，黄南寨的盘春保师公，大冲寨的凤接转支书，金竹村的邓亚土支书、黄春金老人，大冷水的凤天仙主任，在我们考察过程中给予调查和生活上的帮助。特别感谢马窝寨的村民，每次当我们出现在他们家门口时都会热情地招呼我进屋落座，并不厌其烦地回答我们的问题。感谢这些善良的瑶胞。

感谢贺州市博物馆、平桂区民族宗教事务局、沙田镇政府的诸位领导和具体负责人员，尤其感谢毛辉先生，有了他的引荐，我们才能顺利进到土瑶村寨。

感谢原工作单位广西民族大学、广西民族大学社会科学处、广西民族大学民族学与社会学学院的诸位领导和同仁，尤其感谢谢尚果校长、吕俊彪部长、李强珍副处长、王柏中院长、蒙本曼书记、黄兰红副院长、谭静博士、杨小君诸位。

感谢中山大学人类学系刘昭瑞教授、云南大学民族学与社会学学院周建新教授、四川大学道教与宗教文化研究所张泽洪教授，在选题与写作中给予的指导。

感谢重庆三峡学院人事处、重庆三峡学院科研处、重庆三峡学院公共管理学院的诸位领导和具体负责人员，尤其感谢陈卫星院长、黄明靖书记、陈兴贵教授、李虎教授、董素云副教授、傅国群主任、王倩老师、颜敏老师诸位。

感谢曾经与我们一起去马窝寨调查的同学：钱圣洪、陆国胜、农金梅、胡燕玲。感谢课题组其他成员：陈锦均、高崧耀、邹德芳。

感谢要给予更多的、但没有留下名字的人士，他们的盛情常在心底。

作 者

2021年1月18日